El acto

MATRIMONIAL

la belleza del amor sexual

El acto

3

MATRIMONIAL

la belleza del amor sexual

TEMA

MATRIMONIO Y FAMILIA

El acto
MATRIMONIAL
la belleza del amor sexual

editorial clie

TIM Y BEVERLY LA HAYE

EDITORIAL CLIE

C/ Ferrocarril, 8
08232 VILADECAVALLS (Barcelona) ESPAÑA
E-mail: libros@clie.es
Internet: http:// www.clie.es

EL ACTO MATRIMONIAL

Publicado originalmente en inglés con el título
The act of marriage
© 1976 by The Zondervan Corporation, Gran Rapids, MI, USA

© 1976 por CLIE para la versión española

Versión española: Olga Varady

ISBN: 978-84-7228-269-8

Clasifíquese:
1460 MATRIMONIO:
Vida sexual matrimonial
CTC: 04-23-1460-01
Referencia: 22.00.09

Indice

A todos los que creen que el amor conyugal puede ser hermoso, fantástico y pleno; y a aquellos que desean creerlo.

Prólogo editorial

No es sin cierta preocupación que nos decidimos a traducir y publicar el presente libro, preguntándonos: ¿Comprenderán nuestros hermanos de habla española el verdadero propósito del autor? ¿No lo tildarán algunos de escandaloso? ¡Es tan diferente su contenido de los libros que hemos venido publicando mayormente hasta ahora!

Sin embargo, el nombre y fama de sus autores y de la Editora norteamericana que lo ha dado a luz en su lengua original nos ha animado a confiar en la buena comprensión de nuestros lectores cristianos. Timoteo y Beverly LaHaye no son personas desconocidas en el campo evangélico, sino un matrimonio fielmente consagrado al servicio del Señor, que pastorea una de las iglesias más grandes y piadosas de los Estados Unidos, y se dedica, además, a llevar a cabo sus Seminarios de Consejo Pastoral a Matrimonios en muchas otras iglesias.

El matrimonio implica una unión, según Dios, no tan sólo de dos almas sino de dos cuerpos, y, por consiguiente, en una sesión de Consejo a matrimonios los pastores se ven obligados a hablar en términos muy claros de las cuestiones más íntimas, sin poder limitarse a los conceptos morales y ambiguos de amor, perdón, paciencia y buena voluntad. Esto puede ser suficiente para poner en paz a individuos o familias desavenidas, que no tienen nada in-

timo en común, pero al tratarse de un matrimonio es necesario, muchas veces, hablar de cuestiones más difíciles sin ambages ni reticencias. Por eso los consejos del pastor LaHaye han tenido que referirse muchas veces en sus sesiones de Consejo, y también en este libro, a las intimidades del lecho conyugal, con la misma libertad que se explican en cualquier obra medicocientífica. El hecho de que tanto el pastor como la señora LaHaye colaboren en tales sesiones de Consejo les da mayor libertad y seguridad para hablar de temas tan delicados. Y diremos que es afortunado el pastor que cuenta con una esposa suficientemente inteligente y capaz para tomar parte en estos deberes pastorales.

Conocemos sobradamente el bien que ha realizado el ministerio de Consejo de los pastores LaHaye en su país; nuestra duda era acerca de la conveniencia de poner su libro, traducido al español, al alcance de personas de diversas condiciones y edades. Las instrucciones y consejos de los pastores LaHaye han salvado infinidad de matrimonios de la tragedia del divorcio, o han abierto una dimensión más amplia de satisfacción y, por ende, de gratitud y afecto mutuo a otros millares que no se habrían separado, pero habrían vivido privados de la plena satisfacción que fue el propósito del Creador que disfrutaran las parejas unidas en el santo lazo del matrimonio, al crear los órganos reproductivos con todas sus posibilidades amatorias. Privilegios que pueden verse malogrados por ignorancia, particularmente en perjuicio de la esposa, aun existiendo el mayor afecto y consideración por parte del esposo, como se explica en el curso del libro.

Es cierto que materia tan delicada es más propia para ser tratada en la intimidad de un despacho que en un libro, pero nos hemos dicho: ¿Cómo dar a conocer discriminadamente una materia que puede ser tan útil a pastores y a matrimonios sin ponerlo en letras de molde? El doctor LaHaye no puede ir personalmente a explicarlo de grupo en grupo y de iglesia en iglesia; es, pues, necesario traducirlo y publicarlo, tal como ha sido hecho ya en inglés por personas muy competentes y fieles, que de ningún modo pretendían dañar o escandalizar a nadie, antes todo lo contrario.

A algunos lectores puede parecerles, quizás, algo impropia la relación que establecen constantemente los autores entre el placer físico y los más altos temas espirituales de conversión y consagración a Cristo. Puede que algunos se sientan inclinados a objetar que conceden excesiva importancia al goce carnal, citando Romanos 13:14: «Vestíos del Señor Jesucristo y no proveáis para los deseos de la carne.» Nos imaginamos que algunos dirán incluso que se sentirían avergonzados de orar por problemas de índole sexual.

Permítasenos decir que ello es debido, probablemente, no tan sólo a prejuicios de nuestra cultura procedentes de siglos pasados, sino también a una defectuosa comprensión de la palabra «carne» que hallamos en las epístolas, y de los conceptos «gracia» - «naturaleza».

Cuando el apóstol Pablo habla de la carne, no se refiere simplemente al cuerpo físico, sino a las impresiones morales, que, aunque pueden ser afectadas por el cuerpo, tienen su base en el ser espiritual, el alma, o sea el «yo» moral. La prueba de ello es la exposición que hace el apóstol en Gálatas 5:19-21 de las obras de la carne, que no son solamente «adulterio, fornicación, inmundicia, disolución, borracheras y banqueteos», sino también «idolatría, hechicerías, enemistades, pleitos, celos, iras, contiendas, discusiones, herejías, envidias y homicidios». Esta lista hace evidente que los deseos de la carne implican mucho más que los actos sexuales. Estos representan, ciertamente, obras de la carne cuando son realizados fuera del matrimonio, en oposición a la voluntad de Dios, según es expresada en Génesis 2:24; Malaquías 2:14-15 y Mateo 19:4, 5.

En cambio, en lo que se refiere al placer de los actos sexuales, leemos en los Proverbios: «Alégrate con la mujer de tu juventud como cierva amada y graciosa corza. Sus pechos te satisfagan en todo tiempo, y en su amor recréate siempre.» Asimismo, en Hebreos 13:4: «Honroso es en todos el matrimonio, y el lecho sin mancilla; mas a los fornicarios y adúlteros juzgará Dios.» El hecho de que un poema de exaltada pero bella y sana poesía erótica tenga un lugar en el santo Libro, es otra prueba de que el amor sexual en el matrimonio no es algo sucio o vergonzoso, como opinaban nuestros antepasados de otros siglos.

No debe, pues, extrañar a nadie que los piadosos servidores de Dios, Timoteo y Veverly LaHaye, hablen con tanta desenvoltura y claridad de los actos sexuales, aconsejando y enseñando a las parejas cristianas a encontrar el mayor placer posible de su unión, ya que el Creador puso tales sensaciones, no sólo para fines de procreación, sino también para ayudar a crear un ambiente de cariño y motivos de gratitud y afecto entre aquellos dos seres que El quiso ver unidos como una sola carne para vivir exclusivamente el uno para el otro, sabiendo cooperar, perdonarse y ayudarse mutuamente. A fin de poder evitar con más facilidad las otras obras de la carne, que no tienen que ver simplemente con acciones físicas, sino con las emociones y afectos morales que quedaron pervertidos en la mente y el corazón humano desde la caída.

No dudamos de que este libro, que ha ocupado uno de los primeros puestos durante muchos meses en las listas de los best sellers en los Estados Unidos, causará en el mercado español, no tan solamente un impacto editorial, sino también un gran beneficio moral y espiritual a un gran número de matrimonios cristianos.

SAMUEL VILA

Tarrasa (España). Noviembre de 1976

Reconocimientos

Por la preparación de la presente obra estamos obligados a un gran número de personas, incluidos cientos de consultantes que compartieron libremente sus problemas, sus inhibiciones y bendiciones; asimismo a nuestros amigos casados que nos ayudaron con su criterio en los debates sobre este tema.

La señora William (Barrie) Lyons, investigadora y secretaria del Seminario de Vida Familiar, preparó el manuscrito; el Dr. James DeSeagher, jefe del Departamento Inglés del Christian Heritage College, lo editó; el Dr. Ed Wheat, un médico de cabecera de Springdale, Arkansas, revisó cuidadosamente el manuscrito para asegurar la exactitud del punto de vista médico y nos proporcionó amplios consejos técnicos; y el señor Bob Phillips de Fresno, California, también nos proporcionó varias sugerencias. Además, las mil setecientas parejas que llenaron nuestra encuesta sexual de noventa y dos preguntas nos han dado muchas conclusiones, las cuales, de otro modo, no hubiéramos podido hacer. Finalmente, valoramos mucho la información derivada de muchos autores cuyas obras son enumeradas en la bibliografía.

Todas las citas las enumeramos con el debido permiso. Expresamos nuestra gratitud a los siguientes editores por dar su consentimiento para usar citas extensas:

RANDOM HOUSE, editores de *Clave a la respuesta femenina*, por Ronald M. Deutsch, ilustraciones por Philip C. Johnson.

DAVID McKAY CO., editores de *Toda mujer puede obtener más satisfacción del sexo, y cómo puede hacerlo*, por David Reuben.

DOUBLEDAY & CO., editores de *El poder de la entrega sexual*, por Mary N. Robinson.

LITTLE BROWN & CO., editores de *Respuesta sexual humana*, por William H. Masters y Virginia E. Johnson.

THE REDBOOK PUBLISHING CO., editores de *Redbook*.

Introducción

Esta obra es diferente de todo lo que jamás he escrito. Sólo debe ser leída por parejas casadas, o las que estén por casarse, o bien por los que imparten consejo a parejas casadas.

Por lo tanto, mi libro es deliberadamente franco. Hace tiempo que siento la necesidad de una presentación clara y detallada sobre la relación entre esposo y esposa. La mayoría de los libros cristianos sobre este tema bordean el asunto real y dejan mucho a la imaginación; tal evasión no resulta adecuadamente instructiva. Por otro lado, los libros seculares suelen ir al otro extremo, exponiendo el tema en un lenguaje tan crudo que resulta repugnante para los creyentes necesitados de esta clase de ayuda. Además de que libros como esos normalmente abogan por prácticas que, de acuerdo con las normas bíblicas, resultan inapropiadas.

Para asegurar que ninguna pareja llegue a considerar mi obra ofensiva, la escribo con ayuda de Beverly, mi esposa de veintiocho años. Además de un delicado sentido de equilibrio que ella aporta, me he atenido a su vasta experiencia en aconsejar como esposa de pastor, conferencista y secretaria de registros del Christian Heritage College.

Ambos hemos aconsejado a bastantes parejas de casados como para convencernos de que una gran mayoría no llega al goce de las bendiciones de las cuales son capaces, o las que Dios designó para ellas. Hemos descubierto que muchos otros matrimonios encuentran las intimidades del amor conyugal repelentes y desagradables. A través de los años hemos desarrollado varios principios educativos que sirvieron de ayuda a este gente dentro de breves períodos. Hemos recibido solicitudes por parte de consejeros, pastores y otras personas para convencernos de que estos mismos principios podrían ayudar a miles de personas si fuesen presentados en forma de un libro.

Antes de que hubiésemos podido comenzar este proyecto, el Dr. Robert K. DeVries, vicepresidente ejecutivo de la casa editorial Zondervan, nos invitó a comer con la finalidad de obsequiarnos con el primer ejemplar editado de mi último libro: *Cómo vencer la depresión*. Nos decía: «Un libro muy necesario hoy en día, escrito por un matrimonio cristiano, sería un libro que tratase del ajuste sexual en el matrimonio, y quisiéramos pedirles que lo escriban.» Quedamos muy agradecidos y le prometimos orar sobre el asunto.

Al comienzo Bev se mostraba reticente de involucrarse seriamente en la tarea, hasta que el Señor le dio una señal específica. Dentro de los dos próximos meses le tocó aconsejar por lo menos a diez personas frígidas. El éxito que estas mujeres alcanzaron pronto en su vida amorosa la convenció de que Dios quería su participación activa en el proyecto.

A medida que leíamos literatura actual sobre el tema, convencidos de que Dios quiso que el juego amoroso sea mutuamente gozado por ambos cónyuges, oramos que nos guiase para que pudiésemos hacer esta obra plenamente bíblica y sumamente práctica. El nos proveía con muchas ilustraciones, consejos y sugerencias adecuadas, mediante pastores, médicos y amigos, entre ellos el Dr. Ed Wheat, un médico de cabecera, quien había elaborado una serie de excelentes conferencias sobre el tema. Cuando lo conocimos en nuestro Seminario de Vida Familiar en Tulsa, Oklahoma, nos facilitó un juego completo de sus *cassettes* y ofreció amablemente hacer uso de cualquiera de ellos. Hemos recomendado estos *cassettes* a cada matrimonio y a las parejas con intención de casarse en un futuro cercano; son, indudablemente, los mejores que jamás hemos visto. Efectivamente, el Dr. Wheat incluye en ellos tal información como no habíamos encontrado en ninguno de los cincuenta o más libros que habíamos escudriñado sobre este tema.

Dado el caso de que la mayoría de las personas que aconsejamos son cristianos, a través de nuestras lecturas llegamos a la conclusión de que generalmente los cristianos experimentan un grado más alto de goce sexual que los no cristianos. Sin embargo, no hubo manera de probar nuestra suposición. Entonces procedimos a preparar una encuesta íntima para matrimonios y la ofrecimos a los que asistían a nuestros Seminarios de Vida Familiar. Al comparar estas respuestas con las encuestas seculares sobre el sexo vimos confirmadas nuestras conclusiones, además de descubrir nuevas e interesantes realidades. Los resultados de nuestra encuesta se encuentran en el capítulo 13 y, en parte, a través de todo el libro.

Mientras escribíamos el último capítulo de este libro, la revista *Redbook* publicó una «Encuesta de Goce Sexual», tomada por la revista mostrando las preferencias de 100.000 mujeres, la que fue comentada por Robert J. Levin (coautor con Masters & Johnson en la obra titulada *La esclavitud del placer*). El descubrimiento más importante en la encuesta de Redbook que mencionamos primeramente era que «la satisfacción sexual está significativamente relacionada con las creencias religiosas. Con consistencia notable se ha visto que cuanto mayor es la intensidad de las convicciones religiosas de la mujer, tanto más probablemente obtiene alta satisfacción del placer sexual en el matrimonio».[1] Naturalmente, quedamos encantados al ver que la encuesta de Redbook resultaba muy similar a nuestra propia encuesta. A base de investigaciones, el señor Levin confirmó enfáticamente que «las mujeres firmemente religiosas (sobre los 25 años) parecían tener más capacidad de corresponder... (y) que alcanzan un orgasmo cada vez que se entregan sexualmente, con mucha más probabilidad que las mujeres no religiosas».[2] Esto nos convence aún más de que nuestra suposición es exacta.

No hay un solo libro escrito por seres humanos que llegue a ser jamás la última palabra sobre cualquier tema; por lo tanto, no afirmamos que este manual sobre el amor conyugal sea el último. Mas creemos que contiene mucha información valiosa que puede servir de apoyo a casi todas las parejas casadas, y que muchas de sus exposiciones no se encuentran con facilidad en ningún otro libro de esta índole. Por esta razón lo emitimos juntamente con nuestras oraciones, pidiendo a Dios que haga buen uso de él para enriquecer tanto el amor como la vida amorosa de aquellos que lo leen.

TIM LAHAYE

San Diego, California

Notas

[1] Robert J. Levin y Amy Levin, «Placer sexual: Las sorprendentes preferencias de 100.000 mujeres», *Redbook*, 145 (septiembre 1970), pág. 52.

[3] Idem, pág. 53.

1 La santidad del sexo

El acto conyugal es una relación hermosa e íntima compartida únicamente por un esposo y una esposa en la privacía de su amor, y es sagrado. En un sentido real Dios los ha destinado para esa relación.

La prueba de que es una experiencia sagrada aparece en el primer mandamiento de Dios al hombre: «Fructificad y multiplicaos; llenad la tierra» (Gén. 1:28). Este encargo fue dado antes de la introducción del pecado en el mundo; por lo tanto, el hombre, en su estado original de inocencia, experimentó y gozó del amor y de la procreación.

Esto implica necesariamente un hermoso impulso para unirse, sentido por el esposo y la esposa. Indudablemente Adán y Eva sintieron ese impulso en el jardín del Edén, tal como Dios lo ha ideado, y aunque carecemos de una descripción de ello, podemos llegar a la lógica conclusión de que Adán y Eva se hacían el amor anteriormente a la entrada del pecado en el jardín del Edén (ver Génesis 2:25).

La idea de que Dios haya diseñado nuestros órganos sexuales para nuestro placer casi toma por sorpresa a

17

mucha gente. Pero el Dr. Henry Brandt, un psicólogo cristiano, nos recuerda: «Dios creó todas las partes del cuerpo humano. No creó algunas partes buenas y otras malas; las hizo buenas todas, porque cuando hubo acabado su creación, la contempló y dijo: «He aquí que era bueno en gran manera» (Gén. 1:31). Esto ocurrió antes de que el pecado hubiese puesto el desorden en la perfección del Paraíso.

Tras veintisiete años de aconsejar a cientos de parejas en el área íntima de su vida marital, estamos convencidos de que muchos albergan en sus mentes la idea errónea de asociar el acto conyugal con algo malo o sucio. Ha sido justamente la reticencia de muchos líderes cristianos, a través de los años, para hablar con franqueza sobre el tema, lo que puso en tela de juicio la belleza de esta parte necesaria de la vida conyugal; mas la distorsión humana de los planes de Dios siempre se descubre al acudir a la Palabra de Dios, la Biblia.

Para disipar esta falsa noción queremos hacer hincapié en que de los tres Miembros de la Santísima Trinidad consta en la Biblia su consentimiento a esa relación. Acabamos de citar el sello de visto bueno de Dios Padre según Génesis 1:28. Los que asisten a bodas cristianas habrán oído probablemente que el Señor Jesús eligió una fiesta de bodas para obrar su primer milagro; los ministros cristianos interpretan unánimemente este gesto divino como de aprobación. Además, en Mateo 19:5 Cristo declara categóricamente que «los dos serán una sola carne». A los ojos de Dios la ceremonia de boda en sí no es el acto que realmente une a la pareja en santo matrimonio; la ceremonia les otorga meramente la licencia pública para retirarse a algún lugar romántico y privado para experimentar la relación de ser «una sola carne»; es este acto el que los une verdaderamente como marido y mujer.

Dios el Espíritu Santo tampoco guarda silencio sobre el tema, por haber expresado su aprobación a este experimento sagrado en muchas ocasiones en las Sagradas Escrituras. En los capítulos subsiguientes consideraremos la mayoría de estos textos, pero citaremos uno aquí para indicar Su aprobación. En Hebreos 13:4 inspiró a Su autor para establecer este principio: «Honroso es en todos el matrimonio, y el lecho sin mancilla.» Nada puede ser tan claro como esta afirmación. Cualquiera que insinúa algo erróneo entre marido y mujer con respecto al acto conyugal, simplemente no entiende las Escrituras. El autor podría haber dicho sencillamente: «Honroso sea en todos el matrimonio», lo cual sería insuficiente; pero justamente, para que a nadie se le escape el verdadero sentido, lo amplió con otra frase: «y el lecho sin mancilla». Es sin mancilla porque no deja de ser una experiencia sagrada.

Hasta hace poco, en. mi subconsciente estaba reticente a usar la palabra «coito» para describir el acto amoroso, a pesar de que sabía que era el término exacto. Esto cambió cuando descubrí que la palabra en Hebreos 13:4 en griego era *koite*, que significa «cohabitar mediante la implantación del espermatozoide masculino».[1] *Koite* tiene su raíz en la palabra *keimai*, que significa «acostarse» y tiene parentesco con la palabra *koimao*, que a su vez significa «causar sueño».[2] Aunque nuestra palabra «coito» proviene de la palabra latina *coitio*, la palabra griega *koite* tiene el mismo significado e indica la relación experimentada por una pareja casada en la cama al «cohabitar». Basado en este significado, el texto de Hebreos 13:4 se traduce de esta manera: «El coito en el matrimonio es honorable en todo y es sin mancilla.» La pareja, en el coito, se apropia del privilegio posible y dado por Dios de crear nueva vida para otro ser humano, como un resultado de la expresión de su amor.

PARA MAS QUE PROPAGACION

Mi primera experiencia de consejero sexual era un rotundo fracaso. Como estudiante y ministro júnior, me vi abordado por un compañero de mi equipo de fútbol mientras salíamos de la cancha para ir a los vestuarios. Me percaté de que este joven, alto y atlético, ya no era el mismo. Ambos éramos casados desde hacía más de un año, mas él no parecía ser feliz. Por naturaleza era un muchacho muy sociable, pero después de algunos meses de casado se puso tenso, irritable y generalmente muy cerrado. Finalmente explotó: «¿Hasta cuándo crees que pueda seguir en celibato matrimonial?» Su joven esposa tenía aparentemente la creencia de que las relaciones sexuales eran «sólo para la propagación de la raza». Y como ellos decidieran posponer tener familia hasta después de la graduación, el joven se había convertido en un novio frustrado. Me preguntó muy serio: «Tim, ¿hay algo en la Biblia que enseñe que el sexo es para gozarlo?»

Desgraciadamente estaba yo poco informado para poder dar una respuesta. Dios me ha bendecido con una esposa que no albergaba tales nociones, y nunca había pensado en un problema así. Sin embargo, desde esa experiencia traté de reunir gran cantidad de textos, durante mis estudios bíblicos, para determinar lo que la Palabra de Dios enseña sobre el tema. Encontré muchos pasajes que tocan el acto de amor conyugal; algunos hablan primariamente sobre la propagación, pero muchos otros prueban que Dios destinó el acto conyugal para mutuo placer. De cierto, si esta verdad hubiese sido bien comprendida habría proporcionado la fuente más grande y única de gozo marital a muchos hombres y mujeres desde los días de Adán y Eva, tal como Dios lo quiso.

LA BIBLIA SOBRE EL SEXO

Porque la Biblia clara y repetidamente habla contra el mal uso o el abuso del sexo, catalogándolo como «adulterio» o «fornicación», mucha gente ha malinterpretado su enseñanza —sea inocentemente o como medio de justificar su inmoralidad—, concluyendo que Dios condena el sexo en general. No obstante, la verdad es todo lo contrario. La Biblia siempre habla con aprobación de estas relaciones, con tal de que estén confinadas a parejas casadas. La única prohibición en las Sagradas Escrituras en cuanto al sexo se refiere, es a la actividad sexual extramarital o premarital. Sin duda, la Biblia es abundantemente clara sobre el tema, condenando toda conducta de tal índole.

Dios es el creador del sexo. El puso en movimiento los impulsos humanos, no para torturar hombres y mujeres, sino para llevarlos al gozo y a la plenitud. Es menester tener presente el comienzo de todo. El hombre no estaba plenamente satisfecho en el jardín del Edén. Pese a que vivía en el jardín más hermoso del mundo, rodeado de animales mansos de todo tipo, no tenía compañía de su misma especie. Dios, entonces, tomó parte del cuerpo de Adán y obró un nuevo milagro creativo, formando la mujer, similar al hombre en todo sentido excepto en su sistema reproductivo físico. En lugar de ser opuestos, eran complementarios el uno al otro. ¿Qué Dios sería Aquel que se empeñase en equipar a Sus criaturas especiales con una actividad, dándoles los impulsos necesarios para consumarla, y luego prohibiera su uso? Ciertamente no el Dios de amor presentado tan claramente en la Biblia. Romanos 8:32 nos asegura: «El que no escatimó ni a su propio Hijo, sino que lo entregó por todos nosotros, ¿cómo no nos dará también con él todas las cosas?» Mirándolo objetivamente, el sexo fue dado en gran parte para el gozo conyugal.

Para más prueba aún de que Dios aprueba el amor sexual entre cónyuges podemos considerar la hermosa historia que explica su origen. De entre toda la creación de Dios solamente el hombre fue hecho «a imagen y semejanza de Dios» (Gén. 1:27). Esto, en sí, hace del hombre una criatura viviente única sobre la tierra. El versículo siguiente confirma, además: «Y los bendijo Dios, y les dijo: fructificad y multiplicaos» (vers. 28). Luego emitió Su comentario personal con respecto a toda Su creación: «Y vio Dios todo lo que había hecho, y he aquí que era bueno en gran manera» (vers. 31).

El capítulo 2 del Génesis nos da una descripción más detallada de la creación de Adán y Eva, incluyendo la afirmación de que Dios mismo trajo a Eva a Adán (versículo 22), evidentemente para presentarles formalmente el uno al otro y darles el encargo de ser fructíferos. Seguidamente se describe en forma hermosísima su inocencia con estas palabras: «Y estaban ambos desnudos, Adán y su mujer, y no se avergonzaban» (vers. 25). Adán y Eva no se sentían embarazados ni avergonzados en esa ocasión por tres razones: habían sido presentados por el Dios santo y recto, quien les encargó hacer el amor; sus mentes no estaban condicionadas a sentir culpa, porque aún no había sido dada prohibición alguna concerniente al acto sexual; y no había otra gente en absoluto para observar sus relaciones íntimas.

ADAN «CONOCIO» A SU MUJER

Una evidencia adicional sobre la bendición de Dios de estas relaciones sagradas la encontramos en Génesis 4:1 en la expresión encantadora empleada para describir el acto conyugal entre Adán y Eva: «Conoció Adán a su mujer Eva, la cual concibió...» ¡Qué mejor manera para describir el acto sublime e íntimo entrelazando mentes, corazones, emociones y cuerpos en un clímax apasionadamente eruptivo, que envuelve a los participantes en una ola de relajamiento inocente como expresión total de su amor! La experiencia es un «conocimiento» mutuo entre ellos, y es sagrada, personal e íntima. Tales encuentros fueron diseñados por Dios para mutuo gozo y bendición.

Hay personas que tienen la extraña idea de que cualquier cosa espiritualmente aceptable a Dios es ajena y contraria al goce sexual. En años recientes teníamos mucho éxito en aconsejar a parejas casadas hacer oración en común regularmente. La obra titulada *Cómo ser felices aunque casados*[3] describe un método especial de oración-conversación que encontramos muy útil, y muchas veces sugerimos este procedimiento, debido a su carácter variado y práctico. A través de los años lo han probado muchas parejas y nos informaron sobre resultados notables.

Una joven esposa, muy emocional, al referirnos entusiastamente cómo habían cambiado sus relaciones, agregó: «La razón principal por la cual me opuse a orar con mi esposo antes de acostarnos era que yo tenía miedo de que tendería a impedir hacernos el amor. Mas, para mi gran sorpresa, me percaté de que estábamos emocionalmente tan cercanos después de orar que resultó ser una preparación para amarnos.» Su experiencia no es rara; efectivamente, no encontramos razón por que la pareja no pueda orar antes y después de un tiempo animado de amor. Sin embargo, la mayoría de las parejas se encuentran tan relajadas después que lo único que quieren es dormir —un sueño tranquilo—, por lo cual es más recomendable la oración antes del acto físico.

UN AMANTE EMBRIAGADO

Arriesgándonos a escandalizar a algunas personas, quisiéramos señalar que la Biblia no disfraza palabra alguna sobre el tema. El Cantar de los Cantares de Salomón es notablemente franco en este respecto (considérense 2:3-17 y 4:1-7).

El libro de Proverbios advierte contra las relaciones con «la mujer extraña» (una prostituta), pero por contraste exhorta al esposo: «Alégrate con la mujer de tu juventud.» ¿Cómo? Dejando que «sus senos te embriaguen en todo tiempo, y en sus caricias recréate siempre» (Prov. 5: 18-19). Es obvio que esta embriagadora experiencia de amor debe alegrar al hombre, confiriéndole un placer de éxtasis. El contexto significa plenamente una experiencia dada para mutuo placer. Este pasaje indica también que tal experiencia amorosa no fue diseñada únicamente para la propagación de la raza, sino también para el mero placer de la pareja. Si lo entendemos correctamente, y así lo creemos, no debe ser una experiencia apresurada o soportada. Expertos modernos en la materia nos afirman que «el juego previo» antes de la entrada es esencial para una experiencia de mutua satisfacción. No hallamos nada malo en ello; sin embargo, deseamos señalar que Salomón hizo la misma sugerencia hace tres mil años.

Los pasajes bíblicos deberían estudiarse a la luz de su propósito, con el fin de evitar una interpretación errónea o torcida de su significado. El concepto recién expuesto es lo suficiente fuerte tal como lo presentamos, pero llega a ser más fuerte aún si comprendemos su situación. Las palabras inspiradas de Proverbios 1-9 registran las instrucciones de Salomón, el hombre más sabio del mundo, a su hijo, enseñándole cómo tratar los tremendos impulsos sexuales dentro de él, para evitar ser tentado a un uso indebido. Salomón quería que su hijo disfrutase toda su vida del legítimo uso de ese impulso mediante su confinamiento al acto matrimonial. Ya que este entero pasaje se refiere a la sabiduría, es obvio que el amor matrimonial, disfrutable y satisfecho, viene a ser el camino de la sabiduría. El amor extraconyugal es presentado como camino de locura, ofreciendo placer de breve duración que finalmente conduce a la «destrucción» (sufrimiento, culpabilidad, pena).

Nuestra exposición no sería completa si no señaláramos Proverbios 5:21: «Porque los caminos del hombre están

ante los ojos de Jehová, y El considera todas sus veredas.»
Este pasaje incluye el acto de amor: Dios ve la intimidad
practicada entre los cónyuges y la aprueba. Su juicio está
reservado tan sólo a aquellos que violan Su plan y cometen sacrilegio en cuanto a hacer uso del sexo fuera del
matrimonio.

EL «JUEGO EROTICO» EN EL ANTIGUO TESTAMENTO

Puede resultar difícil para nosotros pensar en los san-
tos del Antiguo Testamento como buenos amantes, pero lo
eran. De hecho, jamás llegaremos a oír un sermón sobre
las relaciones de Isaac con su mujer, Rebeca, registradas
en Génesis 26:6-11. Ese hombre, que en Hebreos 11 está
relacionado con Dios en cuanto a «Quien es Quien», fue
observado por el rey Abimelec en pleno «juego de caricias»
con su esposa. El pasaje no nos dice hasta qué punto llegó
en su juego, pero obviamente éste era lo suficiente íntimo
como para que el rey llegase a la conclusión de que ella
debía ser su mujer, y no su hermana, como había declarado falsamente. Isaac cometió una falta, no por haberse
entregado al juego amoroso que precede al acto, sino por
no haberlo restringido a la privacía de su alcoba. El hecho
de que fuera descubierto, sin embargo, sugiere que en su
día el «juego erótico» era común y permitido entre esposos. Dios lo ha ideado de este modo.

Una mayor claridad sobre la aprobación de Dios del
acto marital podemos hallar en los mandamientos y reglamentos dados por Dios a Moisés para los hijos de Israel.
Dio instrucciones según las cuales el hombre, después de
su boda, debía ser eximido del servicio militar y de toda
responsabilidad comercial por el período de un año (Deu-
teronomio 24:5), de modo que estas dos personas podían
«conocerse» durante el tiempo cuando sus impulsos sexuales eran más fuertes y bajo circunstancias que les darían
amplias oportunidades para experimentos de placer. Probablemente esta provisión fue hecha también para facilitar que el joven esposo pudiese «engendrar» antes de
exponerse al riesgo de morir en los campos de batalla.
En aquellos tiempos no había anticonceptivos, y como la
pareja contaba con tanto tiempo para estar juntos, es fácil

de ver por qué los niños nacían mayormente durante los primeros años de matrimonio.

Hay otro versículo que revela cómo Dios comprende profundamente el impulso sexual, que El creó en la humanidad. Leemos en 1.ª Corintios 7:9: «Es mejor casarse que arder.» ¿Por qué? Porque existe un solo método legítimo, instituido por Dios, para liberar la tensión natural que El mismo implantó en los seres humanos: el acto conyugal. Es el método primario de Dios para liberar el instinto sexual. Era Su intención que marido y mujer tuviesen una total dependencia mutua para la satisfacción sexual.

EL NUEVO TESTAMENTO SOBRE EL AMOR SEXUAL

La Biblia constituye el mejor manual jamás escrito sobre el comportamiento humano. Abarca toda clase de relaciones interpersonales, incluyendo el amor sexual. Acabamos de dar algunos ejemplos de ello, mas a continuación sigue uno de los pasajes más destacados. Para comprenderlo plenamente, deseamos usar la traducción del *Nuevo Standard Americano* del pasaje que probablemente sea el más claro sobre este tema en toda la Biblia.

«Pero a causa de la inmoralidad, cada hombre tenga su propia esposa, y cada mujer a su propio esposo. El esposo cumpla con su mujer el deber conyugal, y asimismo la mujer con su esposo. La mujer no tiene autoridad sobre su propio cuerpo, sino su esposo; ni tampoco tiene autoridad el esposo sobre su propio cuerpo, sino la mujer. No os neguéis el uno al otro, a no ser de mutuo consentimiento por algún tiempo para ocuparos sosegadamente de la oración; y volved a juntaros en uno, para que no seáis tentados por Satanás a causa de vuestra falta de autodominio» (1.ª Cor. 7:2-5).

Estos conceptos serán explicados de forma más amplia en la presente obra, pero a esta altura señalaremos tan sólo los cuatro principios importantes enseñados en este pasaje con respecto al amor sexual.

1. Tanto el esposo como la esposa tienen necesidades e instintos sexuales que deberán ser satisfechos en el matrimonio.

2. Cuando uno se casa, entrega el control de su cuerpo a su cónyuge.
3. Se prohíbe a ambos cónyuges rehusar la satisfacción de las necesidades sexuales de su pareja.
4. El acto conyugal está aprobado por Dios.

Una joven madre de tres hijos vino a pedirme que le recomendase un psicólogo. Cuando le pregunté la razón por la cual lo necesitaba, me explicó, algo inhibida, que su esposo creía que ella debía de tener algún profundo problema de índole psicológica sobre el sexo. Nunca había experimentado un orgasmo, era incapaz de relajarse durante el acto y se sentía culpable de todo ello. Al preguntarle yo desde cuándo había tenido este sentimiento de culpabilidad, admitió haber experimentado juegos eróticos intensos antes de casarse, violando sus principios cristianos y las advertencias de sus padres. Concluyó así: «Nuestro noviazgo de cuatro años parecía ser una escena continuada de Tom tratando de seducirme y yo de luchar contra él. Había consentido a muchas cosas y, francamente, me sorprende que no hubiésemos recorrido la ruta total antes de nuestra boda. Después de casarnos, todo parecía ser lo mismo una y otra vez. ¿Por qué tuvo Dios que incluir ese asunto del sexo en el matrimonio?», terminó diciendo.

Aquella joven mujer no precisaba una batería de pruebas psicológicas y años de terapia. Necesitaba tan sólo confesar sus pecados premaritales y luego saber lo que la Biblia enseña sobre el amor conyugal. Una vez eliminado su complejo de culpabilidad, percibió muy pronto que su imagen mental del acto conyugal había sido enteramente falsa. Tras estudiar la Biblia y leer varios libros sobre el tema, y al asegurarle su pastor que el acto sexual era parte hermosa del plan divino de Dios para los cónyuges, ella se convirtió en una nueva esposa. Su esposo, que había sido siempre un cristiano tibio, se me aproximó un domingo, entre dos servicios religiosos, para decirme: «No tengo la menor idea de lo que usted le habrá dicho a mi mujer, pero sea lo que sea, ¡ha cambiado nuestro matrimonio!» Desde entonces era fascinante observar su crecimiento espiritual, y todo porque su esposa vislumbrara el gran cuadro que Dios ideó para que el acto de amor sea una experiencia de gozo mutuo.

El lector se habrá preguntado: ¿Por qué estamos siendo bombardeados mediante la explotación sexual en todos los campos hoy en día? Es el resultado de la naturaleza depravada del hombre, destruyendo las cosas buenas impartidas al hombre por Dios. Según el plan de Dios, el acto sexual debía de ser la experiencia más sublime que dos personas podían compartir en esta tierra. Creemos que aunque los cristianos llenos del Espíritu Santo no tengan obsesión sexual, es decir, sus mentes corrompidas con distorsiones soslayadas sobre el sexo, ni tampoco lo tengan como tema incesante, ellos lo gozan sobre una base permanente por toda la vida y mucho más que cualquier otra clase de gente. Llegamos a esta conclusión no solamente por haber aconsejado a cientos de personas sobre estos temas íntimos y por haber recibido muchas cartas y preguntas durante veintisiete años de ministerio, o por haber llevado a cabo más de cien Seminarios de Vida Familiar, sino porque es cierto el hecho de que el mutuo placer y gozo son los propósitos de Dios, al diseñarnos tal como lo hizo. Esto lo ha hecho claro por medio de Su Palabra.

Notas

[1] James Strong, «Diccionario de las palabras en el Testamento griego» (Nueva York: Abingdon-Cokesbury Press, 1890), pág. 42.

[2] Joseph Henry Thayer, *Enciclopedia griego-inglés Thayer del Nuevo Testamento*, edición revisada (Marshalltown, 1899), pág. 352.

[3] Tim LaHaye (Wheaton, Ill.: Tyndale House Publishers, 1968).

2 Lo que el acto de amor significa para un hombre

Enfocar la vida a través de los ojos de otro es la llave a la comunicación en cualquier nivel. La falla de muchas esposas en comprender lo que el acto de amor realmente significa para el hombre lleva, muchas veces, a una conclusión errónea, que a su vez sofoca su capacidad natural de responder a las iniciativas de su esposo.

Susie comenzó nuestra entrevista de consejo quejándose: «Nuestro problema es que ¡Bill es una bestia! ¡Todo lo que piensa siempre es sexo, sexo, sexo! Desde que lo conocí no hago otra cosa que resistirle. ¡Tal vez sufre de sobreexcitación sexual!» ¿Qué tipo de hombre imagina el lector después de oír su descripción de Bill? Probablemente un tipo de gigante bronceado transpirando virilidad por todos los poros de su cuerpo, y ojos hipnóticos que coquetean con cada chica que le viene enfrente. ¡Nada más lejos de la realidad! Bill es un hombre tranquilo, dependiente y amante de su familia, trabajador y cariñoso. Un hombre que a los treinta años aún conserva algo de inseguridad juvenil. Al preguntar yo con qué frecuencia hacían el amor, ella respondió: «Tres a cuatro veces por semana.» (Hemos descubierto que por lo general las mujeres dicen que hacen el amor con más frecuencia que lo que declaran sus esposos, y un esposo insatisfecho normalmente subestima la frecuencia de sus experiencias amorosas. Al establecer un promedio de ambos informes, obtenemos una cifra aproximadamente exacta.) De hecho Bill no es anormal; en efecto, de acuerdo a nuestras encuestas, funciona bien dentro del promedio de esposos de su edad.

Susie tenía tres problemas: no le gustaban las relaciones sexuales, no comprendía las necesidades de Bill, y le interesaba más su propia persona que la de su esposo. Cuando hubo confesado su pecado de egoísmo y supo lo que el amor realmente significaba para él, esto cambió su vida de alcoba. Hoy disfruta del acto amoroso, y recientemente nos envió una nota de agradecimiento por el tiempo que le habíamos dedicado, concluyendo: «La otra noche Bill me dijo: "Cariño, ¿qué te ha pasado? Durante años te he perseguido en torno de la cama, y ahora ¡eres tú quien me persigues!"» Sin duda, ella no tuvo que perseguirlo muy lejos.

El acto conyugal es vitalmente significativo para el esposo al menos por cinco diferentes razones:

1. *Satisface su instinto sexual.* Existe el convencimiento general de que el macho, en todas las especies de criaturas vivientes, posee un instinto sexual más fuerte, y el *homo sapiens* no es ninguna excepción. Esto no quiere decir que las mujeres carecen de un fuerte instinto sexual, pero como veremos en el capítulo siguiente, el suyo es esporádico, mientras que el del hombre es casi continuo.

Dios diseñó al hombre para ser el iniciador, proveedor y jefe de su familia. De alguna manera esto está atado a su instinto sexual. La mujer a quien le disgusta el instinto sexual de su esposo, a la vez que disfruta de su inteligencia e iniciativa, hará mejor enfrentándose con el hecho de que no puede tener una cosa sin la otra.

Para ilustrar las causas físicas del instinto sexual masculino presentaremos la evidencia científica de que «cada gota de fluido seminal contiene aproximadamente como 300 millones de espermatozoides».[1] Ya que el hombre tiene la posibilidad de llegar a tener de dos a cinco eyaculaciones por día, dependiendo de su edad, resulta obvio que su sistema reproductivo elabora diariamente un enorme depósito de sémenes y muchos millones de diminutos espermatozoides. Si éstos no quedan liberados mediante el coito, pueden causarle gran frustración para su bienestar físico y mental. Un autor dice: «Un hombre normal y sano tiene una acumulación de sémenes cada 42 a 78 horas, lo que produce una tensión que precisa ser liberada.» La frecuencia de esa tensión será determinada por varias condiciones. Por ejemplo, si sobre su mente pesa algún trabajo psíquico o algún problema familiar, no estará tan consciente de tal presión como cuando está libre de preocupaciones. Numerosos estudios indican que los hombres procedentes de áreas rurales desean el coito con más frecuencia que los de áreas urbanas, dentro de la misma escala de edades. Las investigaciones explican que esto ocurre debido a que los urbanos están sujetos a mayores presiones psicológicas que sus congéneres rurales. Existe otra posibilidad, y es ésta: que el hombre rural de toda edad tiene tendencia a ejecutar trabajos físicos más duros, de modo que se encuentra en mejores condiciones físicas que el hombre de la ciudad, que suele gozar de una vida más sedentaria.

Uno de los conceptos erróneos más comunes en la mente de jóvenes esposas son los relacionados con las necesidades sexuales de sus esposos. Debido a su falta de experiencia, a nociones preconcebidas y, sobre todo, a su temor al embarazo, muchas esposas jóvenes no comparten el entusiasmo de sus esposos para hacer el amor. Este hecho parece ocurrir al revés en los matrimonios avanzados en edad; pero en los primeros años la frecuencia del sexo es, a menudo, causa de conflictos y desacuerdos. Las jóvenes esposas pueden interpretar la pasión juvenil de sus esposos como bestialidad, sin percatarse de que tales instintos no son únicos, sino característicos de la mayoría de hombres normales. Estos instintos son un don de Dios para promover la procreación, que sigue siendo el propósito social primario de la humanidad. Ese don no sólo influencia su comportamiento sexual, sino también su personalidad, trabajo, motivación y casi todas las demás características de su vida. Sin ello él no sería el hombre del cual ella se había enamorado. Sabia es aquella mujer que coopera con esa necesidad en lugar de combatirla.

2. *Otorga plenitud a su hombría.* Normalmente el hombre posee un *ego* más fuerte que la mujer. Si no se considera un hombre en sus propios ojos, no es nada; y de alguna manera su instinto sexual parece estar intrínsecamente ligado a su *ego*. Nunca conocí a un hombre impotente o sexualmente frustrado que haya gozado de una fuerte imagen de sí mismo. Un esposo sexualmente satisfecho es un hombre que rápidamente desarrollará la confianza en sí mismo en otras áreas de su vida.

La mayoría de los hombres no echan la culpa de su inseguridad a la frustración sexual porque, o son demasiado orgullosos, o bien no se percatan de la conexión entre una y otra cosa; pero lo he observado tan a menudo que, dondequiera que encuentre un *ego* masculino quebrantado, busco su causa en la frustración sexual. Un hombre es capaz de llevar frustraciones académicas, laborales y sociales mientras que él y su esposa tengan buenas relaciones en la alcoba; mas el triunfo en otros campos se convierte en burla si fracasa en el lecho. Para un hombre, fracasar en la alcoba significa fracasar en la vida.

Había una esposa cariñosa que me preguntó lo que podía hacer por su esposo cuyo negocio acababa de sufrir un colapso. Estaba más deprimido que jamás lo había visto, y se sentía incapaz de llegar a él. «Confío que volverá a ser como antes —decía—; es un hombre demasiado dinámico como para dejar que este único fracaso arruine su vida.» Ya que ella hizo oración con él, encargando su futuro económico a Dios, le sugerí que le hiciese el amor en forma agresiva, que se vistiese de manera provocativa, haciendo uso de su encanto femenino para seducirlo. Ella preguntó espontáneamente: «¿No cree que sospecharía? Siempre ha sido él quien ha llevado la iniciativa a este respecto. Y ahora ¿qué dirá si lo hago yo?» Su respuesta me dio oportunidad para explicarle que su *ego* quebrantado necesitaba una reiterada seguridad del amor por parte de ella precisamente porque se sentía derrotado. Muchos maridos temen en su subconsciente que sus esposas soportan el acto sexual debido a un sentido del deber o a una motivación de interés. Lo que cada hombre necesita, especialmente durante el período de derrota, es convencerse de que su esposa le quiere por lo que él es, y no por lo que hace por ella. Yo conocía bastante bien a su esposo, dinámico y colérico, para darme cuenta de que no sospecharía nada malo de su esposa, antes al contrario, cualquier manifestación de cariño por parte de ella le proporcionaría un sedante moral que le haría mucho bien. Más adelante, su esposa me informó que no lo había tomado a mal, sino que dentro de cinco minutos después de hacer el amor comenzó a compartir una nueva idea comercial con ella. Aunque esa idea nunca se materializó, lo encaminó hacia arriba. Pronto encontró su sitio y hoy goza de una posición bien lograda.

Uno de los aspectos instructivos de este caso es el hecho de que ahora su esposo reconoce que su mujer le ayudó a «volver a ser él mismo». Naturalmente, jamás se refiere a su experiencia sexual, ignorando que yo lo sé; pero dice cosas como: «¡Mi esposa es toda una mujer! Cuando estaba aplastado y aniquilado, ella seguía teniendo fe en mí. Fue su confianza la que encendió la mía.» De hecho, antes de que ella viniera a pedirme consejo, había expresado su confianza en él muchas veces, diciéndole algo así: «No te dejes aniquilar, hombre; puedes empezar de nuevo.» Pero no pudo comunicarle su confianza en términos entendibles para él hasta que le hizo el amor. Mucho más adelante ella me ofreció un comentario muy interesante para mí. Me dijo que no pudo recordar que su esposo la hubiera abrazado jamás tan estrechamente durante el acto como aquel día. Mas esto no es muy difícil de comprender. Los hombres son muchachos crecidos, y el fracaso de ese hombre quebrantó su hombría y acentuó el niño que se esconde en el corazón de cada hombre. Pero el amor volvió a triunfar una vez más cuando todo lo demás en su vida había fallado.

Algunas mujeres probablemente tacharán esta manera de hacer el amor como «explotación del sexo». Nosotros preferimos pensar de ello como expresión de amor altruista. Por amor a su esposo, esta esposa creó una atmósfera sobre la base de las necesidades de su marido, no sobre sus sentimientos propios. Es un hermoso cumplimiento de la descripción del amor en la Biblia: «No mirando cada uno por lo suyo propio, sino cada cual también por lo de los otros» (Fil. 2:4).

Una mujer compartió con nosotros lo siguiente: «No importa en qué consista nuestra vida amorosa, hay un tiempo cada mes cuando siempre trato que mi esposo me haga el amor: la noche después que él ha pagado las cuentas de la familia. Parece ser la única cosa que lo vuelve a lo normal.» Su esposo merece una calificación inferior por su falta de confianza en Dios respecto a sus negocios (1.ª Tes. 5:18), pero ella es acreedora a la nota máxima por ser una mujer sabia y amante, que sabe aprovechar y completar los buenos momentos de su marido.

Estas historias aparecen en fuerte contraste a lo que pasa normalmente cuando el *ego* del marido sufre una baja por fracasos, deudas o problemas. La mayoría de las esposas egocéntricas es escandalizan de tal manera a la vista de un esposo inseguro durante el período de prueba, que están muy mal preparadas para ser apoyo durante el tiempo de desastre. No os engañéis por la delgada capa de densa masculinidad que lleva la mayoría de los hombres; por debajo hay muchas necesidades emocionales que únicamente una esposa amante puede llenar.

El viejo «tabú» victoriano según el cual «una dama no ha de actuar como si disfrutase del amor» está en conflicto con la necesidad que tiene el marido de saber que su mujer goza plenamente de su amor sexual. Los victorianos no parecían distinguir entre tabúes premaritales y maritales. Naturalmente, una mujer muy cristiana no se jactará de su goce sexual; eso es un asunto personal. Son muchas más las mujeres inseguras que se engañan pensando que deberían tener apariencia y actitud *sexy* en público. ¡Esto es un *sex appeal* distorsionado! Una mujer verdaderamente segura reservará su *sex appeal* y satisfacción únicamente para su esposo. A él le da un inmenso gozo. De hecho, hace que su propio placer sexual sea mucho más satisfactorio cuando está seguro de que el acto ha sido disfrutado mutuamente. Una mujer sabia y comprensiva hace todo lo posible para hacer saber a su marido que lo encuentra un amante excelente y que disfruta de sus relaciones en común. Esto es muy bueno para su *ego* y promueve una comunicación honesta entre ellos. Sólo una modestia falsa, y no sincera, ocultaría un conocimiento tan vital a su pareja. El amor genuino florece dándose. Es por eso que un esposo entregado encuentra gran deleite en saber que su esposa disfruta cuando le hace el amor.

Los beneficios de un amor de esta índole no sólo intensifican la solidaridad de los amantes, sino que se derraman sobre los hijos, bendiciéndoles. Un hombre seguro será un padre mejor, juzgará con más acierto y mejorará su capacidad de amar a toda la familia.

3. *Intensifica su deseo amoroso hacia su esposa.* Estamos familiarizados con la palabra «síndrome», mas por lo general la asociamos con cosas negativas como la depresión, ira o temor. Sin embargo, su uso es apropiado en relación con el amor. Un síndrome de amor nunca ha hecho daño a nadie, y un síndrome es creado entre cónyuges cuando su amor sexual es satisfactorio para ambos.

Por haber Dios conferido al hombre un intenso instinto sexual, pero además conciencia moral, la liberación satisfactoria de ese instinto sin provocar su conciencia intensificará su amor por la persona que le da esa posibilidad. Pero solamente una persona en el mundo puede hacerlo: su esposa.

Invitamos al lector a que siga nuestro razonamiento. El instinto sexual del hombre sólo puede ser aliviado mediante la eyaculación. Esta es lograda por medio de: 1) coito, 2) masturbación, 3) emisión nocturna, y 4) homosexualidad. Más allá de toda comparación, el coito con una mujer es el medio más satisfactorio de eyaculación; mas éste, a su vez, puede ser logrado de tres maneras: por el acto marital, la prostitución o el adulterio. De estas tres, solamente una va acompañada por una conciencia clara y tranquila: el amor marital. Nuestro capítulo de preguntas y respuestas (capítulo 14) tratará sobre las experiencias sexuales ilegítimas, mas debemos señalar aquí que todas tienen un factor común: Aunque proporcionan alivio biológico, no garantizan disfrute duradero, porque la conciencia dada por Dios a todo hombre le «acusa» cuando viola las normas divinas de moralidad (lea Romanos 1). Cuando el sexo proporciona únicamente placer, pero va seguido del sentimiento de culpabilidad, resulta una burla de lo que Dios quiso que fuera una experiencia satisfactoria. Por el contrario, el acto marital, al ser llevado a cabo debidamente, es seguido por relajamiento físico basado en la inocencia. Por ser el sexo parte tan necesaria de la vida humana y porque el amor marital preserva la inocencia y la conciencia, la mujer que proporciona esto al hombre se convertirá en forma creciente en el objeto de su amor.

Bobbie era una típica belleza sureña que vino a solicitar consejo porque le parecía que Joe ya no la quería. Aunque no pudo probarlo, se descargó así: «Estoy segura de que tiene otra mujer.» Parecía increíble que existiese un hombre que pudiese poner sus ojos en otra mujer teniendo una esposa tan bella y con un acento de voz tan encantador. Pero en el curso de la entrevista salió a luz el hecho de que ella usaba el sexo como una recompensa, racionándolo de acuerdo con el buen comportamiento de Joe. Como cualquier hombre normal, Joe encontró esto intolerable. Nunca sabremos si realmente llegó a ser infiel, porque tras una conversación muy al grano en nuestra sala de consejo Bobbie se marchó a casa para amar a su esposo incondicionalmente. Este, al comienzo se encontró estupefacto al ver a su esposa sexualmente agresiva, pero como hombre que era se ajustó rápidamente a los deseos de ella. Encontró el acto legítimo con su esposa de tal manera satisfactorio que no sentía más tentación para poner sus ojos en otra parte.

Un esposo satisfecho lo resumió de una manera más bien gráfica al ser preguntado si alguna vez había sido tentado a probar experiencias extramaritales: «Cuando tienes un "Cadillac" en el garaje, ¿cómo puedes ser tentado de robar un "Volkswagen" de la calle?»

La actitud femenina a este respecto ha cambiado para bien en años recientes. Anteriormente era común que muchas mujeres consideraran el acto sexual como «parte necesaria del matrimonio», o «el deber que la esposa tenía que cumplir»; ahora un número cada vez mayor de mujeres lo mira como el medio dado por Dios para enriquecer sus relaciones por toda una vida.

4. *Reduce fricciones en el hogar*. Otro resultado de las relaciones satisfactorias entre la pareja es que tiende a reducir irritaciones menores en el hogar. Un hombre sexualmente satisfecho es por lo general un hombre contento. No solucionará problemas mayores —no reparará la reja torcida ni compensará un presupuesto sobrecargado—, pero sí que reducirá las irritaciones menores y hará al marido más servicial y más dispuesto a resolver problemas menores. Más de una esposa comentó: «Mi esposo se lleva mejor conmigo cuando nuestro amor es como debe ser. Las contrariedades de los niños no afectan tanto sus nervios, y le resulta más fácil tener paciencia con otra gente.»

La mayoría de los hombres no se percatan de que parte de sus irritaciones inexplicables pueden derivar de un instinto sexual no satisfecho, pero una esposa sabia estará alerta hacia esa posibilidad. De alguna manera el mundo parece mejor y sus dificultades se ven reducidas a tamaño natural si prevalece la armonía sexual. Al hombre le parece como si su duro trabajo y las presiones de la vida mereciesen la pena cuando él y su esposa consuman su amor de forma propia.

En ello está involucrado mucho más que la mera satisfacción de las glándulas. Un hombre sacrifica mucho al casarse, o por lo menos así piensa. Al ser soltero, está más bien sin cuidado y carece de presiones. Si desea pasar una noche fuera con sus amigos, no tiene que rendir cuenta a nadie de sus asuntos o satisfacer el interés de otra persona. Si ve algo que desea, simplemente lo compra, pueda o no darse el lujo. Todo esto cambia con el matrimonio.

Además, su espíritu sin cuidado debe dar lugar al peso cada vez mayor de responsabilidad que el matrimonio tan singularmente pone sobre sus hombros. Una mujer raramente tiene que preocuparse de problemas económicos, y en todo caso será una deliberación corta. El esposo, en cambio, debe acostarse mentalmente consciente de que es el proveedor de la familia. Por la mañana despierta con el pensamiento: «Me es necesario hacer un buen negocio hoy; mi mujer y mis hijos dependen de mí.» Salvo que haya aprendido desde temprana edad a encargar sus caminos al Señor, esto puede llegar a ser para él una carga muy pesada.

Un esposo de carácter débil llegó una noche a casa anunciando a su mujer: «Esta noche me marcho; no quiero vivir como casado por más tiempo.» Nuestra investigación reveló que no tenía interés en ninguna otra mujer; pero confesó: «Preferiría gastar mis tardes entrenándome en mi coche de carrera y no en un segundo empleo para sustentar una familia.» Su esposa reconoció en el consultorio que sus relaciones físicas eran mínimas y que ella jamás había demostrado aprecio alguno por los sacrificios que él hacía por la familia. Al percatarse de que su indiferencia podía haber contribuido a su insatisfacción e irritación, le rogó: «Dame una nueva oportunidad y te probaré que el matrimonio vale cualquier sacrificio que ambos tengamos que hacer.» Algunas mujeres obtienen esa segunda oportunidad y pueden dar tales pruebas, ésta no la obtuvo. El esposo siguió por su camino de egoísmo e irresponsabilidad y ambos fueron desgraciados.

5. *Le proporciona la experiencia más extraordinaria de la vida.* La explosión titánica, emocional y física en que culmina el acto marital para el esposo se puede denominar como el placer más extraordinario que puede disfrutar jamás, al menos sobre una base repetible. En aquel momento todo otro pensamiento es borrado de su mente; cada glándula y órgano de su cuerpo parecen remontar por un ascenso febril. Siente como si su tensión sanguínea y su temperatura llegasen a bullir hasta perder el control. A este punto su respiración se acelera, emitiendo un ronco quejido de éxtasis al estallar la tensión con la liberación del semen en el objeto de su amor. Toda palabra resulta inadecuada para describir esta experiencia fantástica. Aunque la naturaleza agresiva del hombre encuentra otras experiencias fascinantes en diversas actividades —como saltos de esquí, carreras de ciclomotores, pilotar aviones a retroimpulso, y jugar al fútbol—, todo hombre está de acuerdo en que hacer el amor encabeza toda la lista.

Un enfermo del corazón nos proporcionó la mejor descripción que hemos oído jamás sobre lo que el acto marital significa para un hombre. Advertido por su médico de que cualquier ejercicio físico innecesario le podía costar la vida, continuó, sin embargo, las relaciones amorosas con su esposa. Había ocasiones cuando después del acto tenía que pasar por agotadoras experiencias de *shock*: sufría fuertes palpitaciones de corazón, su rostro perdía el color, y sus extremidades quedaban frías y acalambradas. Algunas veces tardó una o dos horas antes de que pudiese levantarse siquiera de la cama. Cuando le advertí que algún día podía matarse haciendo el amor a su esposa, respondió rápidamente: «¡No puedo imaginar una mejor manera de irme!»

El aspecto más hermoso de todo esto es que Dios creó tal experiencia gozosa para compartirla el hombre únicamente con su esposa. Si la ama y cuida en la forma como Dios le ordena, se desarrollará entre ellos una relación cálida y llena de afecto que enriquecerá toda su vida marital; la experiencia más extraordinaria y fascinante de hacerse el amor mutuamente, la cual será compartida varios miles de veces durante su matrimonio.

Napoleón Hill, en su libro muy práctico para hombres de negocios, *Piensa y enriquécete*, denota un malentendido muy común acerca del instinto sexual masculino, al instar a los vendedores a limitar la expresión de sus instintos sexuales porque podría restarles energía e iniciativas para su profesión.[2] Nada más lejos de la verdad. Un esposo sexualmente satisfecho es un hombre motivado. Hill probablemente habrá sido víctima de la falsa idea, tan característica de la pasada generación, que sostenía que el sexo consume tanta energía que disminuye y puede acabar con la fuerza viril. Salvo que el autor hable de una frecuencia anormal de varias veces al día, su declaración simplemente no es cierta. Por el contrario, a un hombre sexualmente frustrado le resulta extremadamente difícil concentrarse, tiende a ser duro y poco congeniable, y, lo que es más importante, le es difícil retener metas a largo plazo. A la inversa, un esposo realmente satisfecho rehúsa malgastar su día de trabajo en trivialidades; desea aprovechar todo momento para volver a su esposa y familia, los que confieren a su duro trabajo real propósito y significado.

Dos cartas enviadas a «Querido Abby» con menos de diez días de intervalo ocasionarán una sonrisa pero ilustrarán muy bien nuestro punto. La primera, escrita por un esposo iracundo que se quejaba de su esposa por ser mala ama de casa, reconoció un hecho positivo que le agradaba: «Ella iría a la cama conmigo a cualquier hora que yo deseara.» La segunda carta venía de un vendedor que solicitaba que le respondiésemos al autor de la primera carta diciéndole que fuese agradecido por sus bendiciones maritales: «¡Si yo tuviese una mujer así, me sentiría estimulado a ganar bastante dinero para contratar para ella una mujer de faenas para venir a limpiar la casa!»

Marbel Morgan, autora de *La mujer total*,[3] afirma que el hombre tiene en mente dos cosas cuando llega a casa en la noche: comida y sexo; y no siempre en este orden.

INSTINTO SEXUAL Y VIDA MENTAL

El problema espiritual más consistente con el cual se enfrenta el hombre cristiano normal es su vida mental. El instinto sexual masculino es tan potente que a menudo el sexo parece ser lo más importante en su mente. Todo joven que ha estado en el servicio militar puede testificar que el 95 por ciento de la conversación de los compañeros libres de servicio gira en torno del sexo. Bromas e historias sucias llegan a ser un constante bombardeo verbal. Pronto, después de llegar a ser cristiano, un hombre así recibe la orden, mediante la Palabra de Dios y el Espíritu Santo, de cambiar el curso de sus pensamientos. Naturalmente, nuestro Señor conocía este problema masculino universal, porque advirtió: «Cualquiera que mira a una mujer para codiciarla, ya adulteró con ella en su corazón» (Mateo 5:28). Tal adulterio mental probablemente ha llevado más hombres sinceros a la derrota espiritual que cualquier otro pecado.

Muchas mujeres cristianas fallan en comprender este problema masculino, lo cual es una de las razones por que frecuentemente optan por vestimentas tan provocativas. Si supieran los problemas mentales que causan al hombre común con la indecente exposición de sus cuerpos, muchas de ellas se vestirían con más modestia; pero como ellas no tienen tal estímulo sexual a la vista de un cuerpo masculino, no quieren comprender fácilmente la respuesta del hombre. Yo capté este mensaje cuando estuve designado en la Base Aérea de Las Vegas. Tras diecinueve días, recibí lo que consideraba entonces como uno de los deberes más interesantes: barrer las viviendas de las mujeres en servicio militar. Para mi mayor decepción, después de haber buscado la escoba más pequeña para prolongar mi deber, encontré los pabellones vacíos; todas las mujeres estaban en sus trabajos militares. Regresé al pabellón de servicio para coger una escoba más grnade, pero durante la limpieza me percaté de algo bastante sorprendente: no había ni una sola foto de desnudo masculino en los dos pisos del pabellón de mujeres. ¡Por el contrario, los 197 hombres de nuestro pabellón exhibían 193 fotografías de desnudos femeninos!

Otra ilustración sobre el hecho de que las mujeres carecen del problema de deseo visual ocurrió recientemente en nuestro hogar. Hojeando la revista *Sports Illustrated*, encontré una fotografía de «Míster América». Mientras estaba admirando sus brazos y musculatura ondulante, Bev se me acercó y, viendo por encima de mi hombro lo que yo estaba contemplando, exclamó espontáneamente: «¡Uf, qué grotesco!» Las mujeres tienen su propia clase de problemas espirituales, pero el deseo tipo actitud mental les significa rara vez un problema.

Hemos revisado todo esto para señalar algo importante. Una esposa cariñosa, con plena respuesta sexual, puede ser una ventaja muy grande para conservar la vida mental agradable a Dios de su esposo. Esto no quiere decir que la victoria y elevación espiritual del marido dependan del comportamiento de su esposa. De hecho, Dios ha prometido dar a un hombre apasionado la gracia para convivir con una esposa fría e indiferente. Pero no pocos esposos cristianos carnales han aprovechado el rechazo sexual de sus esposas como una excusa de que sus derrotas espirituales se hayan agudizado en períodos de deseos sexuales de tipo actitud mental.

Una esposa cariñosa que comprende las tentaciones de su esposo en ese sentido, reprimirá sus deseos de frenar sus impulsos amorosos y, considerando más las necesidades de su esposo que su propio cansancio, le dará su amor libremente. Su recompensa será la respuesta inmediata a su cariño y juntos podrán compartir la experiencia arrebatadora del amor marital.

Notas

[1] Catherine Parker Anthony, *Libro de texto de anatomía y fisiología* (St. Louis: C. V. Mosby Co., 1963), pág. 44.

[2] Napoleon Hill, *Piensa y enriquécete* (Cleveland: Ralston Publishing Co., 1956), pág. 274.

[3] Publicado por Fleming H. Revell, Old Tappan, N. J., 1973.

3 | Lo que el acto de amor significa para una mujer

¡Afortunadamente para las mujeres, los hombres y las culturas están cambiando! Se dice que hace una genera-ción muchos hombres eran amantes egoístas y que la so-ciedad contribuyó a esa imagen de «macho» e hizo que pareciesen animales en la alcoba. Se suponía que el placer sexual de «la mujercita» era su derecho divino y sus re-laciones eran, por lo general, experiencias unilaterales. Asumiendo que el hombre tenía el don del conocimiento intuitivo en esa área, el hombre llevaba a la novia inocente a su nido de amor y le enseñaba solamente lo que era necesario saber para satisfacer «su» instinto sexual. Hom-bres como estos eran (y son aún) iliteratos sexuales, fa-llando totalmente en comprender las necesidades emocio-nales y físicas de la mujer.

No es de extrañar que muchas mujeres llegaran a la frigidez y que el hacer el amor se convirtiese en una tarea. Aún peor, algunas mujeres frígidas se convirtieron en evangelistas de la frigidez. Consecuentemente, novias jóvenes entraron al matrimonio debidamente advertidas por sus amigas casadas de que el hogar, la maternidad y una buena reputación eran cosas maravillosas, pero que había una desventaja en el matrimonio, y ésa era la «escena de alcoba». El esposo cristiano moderno, a su vez, había sido exhortado por la Palabra de Dios y por su pastor con las palabras: «Maridos, amad a vuestras mujeres, así como Cristo amó a la iglesia... Así también los maridos deben amar a sus mujeres como a sus mismos cuerpos» (Ef. 5: 25, 28). De modo que un hombre cristiano entraba, y entra, al matrimonio más sensible a las necesidades de amor de su prometida y más preocupado por la satisfacción de ella. La respeta como una creación especial de Dios, la cual ha de ser aceptada y comprendida. Durante la década pasada, varios libros sobre el matrimonio, tratando con franqueza sobre el tema, han dado al hombre una mayor comprensión de la mujer. Salvo que mantenga su cabeza bajo la arena como la avestruz, puede aprender hoy día muchas cosas útiles sobre el amor. Y cuanto más conoce a su esposa, tanto más puede ajustar su propia pasión afectiva a las necesidades emocionales de ella.

Un proverbio dice: «La mujer es la criatura más compleja sobre la tierra.» Ciertamente, no hay hombre inteligente que pueda afirmar que llega a conocerla plenamente. No obstante, después de haber tenido trato con cientos de estas delicadas criaturas en la privacía de la sala de consulta, mi esposa y yo hemos descubierto más ampliamente lo que el acto conyugal significa para una mujer. Todo hombre podrá, pues, beneficiarse de leer este capítulo. Cuanto más sepa un esposo sobre las necesidades eróticas de su mujer, y lo que el acto marital realmente significa para ella, tanto más podrá, juntamente con su esposa, gozarse el uno del otro, no sólo físicamente, sino que en todas las demás esferas de la vida.

Consideremos estas cinco áreas significativas para mostrar lo que el acto de amor significa para una mujer.

1. *Da plenitud a su femineidad*. Hoy en día la psico-

logía de la imagen propia llega a ser un verdadero furor. Todos los quioscos de libros llevan publicaciones sobre el propio conocimiento de uno mismo, sino muchos *best sellers.** Nosotros los cristianos no estamos de acuerdo con todas sus conclusiones humanísticas, mas ciertamente no podemos negar la verdad importante de que una felicidad duradera es imposible hasta que la persona aprende a conocerse y aceptarse a sí mismo. Esto vale también para la mujer casada. Si ella se considera a sí misma fracasada en el lecho, le resultará sumamente difícil aceptar su femineidad total. No debe sorprender a nadie el hecho de que toda novia se sienta insegura al casarse. Pocas personas tienen seguridad entre los dieciocho a veinticinco años. Para que la gente llegue a aceptarse plenamente, puede tardar de un tercio hasta la mitad de toda una vida. Naturalmente, un cristiano lleno del Espíritu Santo poseerá una imagen más positiva de sí mismo, pero el matrimonio es una de las decisiones más importantes que una persona hace en la vida; consecuentemente, toda persona normal se enfrentará a tal decisión con cierto grado de temblor. Si la mayor parte de la vida marital resulta ser insatisfactoria, la imagen de sí mismo se ve complicada. ¡Todavía no hemos encontrado a una mujer frígida que posea una buena imagen de sí misma!

Una manera para comprender la función de la mentalidad femenina es contrastarla con el sistema mental masculino. Un hombre tiene el mandato divino para ser el proveedor de la familia. En consecuencia, su psiquis mental es orientada de tal manera que la imagen de sí mismo la obtiene mayormente a base de los logros y triunfos en su profesión. Esta es la razón por la cual el hombre emprende el camino vocacional hacia sus metas y sueños en la época de su juventud. Sólo hay que preguntar a un muchacho lo que quisiera ser y normalmente responderá que bombero, policía, médico, jugador de baloncesto o piloto de aviones. Aunque cambia su meta varias veces durante su maduración, sin embargo indica su psiquis vocacional. Preguntemos a una niña lo que quisiera ser cuan-

* Este es el objetivo no sólo de los libros de psicología, sino falaz y engañosamente también de los de astrología, que tanta demanda tienen en nuestro tiempo. — (*Nota de la Red.*)

do sea mujer, y por lo general contestará que «una mamá» o una «ama de casa». Una vez adulta, y aun después de estudios profesionales, muchas mujeres siguen teniendo en la lista de sus intereses el papel hogareño como su principal objetivo vocacional.

Cuando me encontraba en Jackson, Mississippi, para un Seminario de Vida Familiar, fui entrevistado por una joven periodista. En pocos momentos pude detectar su hostilidad derivada de la humillación de tener que entrevistar a un pastor. La mayoría de los periódicos asignan a sus periodistas noveles a la sección religiosa, como en el caso de ella. Se le notaba que hubiese preferido ser asignada a alguien «más importante». Aceptando su hostilidad como un desafío, decidí penetrar a través de su coraza de profesionalismo haciéndole una pregunta que había presentado a innumerables personas durante mis viajes por todo el país. Sabía con anterioridad que ella tenía excelentes calificaciones en sus estudios periodísticos, estando determinada a llegar a ser «la mejor periodista del estado». También me había enterado de que, debido a un fracaso amoroso a la edad de veintidós años, sentía «odio» a los hombres. Cuando se puso un poco más amable comencé diciéndole: «Estoy haciendo una encuesta profesional. ¿Le importará si le hago una pregunta personal?»

A una propuesta así toda mujer curiosa responde afirmativamente. Continué: «¿Qué es lo que usted más quisiera obtener de la vida?»

Tras deliberar por un instante respondió: «Un hogar y una familia.»

Para tomarle el pelo pregunté: «¿Y un esposo?»

Se ruborizó un poco y dijo suavemente: «Creo que sí.»

Hasta yo me sentía un poco sorprendido al encontrar a una mujer cuya fachada exterior la identificaba con la filosofía del movimiento de la liberación de la mujer, confesando el anhelo natural de cada corazón femenino: construir un hogar.

En nuestra opinión, el instinto primario de una mujer es la tendencia intuitiva. Jamás debería avergonzarse de este fenómeno psíquico; Dios la hizo así. Las mujeres más frustradas del mundo son las que ahogan o sustituyen esa tendencia por una prioridad de otro tipo, menos importante. Si nuestra suposición es correcta —y creemos que lo es—, entonces lo más principal para una mujer casada es su calificación como esposa.

El lector podrá preguntar: «¿Qué relación puede tener eso con el acto marital?» ¡Toda! Una esposa es más que una madre y constructora de hogar. Es también la compañera sexual de su pareja. Igual que el varón, si no tiene éxito en la alcoba, fallará en otras esferas, y por dos razones: primera, pocos hombres aceptan fracasos de alcoba sin volverse más carnales, odiosos, prontos a insultar; segunda y más importante, si el esposo no goza al hacerle ella el amor, la hará sentir inevitablemente fracasada. La mujer recibe la parte mayor de su autoestima de su propio esposo. De hecho, aún tenemos que hallar a una mujer con una buena imagen de sí misma que se sienta fracasada como esposa. En nuestra opinión, esta es una de las razones por que divorciadas vuelven a casarse con el mismo hombre: habían sido derrotadas por sus esposos y perdieron su autoaceptación, la cual es vital para toda persona, y necesitan reivindicarse a sí mismas, triunfar allí mismo donde fueron derrotadas.

Había una mujer preocupadísima que vino a mi consulta para pedir mi opinión sobre quién tenía la razón, ella o su esposo. Dijo: «Yo creo que el sexo es innecesario en un matrimonio cristiano, pero mi esposo no está de acuerdo conmigo.» Toda persona sexualmente ajustada, mujer y hombre, darían la razón al esposo de esta mujer, mas nuestras investigaciones demuestran que algunas mujeres sexualmente frustradas estarían de acuerdo con ella. Esa señora anunció dogmáticamente: «¡Yo soy capaz de vivir sin sexo el resto de mi vida!» ¿Es de extrañar que la hayamos catalogado como la mujer con la más baja imagen de sí misma que jamás habíamos visto? Cuando le presentamos la alternativa de que nunca aprendería a estimarse a sí misma como mujer hasta que no se sintiese útil y necesaria como esposa para su marido, volvió a su lecho marital con una nueva motivación. A su tiempo, y con la ayuda de Dios, esa nueva actitud transformó tanto sus relaciones con su marido como su propia personalidad. Hoy es una mujer madura con una relativamente buena imagen de sí misma.

2. *Le asegura el amor de su esposo.* Un punto en el cual los psicólogos están de acuerdo es que toda persona tiene una necesidad básica de ser amada. Esto, por lo general, es más verídico en cuanto a la mujer que al hombre. La mujer tiene una tremenda capacidad de amar, tanto para dar amor como para recibirlo. Hay cientos de ilustraciones sobre el «amor maternal», «amor de esposa», «amor de hermana». Indudablemente el lector está familiarizado con todos estos términos. No obstante, muchos desconocen los cinco tipos de amor requeridos por la mujer.

a) *Amor de compañerismo.* Hay pocas mujeres que gozan de la soledad por largos períodos. El lector habrá notado qué pocas son las mujeres ermitañas. Naturalmente, pueden encontrarse algunas pocas excepciones entre ancianas, cuando la mujer llega a la senilidad después de haber sobrevivido a sus seres queridos. Pero toda mujer contempla el matrimonio como un compañerismo perpetuo, lo que explica el porqué de tantos problemas maritales en los casos cuando la ocupación del marido lo aleja del hogar por largos períodos de tiempo. Demasiado a menudo éste no comprende la necesidad de su compañía para su esposa. Cuando él se ve rodeado de gente, normalmente se pone impaciente porque anhela salir de allí para estar solo; pero cuando llega a casa, resulta que encuentra a su mujer con ansias de su atención y compañía.

Si los hombres tuviesen presente esta necesidad de sus esposas, ocuparían menos tiempo frente al televisor cuando están en casa y aprenderían a gozar de la compañía que la esposa les ofrece. También es verdad que muchas mujeres harían bien en mejorar la calidad de su compañía al conversar sobre temas de interés para el hombre en lugar de hablar de trivialidades. Es poco conveniente para una mujer dirigir toda la conversación hacia sus propios intereses cuando su esposo llega a casa. Es una buena regla general la de acompañar su llegada a casa con conversación agradable e interesante para él, que además le proporciona un mensaje de amor y bienvenida. Esto implica normalmente la invitación a compartir sus pensamientos con ella, mostrando su interés en las actividades de él. Esto le da a la vez oportunidad para levantar el ánimo de su esposo con sus comentarios positivos.

Las parejas que habían sido buenos compañeros antes de su matrimonio raras veces tienen problemas, mas si fallan en cultivar esa relación, la pierden inevitablemente. Nuestro hijo escribió una carta a su madre nueve meses después de haberse casado, diciéndole, entre otras cosas: «Kathy es mi mejor amiga.» Sin darse cuenta confirmó tener amor de compañerismo para con su esposa.

Muy a menudo resulta difícil para una mujer dar amor físico a un hombre que no corresponde a su amor de compañerismo. Resulta siempre más fácil dar amor cuando se sabe que el destinatario lo necesita y lo aprecia. Una buena esposa debe saber que su marido tiene la misma necesidad de su amor de compañerismo que ella por parte de él, independientemente de si él tiene un buen trabajo y triunfa o no. De hecho, cuanto más próspero es el esposo dentro de su vocación, tanto más necesita de la compañía de su esposa.

b) *Amor compasivo.* La mujer tiene un don natural de atender enfermos, pero pocos son los hombres que cuentan con ese tipo de compasión. Cuando un niño o un esposo sufre, ¿quién corre en su ayuda? ¿Quién salta de la cama a las 2'30 de la madrugada a la menor queja del bebé? ¡Raras veces lo hace el padre del infante! Una madre no manifiesta su amor compasivo por ser madre, sino por ser mujer.

Los hombres precisan aprender que la capacidad de la mujer para dar amor compasivo da testimonio de su propia necesidad de recibirlo también ella. Esto es así especialmente cuando ella sufre emocional o físicamente. Es lamentable que un hombre que goza de su amor compasivo cuando le duele algo, a menudo es lento para corresponder en el mismo sentido a su esposa amante. Aquí se aconseja que sea aplicada la «Regla de Oro».

c) *Amor romántico.* ¡Las mujeres son románticas! Escondido en el corazón de cada niña (aunque esté crecidita) vive la imagen del príncipe azul montado sobre su corcel blanco para venir a despertar a la bella princesa con su primer beso de amor. Por esta razón ella necesita romanticismo, flores, música, luces tenues, cenas fuera y un montón de cosas más. Desgraciadamente muchos hombres fallan en comprenderlo, primariamente porque su propia necesidad de amor romántico o no existe o es mínima. Debe entender que está casado con una criatura con una necesidad extraordinaria de romanticismo. Algunos hombres juzgan mal a sus esposas estimando que tienen una mentalidad más práctica que otras mujeres. Para decir verdad, estas mujeres probablemente han tratado de superar aquel «ensueño» llegando a ser más «prácticas»; pero lo cierto es que a dichas mujeres les pareció mejor sofocar aquel deseo para evitar el desengaño a causa de la total ausencia de romanticismo en sus maridos. Sin embargo, ocasionalmente una noche fuera de casa sin los niños, algún pequeño obsequio inesperado u otra expresión de «romanticismo» puede ser muy grato para ella.

La diferencia entre hombres y mujeres puede contribuir a sentimientos de incompatibilidad después de la boda. Una mujer no pierde nunca su necesidad de ser tratada en forma romántica, mientras que un hombre ni siquiera posee esa necesidad. Sus emociones están cerca de la superficie y son fácilmente encendidas; las de ella están en profundidad y arden lentamente. Es ese amor romántico el que hace responder a una mujer a pequeñas expresiones de consideración por parte del esposo, tales como abrirle la portezuela del coche, tomar su brazo al cruzar la calle o expresando la «Rutina de Sir Walter Raleigh», o sea, brindar con ella. Puede ser que a veces el esposo así atento se sienta un poco raro, pero la respuesta de su esposa valdrá la pena el poco esfuerzo.

Recuerdo que un domingo íbamos entrando con el coche frente a la iglesia. Había cinco hombres observándome cuando caminé en torno del coche para abrir la portezuela a Beverly. Francamente, me sentía raro, pero valía la pena, no sólo por el suave apretón de mano que mi esposa me hizo sentir mientras nos encaminamos hacia la puerta de la iglesia, sino también más tarde, por la noche. Después de haber predicado cinco veces ese día estaba agotado cuando aparque el coche frente a la casa. Eran como las once de la noche y llovía un poco. Cuando apliqué el freno de mano me sorprendí de ver a mi esposa abrir la portezuela y correr en la lluvia frente a los focos para levantar el doble portón del garaje. ¿Por qué lo hizo? A las cinco de la tarde tuvo una necesidad romántica de ser honrada y atendida frente a nuestros cinco amigos; a las once de la noche demostró su aprecio y respondió a mi necesidad.

No se dejen engañar pensando que las mujeres de hoy son diferentes sólo porque muchas entre ellas visten una moda poco femenina y muchas veces actúan como si poco les importasen los modales y etiqueta de los hombres. Algo en las profundidades del corazón de mujer clama por el amor romántico.

Jeri es un caso en ese sentido. A la edad de veintiún años aceptó a Cristo por medio de una señora joven de nuestra iglesia, con la cual habían estudiado juntas en la Universidad. Cuando recién había comenzado asistir a los servicios religiosos, vestía *blue jeans* y camiseta blanca. En su exterior era algo áspera y muy independiente. Al crecer su fe en el Señor, comenzó a vestirse con más cuidado y arregló su peinado. Sorprendentemente, resultó ser una mujercita sumamente atractiva. Muy pronto Roy la conoció, pidió conocer a sus padres y comenzó a salir con ella. Como un año después, Jeri vino a mi oficina para hablar sobre los planes de matrimonio. Cuando le pregunté qué era lo que le gustaba en Roy, respondió: «Me trata como una dama. Es el primer tipo que se molestó en caminar hasta mi puerta al venir a buscarme, o que abrió la portezuela del coche para mí, o apartó una silla para que me siente a la mesa.» Al indagar cómo era que le gustaba este tipo de trato, sus ojos se llenaron con lágrimas al susurrar: «¡Me encanta!» Ella había salido con chicos durante siete años, pero el primero que la trató como a una dama logró ganar su corazón. La razón es simple: las mujeres necesitan un amor romántico.

d) *Amor afectivo.* La mayoría de las mujeres tienen ansias de besos de aprecio. El lector tal vez conozca algunas excepciones —así como nosotros—, pero si mira el asunto con más profundidad, encontrará que tal carencia de afecto es vivamente sentida. Algunas veces es motivado por un esposo que demanda sexo rápido en lugar de hacer el amor lentamente. Algunos hombres poco considerados pueden ser satisfechos con eso, pero la mayoría de las mujeres no. Para ellas, un tierno roce, un cálido abrazo y la cercanía del objeto de su amor resulta casi tan grato como un contacto más íntimo. En efecto, muchas esposas responden a una mirada de aprecio y a palabras de admiración. Sabio es aquel esposo que rompe con la rutina frecuentemente para decir una palabra de aprobación a su esposa. Tales hombres no carecerán de satisfacción sexual, porque han aprendido que sus mujeres se encienden con las pequeñas expresiones de afecto que a ellos a menudo les parecen insignificantes.

A mí personalmente no me interesan las flores en absoluto. Aunque jamás tuviera flores en casa, no las echaría de menos. Pero casi todas las veces que regreso de un seminario un sábado por la noche compro un ramo de rosas para Bev en el aeropuerto de San Diego. ¿Por qué? Porque me gusta la respuesta que crean en ella. Francamente, tardé varios años en descubrir las recompensas que obtendría al ajustar mi comportamiento a su necesidad de afecto. No es que sólo sea por las rosas amarillas que a ella le gustan mucho, sino que está agradecida de que yo haya pensado en ella al regresar.

e) *Amor apasionado.* El amor apasionado le es natural al hombre debido a su instinto sexual más potente. La mayoría de las mujeres tienen que cultivar el apetito del amor apasionado, pero el lector puede estar seguro de esto: tienen la capacidad de aprenderlo. El esposo que confiere amor efectivo a su cónyuge, puede enseñarle a amar de manera apasionada. Y todo hombre que así procede podrá dar testimonio de que el tiempo invertido era bien empleado.

Como veremos más adelante, las pasiones de la mujer son más periódicas que las del hombre. En ciertas ocasiones, según que el lugar sea adecuado, en la privacía y por la calidad del afecto, ella puede gozar totalmente del amor apasionado. Hay una cosa más a recordar: es más fácil para la mujer expresar un amor apasionado después que las otras cuatro necesidades de amor hayan sido satisfechas.

Cuando estas cinco necesidades en el corazón de la mujer hayan sido propiamente cumplidas le darán seguridad en el amor de su esposo, lo que llega a ser cada vez más importante en una época cuando hombres y mujeres han de rozarse cada día en el mundo comerciail. Un sinnúmero de hombres se ve rodeado por secretarias u otras empleadas que despliegan sus atractivos físicos durante las horas de trabajo. Cuando un marido se ve confrontado por otra mujer que resulta serle simpática, la mejor defensa contra problemas morales es la relación de cálido amor con su esposa. «El erotismo masculino, bien satisfecho dentro del hogar, no tendrá hambre fuera.»[1] Esto vale también para la mujer casada. Ya que para ella es preciso saber que su esposo la necesita, hacer el amor llega a ser el medio necesario para asegurarle ese amor.

Este anhelo de seguridad fue hermosamente compartido por un amigo íntimo, cuya encantadora esposa contrajo una enfermedad que gradualmente disminuía su movilidad física hacia una invalidez total. Amándola él entrañablemente y sabiendo que ella sufría grandes dolores, se abstuvo valientemente de hacerle el amor. Una noche, cuando él se hallaba acostado al lado de ella tratando de conciliar el sueño, sintió que la cama temblaba. Escuchando por un momento, oyó sus sollozos sofocados. «Cariño, ¿por qué estás llorando?» Ella respondió titubeante: «Porque creo que ya no me quieres.»

Naturalmente, estaba atónito. «¿Qué he hecho yo?»

«Es lo que no has hecho —decía llorando—. Ya no me haces el amor.»

Primero se contestó en su interior: «¡Dios mío! ¡Qué mayor confirmación de mi amor que negarme a lo que cada órgano en mi cuerpo reclama!» Mas entonces se dio cuenta de que su esposa, a pesar de su dolencia, necesitaba desesperadamente que le asegurase su amor mediante el acto marital. Toda mujer lo desea.

3. *Satisface su instinto sexual.* A pesar de que una mujer puede no poseer un instinto sexual tan fuerte y consistente como un hombre, de hecho tiene instinto sexual. Las investigaciones indican que casi todas las mujeres están más apasionadas justo en mitad del período libre de su menstruación y, naturalmente, en el tiempo cuando su fertilidad es más alta. Más aún, su placer va aumentando a través de los años. Al entrar en mayor familiaridad con su esposo aprende paulatinamente a experimentar orgas-

mos, y su aprecio y deseo de esa experiencia va creciendo también.

Una mujer no parece ser fácilmente tentada a fantasear como su esposo. Sin embargo, sí que tiene la capacidad de recordar románticamente aquellas experiencias fantásticas del pasado. En consecuencia, cada vez que experimenta el acto en forma de éxtasis aumenta su instinto sexual, del mismo modo que cada experiencia frustrada lo sofoca. Tal instinto sexual creciente precisa un escape, y el amor marital es el plan ordenado por Dios para su expresión.

4. *Relaja su sistema nervioso*. Hemos anotado continuamente que las mujeres frígidas son mujeres nerviosas. Nótese que no hemos dicho que cada mujer nerviosa sea frígida, porque algunas mujeres son simplemente nerviosas por naturaleza. Pero la frigidez produce casi invariablemente nerviosismo. Por lo tanto, es importante para una mujer aprender una sana expresión sexual hacia su esposo.

Tal como ocurre en el hombre, el sistema nervioso femenino está intrínsecamente ligado a los órganos reproductivos. Dios hizo posible para las esposas de toda época disfrutar de una experiencia saludablemente relajante en su lecho marital. El acto conyugal existe para la propagación de la raza y para el placer personal, que con su satisfacción promueve la fidelidad conyugal, es cierto; pero también provee un factor relajante, muy necesario para el sistema nervioso.

5. *La experiencia cumbre*. Al ser propiamente consumado hasta el orgasmo, el amor marital confiere a la mujer la experiencia más desbordante de la vida. Una joven madre refutó esta afirmación como excepción, insistiendo en que dar a luz ofrecía una experiencia mucho más desbordante. Pero nosotros nos referimos a la experiencia femenina sobre una base regular y frecuente. Simplemente no existe experiencia alguna comparable al acto conyugal —tanto para la esposa como para el esposo—, que se necesitan el uno al otro para obtener los máximos beneficios.

EL SIGNIFICADO MAS HERMOSO DE TODOS

Un significado más importante del acto conyugal es presentado, a propósito, al final del capítulo. Creemos que es el más hermoso de todos. Simplemente dicho, es la provisión de una experiencia única y continua por toda una vida que esposo y esposa comparten única y exclusivamente entre ellos. En todas las demás actividades de la vida somos impelidos a compartir cosas unos con otros. Si un esposo es un maestro, o mecánico, comparte con otras personas fuera del hogar los frutos de sus habilidades. Si la esposa es buena cocinera, o una mujer atractiva, el esposo no es el único que disfruta de estos dones. Pero detrás de la puerta de su alcoba la pareja experimenta la unión completa, uniéndolos durante un momento sublime en una entrega íntima y exclusiva que no es compartida con nadie más en el mundo. Esta es la mayor razón para que el acto marital tenga una influencia tan comprometedora, unificadora y enriquecedora sobre la pareja.

El significado de la unión que resulta del acto común es mucho más importante que el tiempo empleado en la experiencia. Si una pareja típica emplea alrededor de treinta minutos en el acto de amor, como promedio tres veces por semana, el acto de amor significaría sólo una hora y media por semana, o sea apenas el uno por ciento de su tiempo. Sin embargo, no hay otra experiencia repetible que tenga más importancia para esa pareja. Los cónyuges que disfrutan de sus relaciones viven muchas horas en armonía mental y emocional en anticipación de la experiencia y la siguen con muchas horas de mutua satisfacción a medida que se acerca, debido a su amor. Probablemente ningún encuentro humano, por poderoso que sea, es capaz de consolidar una relación más firmemente que el acto conyugal.

Nota

[1] Jerome Rainer y Julie Rainer, *Placer sexual en el matrimonio* (Nueva York, 1959), pág. 30.

4 | Educación sexual

Dios nunca puso un premio a la ignorancia, y esto incluye la educación sexual. Su declaración: «Mi pueblo se destruye por falta de conocimiento» es válida en esta área de la vida tanto como en el ámbito espiritual. Millones de parejas casadas se conforman con una experiencia de segunda clase porque no saben mucho sobre los órganos reproductivos y las funciones sexuales, y no quieren estudiarlos.

Muchos de los que han acudido a mi oficina matrimonial jamás habían leído un libro cristiano sobre el tema, o un consejo adecuado al respecto, por ser «tabú» en los círculos religiosos. Tan persistente ignorancia dio oportunidad a los sexólogos inescrupulosos para ir al otro extremo e inundar a los menores, desde el parvulario hasta los cursos superiores, con educación sexual para adultos. Ambos extremos llevan a la frustración y además imposibilitan la felicidad.

Las escuelas públicas han demostrado su incompetencia en el campo de la educación sexual al hacer dos presunciones erróneas:

1. Insisten en la enseñanza de la educación sexual *sin* resguardo moral, excusando su omisión con la declaración de que la separación entre iglesia y estado requiere que las normas morales sean excluidas. Esto no sólo resulta ridículo, ¡sino peligroso! Enseñar educación sexual sin principios morales es como verter gasolina sobre fuego. Las investigaciones demuestran que el varón experimenta su instinto más fuerte entre los dieciséis y veintiún años. Lo menos que necesita a esa edad es ser expuesto a una información sexual incitante, de la cual no debe hacer uso sino varios años después. Más aún, el joven precisa un raciocinio moral para controlar esos instintos hasta que tenga edad suficiente para asumir la responsabilidad para su ejecución.

2. Estos «expertos» suponen erróneamente que la educación produciría la felicidad sexual en forma natural. Tal presunción emana del concepto humano según el cual el hombre es un animal, y siendo un animal, ha de vivir como tal. La filosofía materialista ha promovido la promiscuidad antes del matrimonio, lo que ha hecho, a su vez, que las enfermedades venéreas lleguen a ser el problema mayor de sanidad para la nación para personas por bajo de los veinticuatro años y ha aumentado los complejos neuróticos de culpabilidad después del matrimonio. Podemos predecir angustias sin paralelo para la próxima generación, debido a esta destrucción despiadada de la juventud.

La ignorancia sexual, sin embargo, no es la alternativa. La juventud debe ser instruida en el sentido de que el sexo es sagrado, una experiencia reservada por Dios para el matrimonio. Ciertamente se les debe enseñar a los jóvenes el alto costo de la promiscuidad y los peligros de las enfermedades venéreas; y al salir con chicas, deben ser muy conscientes de que los cuerpos de ambos son templos del Espíritu Santo. La mayoría de las iglesias creyentes en la Biblia enseñan, naturalmente, estos valores inequívocamente en campamentos y en muchas reuniones juveniles.

APRENDIENDO POR LA PRACTICA

Un estudio en profundidad sobre el sexo está indicado en particular inmediatamente antes del matrimonio. Veámoslo, la materia en sí no es tan complicada. Dios no dio a Adán y Eva un manual sobre el comportamiento sexual; lo aprendieron, sin duda, en la práctica. Estamos convencidos de que los Adanes y Evas modernos pueden hacer lo mismo, siempre que sean lo suficientemente altruistas para tomar en consideración la satisfacción del cónyuge más que la propia. Unos cuantos buenos libros sobre el tema, estudiados cuidadosamente dos o tres semanas antes del matrimonio; una conversación franca con el médico de familia, y un consejo pastoral, constituyen normalmente una preparación adecuada.

Otra fuente de ayuda es un diálogo sincero con uno de los padres, del mismo sexo. Como padres, hemos disfrutado en compartir nuestro criterio con dos de nuestros vástagos. Tanto con estas conversaciones como por la lectura sugerida, ambos hicieron, al parecer, una hermosa

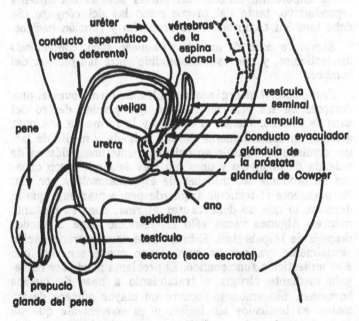

Fig. 1. Los órganos reproductivos masculinos.

adaptación. Lo que sigue en este capítulo incluye algunos aspectos de lo que conversamos con ellos acerca de ellos mismos y de sus cónyuges. El estudio de estos aspectos resulta extremadamente fascinante tanto para las parejas casadas como para las por casarse. Cuando esta información es considerada a la luz de los propósitos designados para el matrimonio —concepción, placer y comunicación marital—, el lector tiene que persuadirse de que Dios creó al hombre de forma admirablemente ingeniosa. No es de extrañar que el salmista declare que estamos «formidable y maravillosamente formados» (Sal. 139:14). Recomendamos al lector el cuidadoso estudio de estas próximas páginas. Cada órgano está enumerado en el orden de su función reproductiva, tal como se ve indicado en el diagrama.

Es importante conocer las partes básicas del sistema reproductivo, tanto del propio como las del cónyuge. Se debe también comprender su propósito y función básicos.

Escroto o saco de escroto. Pequeño saco, conteniendo los testículos, y que está suspendido entre las piernas del hombre.

Testículos. Los órganos sensibles, de forma ovular, productores de los espermatozoides, que penden dentro del saco de escroto. Tienen el tamaño y la forma de una nuez grande, aproximadamente de una pulgada y media de largo; contiene un tubo de aproximadamente una milésima de pulgada de diámetro y unos mil pies de largo y son capaces de producir 500 millones de espermatozoides por día. Normalmente el testículo izquierdo pende más bajo que el derecho, lo que no debe causar alarma, pues es bastante natural. Algunas veces sólo un testículo llega a pender después de la pubertad. Esto no debe causar preocupación sexualmente, ya que un varón sano puede ser viril con sólo un testículo funcionando. El problema puede ser corregido mediante cirugía o tratamiento a base de ciertas hormonas. Sin embargo, ocurre un mayor número de tumores en testículos sin bajar, y es conveniente que un joven teniendo esta condición sea examinado por un médico antes de los diez años con el fin de detectar a tiempo cualquier dificultad.

Espermatozoides. El semen masculino, elaborado en los testículos, que fertiliza el óvulo femenino. Ese semen contiene la información genética que determina definitivamente el sexo del bebé. Durante el coito sexual es eyaculado a través del pene dentro de la vagina femenina. La célula mide alrededor de seis centésimas partes de una pulgada entre cabeza y cola.

Epidídimo. Pequeño canal dentro del saco de escroto donde los espermatozoides producidos en los testículos pasan por un proceso de maduración.

Conducto espermático (conducto deferente). El conducto desde el epidídimo que transporta los espermatozoides hasta la cámara de ampulla. En una vasectomía para la esterilización del esposo se extrae una sección de una pulgada de cada conducto deferente. Esta cirugía puede ser normalmente ejecutada bajo anestesia local en un consultorio médico e incapacita al hombre, tal vez, por uno o dos días. La operación no afectará en manera alguna su vida sexual, impedirá meramente que el esperma entre al pene.

Cámara de ampulla. La cámara de almacenamiento para los espermas que, habiendo dejado el epidídimo, viajaron a través del conducto espermático.

Vesícula seminal. Es el órgano que produce el fluido seminal que transporta el esperma a la glándula prostática.

Conducto eyaculatorio. El órgano que expele el esperma y el fluido seminal a través del pene dentro de la vagina femenina.

Glándula de la próstata. Es una glándula importante, de forma de una avellana grande, que al contraerse promueve la eyaculación. Produce fluido seminal adicional y contiene los nervios que controlan la erección del pene. Está situada entre la vejiga y la base del pene, rodeando el conducto urinario desde la vejiga. La próstata puede aumentar de tamaño y bloquear el flujo de orina en un hombre de edad avanzada, lo que precisará una prostatectomía, o sea la extracción de la próstata. Después de esta operación, durante la eyaculación el semen entrará a la vejiga y no abandona el cuerpo en absoluto. Esto no altera la sensación física del orgasmo, pero será necesario seguir instrucciones especiales si la esposa desea hijos.

Glándula de Cowper. Es la glándula que funciona primero cuando el hombre es excitado sexualmente. Envía unas pocas gotas de fluido viscoso a la uretra, preparando de este modo un flujo seguro para el esperma, por neutralizar el ácido de la orina que de otra manera mataría el esperma.

Uretra. El tubo que lleva la orina desde la vejiga a través del pene para su eliminación. También transporta el esperma y semen desde la glándula de próstata a través del pene.

Pene. El órgano sexual masculino por el cual son expulsados tanto la orina como el esperma. Bajo estímulo mental o físico puede distenderse con sangre de modo que llegue a ser rígido o erecto. El pene consiste en tres columnas de tejidos esponjosos y eréctiles, conteniendo la columna central la uretra. La longitud de un pene no estimulado varía en gran manera, pero el largo del pene erecto es casi siempre de seis a siete pulgadas. La corona o borde del glande se endurece más que la punta durante la erección, promoviendo la suscitación de excitación en la hembra durante la fricción. La circuncisión capacita también este borde para ser más protuberante que los tejidos adyacentes del pene.

Glande del pene. La cabeza del pene; la parte de suma sensibilidad del órgano que bajo fricción estimula la eyaculación del esperma y fluido seminal.

Prepucio. Es la piel suelta que cubre el glande del pene para su protección. Una sustancia llamada *smegma* se acumula frecuentemente bajo el prepucio, produciendo un olor ofensivo. Por esta razón el pene debería ser lavado diariamente. Por razones higiénicas se recomienda la circuncisión, pero tiene poco efecto en estimular el glande del pene.

Áreas de sensibilidad sexual. Los órganos genitales masculinos —abarcando el pene, el saco del escroto y el área que los rodea— son excepcionalmente sensibles al tacto. Al ser acariciados cariñosamente por la esposa, producen una excitación sexual muy agradable, la que prepara al esposo para el coito, normalmente dentro de pocos minutos.

Emisión nocturna (sueño húmedo). Es un suceso natural que puede significar una experiencia desconcertante para un joven que no está preparado para ello. Al despertar y encontrar su pijama húmedo y pegajoso, o endurecido hasta tener una consistencia almidonosa, puede alarmarse innecesariamente. Lo que pasó es que se ha acumulado la tensión debido al aumento de velocidad con la cual el esperma es producido. Las vesículas seminales y la glándula de la próstata se llenan hasta su capacidad límite con el fluido, de modo que todo el sistema reproductivo está a la espera de una explosión. Frecuentemente, bajo estas condiciones, basta un sueño durante la noche para causar que el pene se llene de sangre, produciendo de este modo una erección. La glándula de Cowper emite su fluido de gotas neutralizantes a la uretra, y luego que se activan los músculos eyaculatorios, o conductos, el esperma y fluido seminal confluyen y son expelidos por la uretra y el pene. En el curso de los años de adolescencia de un muchacho habrá muchas explosiones nocturnas de este tipo. La producción constante de espermatozoides y fluido seminal es uno de los factores que causan que el hombre sea el iniciador usual del acto marital. Su agresividad no debe ser considerada meramente como medio de satisfacer el instinto sexual masculino, sino como el cumplimiento del plan ordenado por Dios para mutua comunidad sexual entre marido y mujer.

Eyaculación. Es el clímax sexual, cuando el fluido es impelido a salir de la cámara de almacenamiento a través de pequeños conductos que desembocan en el conducto eyaculatorio justo antes de entrar a la base del pene. Las contracciones musculares que tienen lugar en la base del pene hacen que el fluido seminal pase más allá de la glándula de la próstata, donde toma más secreciones, para proceder en seguida por el canal uretral y fuera de la uretra para ayudar en la tarea de impregnar a la hembra. Este fluido será expelido con fuerza a una distancia de doce a veinticuatro pulgadas. Por lo general se acepta el hecho de que el semen eyaculado en la cantidad de media cucharada, durante un contacto sexual normal después de una continencia de dos o tres días, contiene aproximadamente 250 a 500 millones de células espermáticas. El semen consiste primariamente de proteína, similar a la clara de huevo, y no es ni sucio ni antisanitario, pese a su olor penetrante. La esposa no tiene que eliminar este material mediante un lavado de vagina, excepto si así lo desea.

La obra creativa ingeniosa de Dios puede verse en la hermosa compatibilidad de los sistemas reproductivos masculino y femenino.

Los genitales de la mujer (u órganos sexuales, término derivado del latín que significa «parir») caen en dos categorías. El grupo externo, localizado fuera del cuerpo y fácilmente visible, es el acceso al segundo grupo, interno, situado dentro del cuerpo; este segundo grupo, interior, abarca dos ovarios, dos oviductos o tubos, el útero y la vagina.

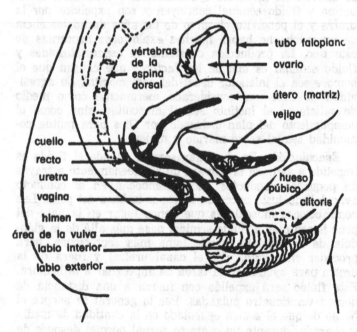

Fig. 2. Los órganos reproductivos femeninos.

Los órganos reproductivos son formados varios meses antes de nacer, pero permanecen inactivos hasta la pubertad (normalmente entre los dos y quince años), cuando reciben una señal para entrar en madurez sexual. La señal importante es dada por la glándula pituitaria, la diminuta glándula situada en la base del cerebro.

Ovarios. Organos llamados así por la palabra latina *ova*, que significa «huevos», óvulos. La mujer tiene dos ovarios, cada uno del tamaño de un huevo de zorzal, uno en cada lado de su abdomen. Estos ovarios, correspondientes a los testículos masculinos, producen el óvulo femenino. Al nacer una niña sus ovarios contienen entre 300.000 y 400.000 pequeños folículos llamados *ova*. Solamente unos tres o cuatro cientos de ellos alcanzarán la madurez para ser expelidos del ovario. A medida que la niña va madurando, sus ovarios comienzan a producir una secreción de las hormonas sexuales femeninas, las cuales promueven su desarrollo. Sus senos comienzan a aumentar de tamaño, un fino vello crece debajo de sus axilas y sobre sus órganos genitales, se ensanchan sus caderas, por todo lo cual va adquiriendo su apariencia femenina y curvilínea. A unos intervalos de aproximadamente un mes un óvulo llega a madurar hasta alcanzar el tamaño de unas dos centésimas de pulgada en diámetro, para ser expulsado entonces por el ovario al tubo falopiano.

Los tubos falopianos. Algunas veces llamados «oviductos», que significa conductos de óvulos; son tubos de cerca de cuatro pulgadas de largo, conectados con los ovarios, los cuales llevan el óvulo hasta el útero durante el período aproximado de setenta y dos horas. Si durante ese período ocurre un coito, es muy probable que al menos uno de los espermatozoides activos se abrirá camino a través de la vagina y el útero hasta el tubo falopiano y se unirá al óvulo. En aquel momento se concibe vida. Si el óvulo no es fertilizado por el espermatozoide dentro del tubo falopiano, pasa al útero y se disuelve.

Utero o matriz. Organo firme y muscular (de la palabra en latín *uterus*, que significa «matriz» o «barriga»), se le describe normalmente como del tamaño y forma de una pequeña pera, de cerca de cuatro pulgadas de largo. El interior del útero es una cavidad estrecha, de forma triangular, rodeada de gruesas paredes musculares. Los dos tubos falopianos entran en la parte superior. La parte inferior de la cavidad uterina que forma su base estrecha es llamada canal cervical. El útero, capaz de una inmensa expansión, es el área en la cual el bebé crece durante la preñez.

Cérvix o cuello. El cuello del útero, de la palabra latina *cervix*, que significa «cuello». El cuello rodea el canal cervical, formando el extremo angosto en la base del útero. Aproximadamente la mitad del cuello se proyecta en la vagina y por ello puede ser examinado por el médico casi con tanta facilidad como el oído o la nariz. Antes de la gravidez el cuello se palpa como la punta de la nariz; después del alumbramiento, como la punta del mentón. La apertura del cuello dentro de la vágina se llama *os cervical* (significa «boca o apertura cervical», en latín). Este canal es tan estrecho que no puede pasar por él nada más grueso que una mina de lápiz. El canal, normalmente cerrado herméticamente, ayuda a mantener el interior del útero virtualmente libre de gérmenes, especialmente porque una leve y constante corriente de flujo húmedo y purificador fluye a través de él hacia fuera.

Vagina. Organo primario femenino para el coito, comparable al pene masculino y diseñado para recibirlo. Deriva su nombre de la palabra latina *vagina*, que significa «vaina»; es un canal muy elástico, en forma de vaina, que sirve de paso desde y hacia los órganos situados dentro del cuerpo. Mide entre tres a cinco pulgadas de largo, y sus paredes interiores, de delicados tejidos musculares, tienen la tendencia de recoger su superficie lisa en pliegues «drapeados».

Las paredes de la vagina contienen muchas pequeñas glándulas que producen continuamente una húmeda película de efecto lubricante y purificador, de modo que la vagina es autolimpiadora (similar en este respecto al ojo). En su parte superior la vagina forma un abultamiento curvado que encierra la punta del cuello.

Cerca de la apertura exterior de la vagina hay una concentración de nervios sensores. La apertura está circundada por un músculo contractor que responde a la comunicación de estos nervios sensores. Este músculo puede ser contraído o relajado a voluntad. Implantadas en el músculo constrictor hay dos glándulas del tamaño de una letra O mayúscula, o levemente mayor —las glándulas de Bartholin—, las que producen una cantidad muy pequeña de lubricante adicional, principalmente al recibir estímulo sexual.

La primera respuesta al estímulo sexual en una mujer involucra lubricación de la vagina, lo que normalmente ocurre dentro de diez o treinta segundos. Se ha descubierto recientemente que esta excitación hace que las paredes de la vagina se cubran con gotas de lubricante, muy parecidas a la humedad sobre un vaso frío, teniendo esto una aplicación muy práctica en el momento de la misma inserción del pene durante el coito. Podría ser necesario que el esposo tocase suavemente la entrada de la vagina para recoger algo de este lubricante, o bien en muchos casos preferirá aplicar un lubricante artificial, soluble en agua, tal como la gelatina K-Y de Johnson & Johnson, que se obtiene en farmacias. De ésta es suficiente una ínfima cantidad aplicada sólo a la cabeza del pene o la parte exterior de la vagina, por existir normalmente suficiente lubricante natural dentro de ésta.

Area de la vulva. Apertura exterior de la vagina que contiene varios órganos, incluyendo los labios exteriores, llamados labios mayores. Los labios están formados del mismo tipo de piel rugosa como el saco de escroto masculino. Bajo excitación sexual estos labios se hinchan, aumentando su grosor. Al abrirse revelan los labios interiores, llamados labios menores, que son unas membranas sumamente delicadas por delante de la estructura de la vulva. Estos labios interiores consisten en un tejido muy similar al del glande del pene.

Himen. Su nombre se deriva del dios mitológico del matrimonio, y es una membrana en la parte de la apertura externa de la vagina que puede ser relativamente dura. Sin embargo, el himen puede faltar totalmente desde el nacimiento y ello no es necesariamente una indicación de pérdida de la virginidad La apertura del himen en una virgen es aproximadamente de una pulgada de diámetro, pero para una introducción cómoda debe tener una pulgada y media de diámetro. El 50 por ciento de las recién casadas admiten haber experimentado algún dolor en el primer coito; el 20 por ciento no haber tenido dolor alguno, y un 30 por ciento declara haber sentido dolores más bien fuertes.

Previamente al matrimonio cada mujer joven debería someterse a examen médico, y a discreción de éste y con el consentimiento de ella, el himen puede ser abierto para evitar demora innecesaria en el coito después de la boda. En caso de que la joven tuviese serias objeciones a este procedimiento, se puede programar un examen físico para el día siguiente a la boda. Si ella prefiere que sea su esposo el que extienda el himen en la noche de boda, es de suma importancia el uso de la gelatina lubricante, aplicada generosamente al pene y en torno de la apertura vaginal. Entonces debe ser ella quien haga el papel de pujar a fin de controlar mejor el grado de presión que pueda tolerar; y esto en cualquier posición de coito que hayan elegido, preferentemente una en la cual el pene sea dirigido hacia abajo y hacia la parte posterior de la apertura vaginal. Puede ser que sean necesarios varios intentos para penetrar por el himen; si no se logra tras unas cuantas tentativas no debe seguir exponiéndose a lastimar esa área y arriesgarse a que llegase a ser tan doloroso que no pueda gozar del tiempo que pasa con su esposo. Más bien la pareja debe continuar acariciándose mutuamente, de manera muy suave y cuidadosa, en las áreas genitales de ambos, hasta quedar sexualmente satisfechos, sin la inserción del pene hasta más favorable ocasión.

EVITANDO DOLORES

Con cantidades generosas de lubricante en sus dedos y con uñas limadas cortas y suaves, el esposo puede dilatar el orificio vaginal manualmente. Debe insertar suavemente un dedo en la vagina, luego dos dedos, ejerciendo una presión gradual y firme hacia abajo en dirección del ano hasta que haya dolor explícito y hasta que estos dos dedos puedan ser insertados con facilidad en toda su longitud hasta la base de los dedos. Si resulta demasiado doloroso, normalmente es mejor esperar con paciencia hasta el día siguiente, antes de intentar de nuevo una introducción bien lubricada del pene. La mayoría de los dolores provienen de la introducción demasiado rápida, sin dar tiempo suficiente a los músculos adyacentes de la vagina para relajarse. Algunas veces un novio sobreexcitado puede producir dolor físico debido a la presencia del himen. Pese a que esto no llega a producir daño físico duradero, puede dejar cicatrices psicológicas si la novia asocia el dolor con la entrada del pene en la vagina. En tal caso su miedo cerrará el flujo natural de los fluidos de su cuerpo en el área vaginal, causando coitos dolorosos, lo que resulta muy insatisfactorio para ambos.

Cuando el himen es estirado o rasgado puede sangrar, mas por lo general no es más que una o dos cucharadas en cantidad. Si siguiese sangrando o hubiese más cantidad de sangre que una cucharada, la joven no debe alarmarse, sino hacer mirar el sitio donde sangre y apretar una gasa suave y limpia contra el sitio exacto, ejerciendo una leve presión. No existe caso en que la sangre no pueda ser detenida con este método. Esa gasa puede ser mantenida en su sitio por unas doce horas para luego retirarla, impregnándola en baño caliente para evitar que volviese a sangrar. La pareja podrá reanudar el coito el día siguiente. En el caso de que volviese a sangrar se repite la presión local.

Uretra. Salida para la orina desde la vejiga. El orificio de la uretra se sitúa a una media pulgada de distancia por encima de la apertura vaginal y está totalmente separada de ella. Se asemeja a un pequeño tubérculo, conteniendo una diminuta ranura.

La uretra es el tubo que corre justo por debajo del hueso púbico y es fácilmente lastimada en los primeros días después de la boda, salvo que se use gran cantidad de lubricante para el pene o en la vagina. Esta raspada produce lo que es comúnmente denominado «cistitis de recién casada» o «cistitis de luna de miel». Caracterizado por dolor en el área de la vejiga, sangre en la orina y un ardor bastante fuerte al pasar la orina, es un síntoma de que la herida de la uretra haya facilitado el crecimiento de bacterias. Esto puede proliferar hasta producir una grave infección de la vejiga, llamada cistitis. Para subsanarla y eliminar el dolor en forma más rápida se debe recurrir a medicamentos prescritos por un médico, y bebiendo más líquidos que de ordinario. Es de suma importancia que cada pareja tenga a su alcance un lubricante quirúrgico tal como la gelatina K-Y, para usarla como prevención de condiciones dolorosas a causa de raspadas. Esto es especialmente esencial durante las primeras semanas del matrimonio.

Clítoris. Deriva su nombre de la palabra latina *clitoris*, que significa «el que está encerrado»; es el órgano más delicadamente sensible del cuerpo femenino. Como tal es llamado «el gatillo del deseo femenino». Su tallo, de aproximadamente media a una pulgada de largo, está encerrado por la comisura de los labios, a unas dos pulgadas sobre la entrada a la vagina y por encima del orificio urinario o uretra. En su extremo final hay un diminuto cuerpo redondo del tamaño de un guisante, llamado glande —del latín *glandis*, que significa «cebada».

Hasta donde tenemos conocimiento hoy, *la única función* del clítoris es la incitación sexual. La sola estimulación del clítoris producirá un orgasmo en casi toda mujer. Por lo general aumenta algo en tamaño al ser acariciado, mas no debe ser motivo de preocupación si no sucede así. En un estudio de cientos de mujeres capaces de alcanzar orgasmo, más de la mitad no demostraron aumento visible del clítoris en absoluto, y en muchas otras ese aumento era apenas discernible aun al tacto, debido a que el aumento ocurre en diámetro y no en longitud. El tamaño del clítoris o su grado aumentativo nada tiene que ver con la satisfacción o capacidad sexual. *El clítoris debe ser estimulado directa o indirectamente a fin de que la esposa pueda lograr un orgasmo.*

Labios menores. Del latín *labia minora*, que significa «labios pequeños»; son los dos pliegues paralelos de tejido liso, suave y carente de vello, que son conectados al prepucio sobre el clítoris y terminan inmediatamente por debajo de la entrada a la vagina. La excitación sexual causa que estos labios se hinchen hasta alcanzar dos o tres veces su grosor normal. A veces unas caricias suaves de estos pequeños labios proporcionan una sensación más agradable que las caricias al clítoris. Por ser directamente conectados por encima del clítoris, la fricción del pene moviéndose contra ellos dentro de la vagina lleva la sensación hasta el clítoris. De modo que la estimulación directa al clítoris no siempre es necesaria para aumentar la intensidad de las sensaciones sexuales.

Cada esposa debe decirle a su esposo, específicamente y con cariño, verbalmente o mediante sutiles señales, qué tipo de estimulación en esta área le da más placer a un punto cualquiera dentro del juego amoroso previo al acto, o bien cuando experimente el orgasmo.

Labios mayores. Están situados en el exterior y en forma paralela a los labios menores, pero tienen una sensibilidad mucho menor.

Areas de sensibilidad. Lo son tanto los senos como la área genital, teniendo la mujer un mayor número de áreas sensitivas que el hombre. Esto se debe probablemente a que Dios haya provisto un medio para compensar el hecho de que sea el esposo el que tome la iniciativa del acto. Los senos de una mujer son normalmente muy sensibles, de modo que las caricias afectivas ayudan a prepararla para el acto marital. Cuando está excitada sus pezones se tornan, a menudo, duros y levemente protuberantes, indicando un estímulo apropiado. Los grandes labios exteriores de la área de la vulva también aumentan en sensibilidad al agrandarse bajo excitación sexual. Tal como hemos notado, la vagina, y en particular el clítoris, son áreas sensitivas. Cuando una mujer es sexualmente estimulada, varias glándulas comienzas a producir una secreción lubricante que baña la área de la vulva y de la vagina con una mucosidad viscosa, facilitando la entrada del pene. Esto no tiene nada que ver con la fertilidad, pero es el diseño ingenioso de Dios para hacer que la entrada del pene seco resulte una experiencia disfrutable tanto para el esposo como para la esposa.

Orgasmo. Es el clímax del estímulo emocional de la mujer en el coito, seguido por una declinación gradual del estímulo sexual y produciendo una cálida sensación de gratificación y satisfacción. Una mujer nunca eyacula o expele fluido como el hombre; al contrario, el hombre es el instigador y ella la receptora, no sólo del órgano masculino sino también del esperma. Investigaciones modernas indican que la experiencia orgásmica de la mujer es exactamente tan titánica como la del hombre. Una mayor diferencia reside en que la eyaculación masculina es asegurada casi sin la ayuda de experiencia previa; la de la mujer, en cambio, es un arte que debe ser aprendido por parte de ambos amantes, considerados y cooperativos cónyuges.

«Aparte de la eyaculación, hay dos áreas mayores de diferencia fisiológica entre la expresión orgásmica femenina y masculina. Primera, la mujer es capaz de un rápido retorno al orgasmo inmediatamente después de una experiencia orgásmica si es reestimulada antes de que la tensión haya descendido por debajo de la fase a nivel cero. Segunda, la mujer es capaz de mantener una experiencia orgásmica por un período relativamente largo.»[1]

Similaridad de la anatomía masculina y femenina. Un buen método para resumir las partes sexuales femeninas y masculinas es recordar que los diferentes órganos en ambos sexos se desarrollan de las mismas estructuras básicas. De estas estructuras originalmente similares u homólogas son el clítoris y el pene. El clítoris incorpora, en una manera reducida y modificada, los principales elementos del pene masculino, incluyendo los tejidos esponjosos que se llenan con sangre, y el glande en la punta con sus numerosos terminales de nervios y gran sensitividad. Los músculos en la base del pene son paralelos a los músculos pubococcígeos (frecuentemente llamados músculos P.C.) que rodean la vagina. Los labios externos son la contrapartida del escroto masculino. Hasta cierto grado, la conjunción o comisuras de los pliegues externos de los labios interiores por encima del clítoris corresponden al prepucio sobre el glande del pene.

Está claro que tanto los órganos masculinos como los femeninos tienen otras funciones aparte de la procreación. Aun antes de que el ser humano sea totalmente maduro y capaz de reproducirse, las glándulas sexuales (los ovarios en la mujer y los testículos en el hombre) han comenzado su obra de convertir a la niña en mujer y al muchacho en hombre. Estos órganos elaboran algunas de las hormonas que estimulan y controlan el grado del desarrollo tanto físico como el crecimiento mental y psicológico.

Nota

[1] William H. Masters y Virginia E. Johnson, *La respuesta sexual humana* (Boston: Little, Brown Co., 1966), pág. 131.

5 | El arte de amar

Toda actividad físicamente significativa en la vida se aprende por la práctica; ¿por qué ha de ser diferente el juego amoroso? El ser humano adulto posee el deseo y la capacidad necesarios para hacer el amor, pero el arte de amar se aprende, no es innato.

El Dr. Ed Wheat de Springdale, Arkansas, dijo a un grupo de hombres en un seminario: «Si ustedes hacen el amor tal como les parece natural, casi todas las veces se equivocarán.» En realidad estaba dando una advertencia a su audiencia masculina en el sentido de que cada paso «natural» o autosatisfactorio para obtener gratificación sexual para el hombre resultará probablemente incompatible con las necesidades de su esposa. Por esta razón la pareja debe estudiar seriamente este tema inmediatamente antes de casarse, y luego, después de la boda, pueden comenzar su práctica a fin de aprender técnicas satisfactorias.

Es irreal esperar que dos vírgenes lleguen al clímax simultáneo en la primera noche de su luna de miel. Según investigaciones, nueve de diez esposas recién casadas no experimentan orgasmo en el acto, a la primera tentativa. Evidentemente, sería ridículo que una pareja se sintiese fracasada sólo porque resultan incluidos en ese porcentaje de nueve entre diez. Es más propio que tal pareja reconozca que deben «aprender haciéndolo». ¿Acaso no es el propósito primario de la luna de miel el que dos tórtolas puedan volar a un lugar romántico y conocerse en todo, incluidas sus naturalezas sexuales?

Cuando el coito es una expresión de amor puede ser disfrutado aun cuando uno o ambos cónyuges no experimenten orgasmo. La ternura y las relaciones íntimas pueden llegar a darles suficiente satisfacción en sí mismos. Naturalmente, deben anhelar estímulo intenso el uno del otro con la finalidad de llegar ambos a la culminación del orgasmo, mas esa meta generalmente no se logra de inmediato. Tal habilidad gratificadora se aprende tras estudio, experimento y comunicación abierta entre marido y mujer.

El arte de amar que está perfectamente dentro de las capacidades de cada pareja que lee este libro será presentado en este capítulo para parejas en luna de miel, aunque probablemente será leído por más parejas veteranas que recién casadas. Después de todo, la diferencia en hacer el amor entre vírgenes casados y cónyuges experimentados es mínima. Un consejero matrimonial advirtió: «Si las parejas se tratasen durante todo su matrimonio como lo habían hecho en su luna de miel, tendrían muy pocos problemas sexuales. Pero la mayoría de las parejas experimentadas acortan el proceso y esto es lo que echa a perder su satisfacción potencial.»

LA META SUPREMA

Existen muchos efectos laterales de placer que surgen al hacer el amor, pero preferimos no perder de vista el hecho de que el objetivo supremo para ambos, marido y mujer, es el orgasmo. Para el hombre esto es generalmente muy simple y fácilmente detectado. Cuando hay suficiente estímulo aplicado a los terminales nerviosos en el glande del pene, comienza una reacción en cadena, creando contracciones musculares en la glándula de la próstata;

seguidamente el fluido seminal, de consistencia lechosa, junto con las células de esperma, es forzado a pasar por la uretra con una fuerza suficientemente potente como para eyacular hasta una distancia de veinticuatro pulgadas. Sólo entonces se percata el hombre de que casi cada órgano y glándula de su cuerpo había entrado en acción, ya que después del orgasmo éstos comienzan a relajarse y él se siente sobrecogido con una sensación de contentamiento.

El orgasmo de la mujer es mucho más complejo, y teniendo la capacidad de varios niveles de clímax, es menos evidente. Por esta razón muchas esposas jóvenes no están seguras de si han llegado a un orgasmo o no. Tal como el sutil arte de amar ha de ser aprendido, de igual modo ella debe discernir por experiencia personal lo que ha de esperar de un orgasmo. Una vez que haya logrado un orgasmo de alto nivel no tendrá más dudas en cuanto a lo que es y cuándo ocurre.

Con la meta del mutuo orgasmo por delante, aconsejaríamos a la pareja que se tomase cualquier tiempo y procedimientos necesarios para lograr ese objetivo por ambas partes. ¡Amor, paciencia, altruismo, concentración y persistencia colocan aquella meta bien dentro de la capacidad de cada pareja casada!

PREPARACION PARA EL AMOR

Una joven novia me interrumpió durante nuestra conversación acostumbrada sobre las relaciones íntimas antes de casarse. «Pastor LaHaye, ¿es necesario que hablemos de esto? Me resulta embarazoso. Se arreglará solo.» No es de extrañar que esa mujercita ingenua haya quedado embarazada durante el primer mes de su matrimonio, y me sorprendería si hubiese aprendido a experimentar la satisfacción sexual que de otro modo pudiera haber tenido.

Afortunadamente la mayoría de las novias esperan gozar haciendo el amor y enfocan el hecho con el realismo de que se requiere alguna preparación antes de comenzar la experiencia propiamente dicha. Aconsejaríamos a toda la gente joven considerar los siguientes pasos mínimos hacia tal preparación:

1. Aprended lo más que podáis con antelación a la noche nupcial. Debéis leer el capítulo anterior sobre educación sexual varias veces para aseguraros de que tanto el novio como la novia comprendéis las funciones de los sistemas reproductivos femeninos y masculinos. Estimamos que la lectura de este libro y de otros enumerados al final del capítulo no deberían ser revisados juntos hasta después de la boda. Los novios deben leer esa materia básica en forma separada con antelación al matrimonio y luego estudiarla juntos en su luna de miel. La presente obra está destinada para ayudar a las parejas en su viaje de luna de miel.*

2. Toda futura esposa debería visitar a su médico varias semanas antes de la boda, consultando con él si sería aconsejable la ruptura del himen en la privacía de su consulta. Si el examen del médico demuestra que el himen es grueso y podría obstruir el acto sexual, deberá considerar si sería o no mejor que sea dilatado o cortado antes, para evitar dolor y sangramiento innecesarios durante el coito. No obstante, si el doctor estima que no tendrá serias dificultades, podrá preferir dejarlo intacto para su noche nupcial. En esta era avanzada es posible que el novio desease más bien que el himen sea eliminado por cirugía a fin de reducir la posibilidad de causar dolor a su joven novia virtuosa. Otra alternativa es la dilatación digital, lo que el mismo esposo puede hacer en su noche nupcial, mas para ello necesitará instrucciones de su médico. En el mundo activo de hoy muchas vírgenes han sufrido ruptura de himen en accidentes de bicicleta o montando a caballo, o bien hubo de ser dilatado debido a dificultades menstruales.

La novia debe también conversar con su médico sobre el asunto de los anticonceptivos. Consideraremos esto con mayor detalle en el capítulo 11, pero es importante para la novia y el novio saber que el temor del embarazo puede restarles gozo seriamente en su luna de miel. La joven pareja debería conocer el sentir de cada uno y decidir si

---

* Leerla juntos antes de la boda es totalmente desaconsejable, peligroso y contraproducente, por privaros de la satisfacción de hacerlo después en las horas dulces de intimidad durante la luna de miel.

están preparados a comenzar una familia inmediatamente después de la boda o no. Si planifican una breve demora, el médico les puede aconsejar un anticonceptivo bueno y seguro.

3. Es rara la mujer que podrá tener suficiente lubricante natural en su vagina durante su luna de miel para evitar sensaciones dolorosas durante el acto de amor. Esta posibilidad puede ser eliminada con proveerse de un tubo de gelatina quirúrgica, obtenible en farmacias, o bien la novia puede hablar con su médico, que le podrá prescribir un preparado adecuado para ella. Le aconsejamos tenerlo a mano para que su esposo pueda usarlo a su debido tiempo.

4. El programa de ejercicio vaginal inventado por el doctor Arnold Kegel se describe en el capítulo 9. Toda novia debería aprender a ser consciente de los músculos que se usan en ese programa y practicar los ejercicios del doctor Kegel varias semanas antes de la boda. El programa le familiarizará con el control muscular, sobre el cual la mayoría de las mujeres nada saben, y además aumentará sus sensaciones sexuales potenciales al hacer el amor. También la proveerá con un medio de excitar a su esposo más allá de los sueños más acariciados de éste. El aprendizaje de estos ejercicios les ayudará además a aprender a llegar a orgasmos simultáneos. La novia debería estudiar cuidadosamente el capítulo 9 sobre la respuesta femenina.

CONSIDERACIONES PRELIMINARES

Hemos anotado que la mayoría de las mujeres son más románticas que los hombres. «Las mujeres son incurablemente románticas» es el comentario de un analista. En lugar de combatir este hecho, el esposo sabio cooperará con esta necesidad del corazón de su esposa. Debido a que la luna de miel es la culminación de los sueños de toda una vida de niña, un esposo amante hará todo el esfuerzo posible para cumplirlos.

Cuando miro atrás a nuestra luna de miel, debo admitir que todo lo que había programado era un error. Bev y yo nos casamos en una noche de sábado en la iglesia de su ciudad. Un viejo amigo y su mujer que asistieron a la boda decidieron venir a nuestro apartamento para darme una lección durante una hora sobre los «hechos de la vida». Esto tuvo lugar después de la recepción, fotografías y haber dejado nuestro coche cargado. Nos acostamos a la 1'45 de la madrugada. ¡Nuestro primer día de casados lo pasamos conduciendo durante doce horas, para luego detenernos a las ocho de la noche en un motel en algún lugar en las montañas de Kentucky. El día siguiente llegamos a Greenville, Carolina del Sur, donde, junto con otro estudiante para ministro, construimos un campo de trailers para estudiantes casados. De inmediato volví a mi trabajo. La única lección que Bev aprendió del viaje agitado era comenzar a adaptarse bruscamente al paso loco al cual yo la había de someter durante veintiocho años fascinantes.

Si yo hubiera sabido entonces lo que sé ahora, hubiera planeado aquellos pocos días después de la boda de modo muy diferente. En primer lugar nos habríamos casado en la tarde. En seguida nos hubiéramos escapado lejos de nuestros amigos para estar solos, programando por lo menos una semana para conocernos antes de que mi novia tuviera que ser enfrentada con su nuevo estilo de vida como esposa.

Una de las ventajas principales de una boda efectuada temprano por la tarde es la de tener toda la primera noche sin el torbellino que inevitablemente espera a la joven pareja después de la recepción. Los recién casados precisan alejarse de todos para retirarse a una habitación de hotel, desempacar, refrescarse y disfrutar cómodamente de un bocado o cena juntos. La mayoría de las parejas comen y duermen en forma agitada antes de su boda y, debido a los preparativos frenéticos, la ceremonia los deja totalmente exhaustos. Tienen la necesidad de sentarse tranquilamente, relajarse de la excitación y comer bastante para elevar el nivel de glucosa en la sangre para una energía adicional.

De regreso a su habitación, el novio deseará llevar a su novia en brazos por el umbral de la puerta a la manera tradicional. Desde este punto en adelante los dos estarán solos y deben sentirse libres para conocerse lo más íntimamente posible. El esposo debe proceder despacio y muy suavemente con sus tiernas caricias y expresiones verbales de amor. Hay una línea muy delgada a este respecto entre el amor de esposo y la pasión de hombre. El esposo que se da prisa en este primer encuentro puede implantar inconscientemente la idea en su esposa de que está motivado más por pasión que por amor y atención hacia ella. Un acercamiento lento y suave, gracias a un discreto y bien ponderado autocontrol, revelará su sincero amor a ella.

Es importante agregar aquí que toda iniciativa para hacer el amor debe ser efectuada en circunstancias en que la pareja tenga garantizada una privacía absoluta. El hombre es capaz de tal concentración que ésta no resulta tan importante para él como para la mujer; pero la esposa modesta precisa una seguridad de que nadie los interrumpirá accidentalmente. En la habitación de un motel es fácil correr la cerradura. En su dormitorio en el hogar deben instalar una cerradura en el interior de la puerta. Tal precaución es una inversión necesaria para tener éxito al hacer el amor.

El esposo de mentalidad romántica tendrá cuidado de bajar las luces, asegurando de esta manera una visibilidad sin iluminación excesiva, y en lo posible proveerá una música suave.

LA GRAN REVELACION

A esta altura el esposo debe ser muy sensible a las fantasías románticas de su esposa. Algunas novias habrán sucumbido a los anuncios comerciales de la industria de lencería y exhibirán un camisón *sexy* adquirido especialmente para la luna de miel. En ese caso ella deseará ocultarse primero en la sala de baño para cambiarse. No obstante, la pareja deseará estimular la excitación sexual para el amor desvistiéndose el uno al otro. El amante encuentra tremendamente excitante y estimulante ser desvestido sutilmente por su amada. Aunque pueda experimentar un sentimiento algo embarazoso al verse totalmente desvestido ante su cónyuge por primera vez, tal sentimiento será mínimo y pronto se disolverá si el desvestimiento ocurre lentamente, incluso por etapas, acompañado de expresiones tiernas y compasivas de amor.

JUEGO PREVIO

Casi todos los manuales sexuales enfatizan la necesidad de un período adecuado de juego previo o juego amoroso. Esto no sólo es verdad la primera noche sino durante todo el matrimonio. La mayoría de los hombres han aprendido que el juego previo es esencial para que sus esposas puedan gozar al hacer el amor, pero por lo general minimizan su propia necesidad porque ellos están plenamente estimulados para hacer el amor a la mera vista del cuerpo desnudo de sus amadas. Pese a ello, las investigaciones actuales han revelado que es más fácil para el hombre retardar su eyaculación después de un largo período de juego previo que tras un estímulo súbito. Además, a medida que aprende cómo estimular cariñosamente a su esposa, logrará a través de su respuesta una intensa excitación él mismo, lo que enriquecerá su propio clímax.

El tiempo que una pareja debería emplear en el juego previo puede variar según la necesidad de cada pareja, dependiendo en algún grado de sus temperamentos y fondos culturales. Pero nunca es sabio tener prisa. Una esposa modesta e inexperta podrá precisar treinta o más minutos de preparación para el acto. Después que tenga más experiencia el tiempo preparatorio podrá ser reducido a unos diez o quince minutos; incluso menos durante su ciclo emocional, que son las excepciones ocasionales cuando ella es particularmente más amorosa.

No existe ningún esquema universal para el estímulo de una mujer para el acto de amor. Algunas se estimulan con caricias de sus senos, y otras no. Además, el ciclo emocional de la mujer puede hacerla gozar de este tipo de caricias en algunas ocasiones, y en otras no. Por esta razón una esposa debe instruir con libertad a su esposo mediante respuestas verbales y colocando sus manos donde ella las quiere tener para que él la acaricie tiernamente. En general, un esposo atento acariciará suavemente a su esposa en el cuello, los hombros y los senos para estimularla hasta que fluya sangre a los pezones y éstos lleguen a ser firmes y erectos; aunque debe tenerse cuidado de no irritar los pezones por una acción demasiado vigorosa. Cualquier caricia y besos en la parte superior del cuerpo la estimulará. Gradualmente el esposo debe mover sus manos suavemente a lo largo del cuerpo de su esposa hasta palpar la región de la vulva, atento de mantener sus uñas limadas y lisas para evitar producir cualquier desagrado (lo que puede causar que sus emociones acaloradas lleguen a un súbito enfriamiento).

Al acariciar tiernamente el esposo el clítoris o la área vaginal con su mano, la pareja estará probablemente recostada sobre la cama, la esposa sobre su espalda. Si ella extiende sus piernas, manteniendo sus pies apoyados planos sobre la cama y recogiéndolos hacia su cuerpo, ayudará a ambos. El esposo encuentra este voluntario acto de cooperación muy excitante, y hace que las áreas más sensitivas de ella sean accesibles a sus dedos acariciadores. Lo mejor es que el esposo haga caricias en la área en torno del clítoris; pero no debe comenzar el juego previo allí al principio a causa de irritación potencial. A medida que a esa área afluye sangre, llega a ser la fuente primaria de excitación para la mujer y está entonces lista para estimulación directa.

Al primer estímulo el esposo podrá palpar el clítoris con sus dedos; pero su esposa experimentará diversos cambios fisiológicos a medida que aumenta su excitación. La palpitación de su corazón se acelerará, su piel se tornará más cálida y casi cada partícula de su cuerpo será sensible al tacto. Se acelera su respiración, su rostro se contraerá como en dolor y puede emitir quejidos audibles, lo que pondrá a su esposo en éxtasis. El cambio más notable sucederá en la área vaginal, donde se notará gran humedad y los labios interiores (labios menores) comienzan a hincharse varias veces su tamaño normal hasta formar un capuchón sobre el clítoris, el cual ya no podrá ser palpado por sus dedos. A esta altura llega a ser normalmente innecesario mantener contacto directo con el clítoris, porque cada movimiento en la región vaginal vibrará contra las gruesas capas del capuchón hinchado y transmitirá el movimiento indirectamente al clítoris. Esto ampliará aún más la pasión de la esposa.

El vigor con el cual el esposo masajea esta área vital debe ser determinado por la esposa. Algunas lo prefieren despacio y leve, mientras que otras gozan de una moción vigorosa. Algunas mujeres gustan variar la moción dentro de una misma experiencia amorosa; otras elegirán la modificación de acuerdo a su estado de ánimo. Lo que es de suma importancia es que el esposo sea extremadamente tierno y sensible a las necesidades de su esposa a esta altura.

Las pasiones y tensiones en aumento que ocurren en la mujer en este punto pueden ser comparadas a empujar un carro cerro arriba. Cuando uno se aproxima gradualmente a la cumbre, la pendiente parece ponerse más empinada; entonces, con un empuje final, el carro puede ser llevado hasta la cumbre. Del mismo modo que uno no desearía detener el carro en la pendiente, así un esposo atento no suspenderá sus caricias en medio de su mutuo juego amoroso. Si lo hace, el carro emocional de su esposa descenderá *de inmediato* y él tendrá que recuperar esa pérdida emocional. Esto explica por qué muchas mujeres experimentan cierto enfriamiento durante el tiempo que le toma al esposo quitar sus dedos de su área vaginal e insertar su pene, especialmente si ha de remover alguna prenda. Con la práctica podrá aprender a continuar el juego amoroso de caricias mientras pone su pene en su sitio. Esto ayudará a su esposa a continuar en su ascenso hacia una alta cumbre emocional. Después de que el esposo haya aprendido mayor autodominio, podrá estimular el clítoris de su esposa con su pene lubricado. Algunas esposas preferirán esto en lugar de los dedos. Entonces el pene es introducido fácilmente en la vagina cuando ella está lista.

LA CULMINACION

Más de un esposo inexperto malentiende una señal muy importante de su esposa. Cuando sus dedos acarician la área vaginal y la encuentra bien lubricada, puede considerarlo como una señal de que ella está preparada para el coito. ¡Esto está lejos de la verdad! Hasta que sus labios menores no estén considerablemente hinchados mediante la afluencia de una amplia provisión de sangre, las áreas sensibles de su vagina no estarán siquiera incluidas en el juego amoroso. Si él procede antes de esto, probablemente alcanzará el orgasmo justo cuando esta afluencia de sangre ocurra, y ella quedará sin ser satisfecha. Su pene relajado será entonces incapaz de continuar el movimiento sobre las paredes de la vagina y el clítoris que necesariamente debe llevarla hasta su clímax. Este malentendido común, más que cualquier otro factor, probablemente haya impedido a muchas parejas de aprender a llegar a un orgasmo simultáneo.

El esposo debe también recordar, al masajear la área de la vagina y del clítoris, que al primer tacto con dedos secos su esposa puede experimentar algún desagrado. Si humedece sus dedos con la lubricación vaginal, el estímulo del clítoris le resultará mucho más disfrutable. En esta fase del juego amoroso es esencial una comunicación libre y sincera para llevar al máximo el goce de esta preparación necesaria del acto marital.

Varios autores en este campo, tanto cristianos como seculares, aconsejan que la pareja efectúe un suave masaje mutuamente hasta llegar al orgasmo en su noche nupcial, por dos razones: 1.ª, aumenta la posibilidad para que ambos experimenten un orgasmo en la primera noche; y 2.ª, les ayuda a familiarizarse con las funciones del cuerpo del otro. Creemos que esto es mucho pedir de dos vírgenes inhibidos en su primera noche juntos. Sugerimos, sin embargo, que se estimulen uno al otro tal como hemos expuesto anteriormente, y cuando la esposa crea que está lista para la entrada, deberá coger el pene del esposo con su mano y colocarlo en su vagina. Siguiendo la señal de su esposa y mientras sigue efectuando masaje en su área clitorial, el esposo debe usar su mano libre para tomar de la jalea lubricante (la que debe ser colocada previamente sobre la mesita de noche) y lubricar con ella la cabeza del glande y el cuerpo del pene antes de su introducción. Deberá tener cuidado de soportar el peso de su cuerpo con sus codos y empujar su pene muy lentamente en la vagina de ella.

Una vez dentro, el esposo debe tratar de permanecer inmóvil, porque de otra manera podría eyacular en cosa de segundos, terminando abruptamente su juego amoroso. Aunque todo su instinto clama con ansias para iniciar sus movimientos pujantes, debe lograr el autodominio durante por lo menos uno o dos minutos. Para evitar la pérdida de la tensión ascendente de su mujer, deberá continuar masajeando su área clitorial o los labios abultados de su vulva. La esposa puede ayudar a aumentar su pasión con un leve movimiento rotatorio de sus caderas mientras yace por debajo de su esposo. Esto ayuda a mantener la moción y fricción sobre su clítoris y pone su vagina en contacto con el tallo del pene sin sobreestimularlo. Cuando siente que su pasión llega más allá de su control, deberá colocar sus piernas en torno de las caderas de su esposo y comenzar sus propios movimientos pujantes adelante y atrás sobre el pene. Si ha practicado anteriormente contracciones de la musculatura vaginal (músculos P.C.) durante varias semanas antes del matrimonio, tal como está escrito en el capítulo 9, ella hallará más placer en la experiencia y puede ayudar a su esposo apretando su pene con esa musculatura cada vez que él retracta. Una acción apretadora en la primera entrada es también muy útil para ambos; mientras el esposo espera uno o dos minutos para el control eyaculatorio, la apretura de su esposa puede mantener su excitación. Una vez que el esposo comience sus movimientos pujantes, la esposa debería concentrarse en las sensaciones que experimenta en sus áreas vaginales y clitoriales, continuando con tanto movimiento como le sea posible, lo que a su vez contribuye a estas sensaciones.

El esposo —no importa cuánta experiencia tenga— reconocerá intuitivamente la moción acelerada de su esposa como señal para que él pueda comenzar sus mociones pujantes, y probablemente llegará a expeler su mezcla de fluido seminal y células espermáticas dentro de su vagina tras sólo unos cuantos pujes. Debe continuar pujando después de su eyaculación hasta que pueda, en caso de que el orgasmo de su esposa esté unos segundos detrás del propio.

Pronto después de su eyaculación su pene perderá su rigidez y no podrá sostener por más tiempo una fricción suficiente sobre las paredes de la vagina y los labios menores para aumentar la excitación de la esposa. Si ella no hubiese llegado a un orgasmo durante su primer coito, los jóvenes amantes no deben sentirse defraudados. El esposo puede iniciar de inmediato estimulación manual del clítoris de su esposa y la área de la vulva, tal como lo haya hecho en el juego previo, para ayudarle ahora a llegar al orgasmo. Aunque es posible que una novia experimente orgasmo durante la primera unión nupcial, es muy poco común, especialmente para una virgen.

ARDOR POSTERIOR

La mayoría de las recién casadas encuentran su juego amoroso inicial deliciosamente fascinante, sobre todo si ha sido precedido por suficiente juego previo, aun sin haber orgasmo. La libre experimentación con el cuerpo desnudo de su amado le resulta muy estimulante, inefablemente superior a cualquier experiencia previa de simple noviazgo. Aun el dolor que haya podido sentir a la ruptura del himen, o posiblemente por la dilatación de su vagina, son normalmente eclipsados por el delicioso estímulo sexual de áreas nunca antes usadas. Muchas esposas indicaron que la explosión del cálido fluido seminal dentro de la vagina les resultó fascinante. Unidos en la íntima cercanía de sus cuerpos enlazados, constituye la expresión más disfrutable de su amor. Si el orgasmo de la mujer no ha sido logrado, su tensión emocional se sosegará en forma gradual y sus órganos reproductivos, tal como los del esposo, volverán lentamente a lo normal.

No hay necesidad de que los amantes se separen uno del otro inmediatamente después de completar el acto. Aconsejamos que permanezcan abrazados por varios minutos y continúen intercambiando caricias. Muchas parejas quedan dormidas en esta posición y aprenden a rodar unidos en una posición lateral; el pene flojo retirándose gradualmente de la vagina. Este agotamiento físico-emocional produce generalmente un sueño profundo y satisfactorio.

Para el esposo han de pasar unos cuarenta y cinco minutos, o una hora, antes de estar preparado para un nuevo juego amoroso. Este no es el caso para la esposa. Investigaciones efectuadas por Masters & Johnson indican que una mujer es capaz de experimentar varios orgasmos uno tras otro.[1] Por esta razón, cuando la mujer es llevada al orgasmo manualmente durante el juego previo, él deberá continuar con sus caricias de masaje en su área vaginal y clitorial, porque ella pronto recobrará la sensación de su excitación ascendente y puede repetir la experiencia orgásmica. Podría resultar difícil para el esposo comprender cómo su esposa puede estar lista de inmediato, cuando él es incapaz de recuperar su instinto sexual sin un período de reposo; pero ella es perfectamente capaz de continuar hacia más orgasmos. En efecto, algunas mujeres nos informaron que sus clímax más poderosos son, a veces, sus cuartos o quintos orgasmos en una sola sesión de acto amoroso. No obstante, si el esposo detiene su estimulación del clítoris y de la área vaginal inmediatamente después del primer orgasmo de su esposa, ésta perderá gradualmente su pasión ascendente y se recogerá a un estado de agotamiento físico y emocional similar al de su esposo.

EXPERIMENTOS DE LUNA DE MIEL

La luna de miel existe no solamente para proporcionar un tiempo especial de compañerismo, sino para promover aprendizaje y experimentación sexual. Por esta razón, la pareja debe probar varios métodos de estimulación y posiciones (ver páginas 90 y 91), varias veces al día, lo que será muy necesario en esta etapa del matrimonio, o sea durante la luna de miel, a fin de comprender plenamente las funciones fisiológicas de ambos durante el juego amoroso, al llevar uno al otro al orgasmo manualmente. Este experimento debe llevarse a cabo en una habitación iluminada, donde puedan sentirse libres de toda interrupción. Desvestidos, deben mantener la misma atmósfera romántica y preparación sin prisa como en cualquier otro período del juego amoroso.

Es aconsejable que el esposo intente llevar a la esposa a un orgasmo primero, por el método manual, porque después de su propio clímax le será normalmente difícil permanecer vitalmente interesado en hacer el amor. Procediendo de la manera arriba expuesta, él deberá recostarse de lado junto y algo encima de su esposa, mientras acaricia tiernamente la área clitorial y vaginal con su mano. Cuando los labios menores aumentan de tamaño suficientemente, indicando que ella responde apropiadamente, y su vagina está bien lubricada, sentirá que el capuchón protector ha cubierto la área clitorial, y entonces puede crear fricción en ambos lugares a la vez. Ella podrá desear que inserte un dedo muy sutilmente en su vagina, efectuando movimientos lentos y rítmicos en su interior, mientras sus demás dedos continúan en contacto con la área externa de la vulva. Generalmente esto le dará una sensación deliciosa, que ayudará a incrementar su excitación. Ella debe sentirse con libertad para usar su propia mano guiando la de su esposo a las áreas más sensibles para crear las mociones más estimulantes. En seguida debe concentrarse, con abandono de aquellas áreas vitales de fricción, y dejarse ir por completo, de modo que si tiene deseos de emitir quejidos, o gritos, o hacer movimientos oscilantes, rotatorios o pujantes, debe hacerlos.

Para darse cuenta plenamente de su capacidad después del primer orgasmo, la esposa debe alentar a su esposo a disminuir sus mociones sin descontinuarlas. Cuando su excitación comienza a aumentar nuevamente, le puede señalar que acelere su moción y aumente su vigor a satisfacción de ella hasta que alcance otro orgasmo. Dos veces será, probablemente, suficiente a esta altura de su matrimonio.

Después de su clímax la esposa debe ponerse de lado, mientras que su esposo yace sobre la espalda. Masajeando suavemente su región, ella debe recorrer con sus dedos su pene, sus vellos púbicos, el escroto y la parte interior de sus muslos. Debe ser cuidadosa de no apretar sus testículos, situados dentro del saco del escroto, porque esto puede resultar inconfortable. Con su mano en torno a su pene, debe comenzar un masaje arriba y abajo. Al acelerarse su moción, el pene de su esposo se tornará más rígido y ella podrá verificar así su respuesta a sus caricias. Esta moción manual debe ser sostenida hasta que él eyacule. Antes de iniciar este ejercicio la esposa debe tener varios paños a mano para absorber el fluido expelido.

El Dr. Herbert J. Miles, en su excelente obra *Felicidad sexual en el matrimonio*, cuenta la siguiente historia:

Una pareja, en las investigaciones de ejemplo, tuvo esa experiencia. Habían intentado el coito en su noche de boda, y la esposa no tuvo orgasmo, sólo el esposo. Después del acto intentaron llevarla a ella a un orgasmo mediante estímulo directo. Durante el proceso ella se puso gradualmente tensa y nerviosa, y simplemente no pudo continuar el esfuerzo de estímulo, pese a que trataba de hacerlo y también lo deseaba. Tuvo que pedirle a su esposo detener el estímulo. Ahí estaban acostados, relajados, conversando por tres horas hasta avanzada la noche. Finalmente, pasada la medianoche, ella dijo: «Quiero que lo intentemos otra vez.» Repitieron el proceso de estímulo directo y, tras unos siete minutos, alcanzó su primer orgasmo. Lo que realmente ocurrió, en su caso, era que en su primer intento había aprendido mucho y después de relajarse pudo entregarse plenamente al estímulo sexual y así logró tener éxito.[2]

Algunos cristianos pueden objetar a esta forma de experimentación. Nosotros la recomendamos para recién casados porque ellos construyen una relación para toda la vida en la cual el juego amoroso tendrá un papel permanente hasta por sesenta años. Cuanto más conocimiento tengan uno sobre otro por experiencia personal, tanto más podrán gozar uno del otro y tanto más probable es que experimenten lo que consideramos la culminación suprema en el amor: orgasmo simultáneo la mayoría de las veces. Esta manera de «aprender haciéndolo» aumentará las probabilidades de que lleguen a saber el arte de amar en la primera época de su matrimonio y que puedan seguir gozándolo por muchos años. Parte de la terapia recomendada por Masters & Johnson para la difusión sexual es la misma experimentación. Muchas parejas casadas por años han recibido ayuda para comprenderse mutuamente y lograr una relación sexual mejor mediante este tipo de proceso de aprendizaje.

El Dr. Miles sugiere que «existen tres pasos en la adaptación sexual que las parejas deben aprender. Estos son los siguientes: Primer paso, orgasmo sin coito; segundo paso, orgasmo en coito; tercer paso, orgasmo juntos o casi juntos en el coito».[3]

La pareja no debe sentirse desilusionada si no logra el segundo y el tercer paso en un principio. Puede ser que tengan que pasar varias semanas, o más tiempo, antes de que lleguen a experimentar orgasmos simultáneos en forma regular. No obstante, debería ser una meta que toda pareja debe tratar de alcanzar.

Otra área en la cual la pareja deseará hacer experimentos es la de las posiciones a fin de lograr estímulos sexuales más efectivos. Una de las más convenientes es la de la mujer yaciendo sobre su espalda, con las rodillas dobladas y los pies recogidos hasta las caderas, y su esposo recostado al lado derecho de ella. El Dr. Miles explica lo que dice la Biblia sobre la posición en el juego amoroso de la pareja casada.

Esta posición de estímulo sexual se describe en la Biblia en el Cantar de los Cantares de Salomón 2:6 y 8:3. Estos dos versículos son idénticos y se leen como sigue: «Su izquierda esté debajo de mi cabeza y su derecha me abrace.» La palabra «abrace» podría ser traducida «acaricie» o «estimule». Aquí en la Biblia, en un libro que trata del amor marital puro, una mujer casada se expresa con ansias de que su esposo coloque su brazo izquierdo bajo su cabeza y que use su mano derecha para estimular su clítoris.

Esta posición de estímulo sexual parece haber sido la posición empleada por muchas gentes desde hace largos siglos. No titubearon en afirmar que el procedimiento general de estímulo aquí descrito es parte del plan de Dios al crear al hombre y a la mujer. Por lo tanto, la humanidad ha usado este procedimiento porque constituye el plan de Dios y por ser eficiente.[4]

El Dr. Miles da además algunos sanos consejos con respecto al grado de intimidad entre marido y mujer.

En relaciones interpersonales, tanto en comunidades como en la sociedad, la modestia es la reina de las virtudes, pero en la privacía de la alcoba conyugal, detrás de puertas cerradas, y en la presencia de un amor marital puro, no existe tal cosa como la modestia. La pareja deberá sentirse libre de hacer cualquier cosa para el gozo de ambos, lo que los llevará a la plena expresión de su mutuo amor dentro de su experiencia sexual.

A esta altura viene bien dar una palabra de precaución. Toda experiencia sexual debe ser tal que la deseen marido y mujer igualmente. Sea cual fuere el momento dado, ninguno debe forzar al otro a hacer algo que no desea hacer. El amor no ejerce fuerza.[5]

Una de las características del Espíritu Santo es el amor, y una de las facetas dominantes del amor es la amabilidad.

El amor íntimo debe ser siempre efectuado con amabilidad. Hay momentos cuando se requiere una actividad vigorosa, mas siempre será expresada con amabilidad hacia la otra persona, una evidencia indispensable de que el acto marital es en realidad un acto de amor.

ESTIMULO CLITORIAL

La reticencia de muchas parejas amantes para incorporar el estímulo clitorial como una parte necesaria y significativa de su juego previo ha privado a muchas mujeres de la experiencia suprema de realización orgásmica, más que cualquier otro factor. Por haber sido a menudo asociado o confundido con el autoestímulo,* hay esposos que ignoran la parte esencial que constituye en el proceso del juego amoroso el empleo de las manos en actos de mutuo estímulo, más o menos íntimos.

* Tal confusión es totalmente absurda, pues no hay punto de comparación entre el autoestímulo y el estímulo realizado por la mano y el cuerpo del ser amado, con todo lo que el amor de los esposos significa. Cualquier parte del cuerpo del cónyuge es preciosa a causa del amor moral que lo envuelve. Este sentimiento nos fue declarado por un pastor que recordaba, durante el juego amoroso, la grata visión de las manos de su amada moviéndose ligeras sobre el teclado del órgano o piano, y arrancándole dulces armonías. Cuando aquellas manos preciosas para la música, la pintura, o simplemente la costura, el menaje de la casa o el cuidado de los no menos preciosos hijos, se posan sobre el cuerpo del marido, particularmente en los lugares designados al efecto por el Creador con el intencionado propósito de producirle placer sexual, éste experimenta un vivo sentimiento de gratitud por su amable interés, que se asocia con todas las otras virtudes prácticas de aquellas preciosas manos.

Lo mismo suele ocurrirle a la mujer juiciosa con respecto a las manos del marido cuando éste la acaricia, si aquellas manos se han dignificado y hecho valiosas en otros servicios útiles a su favor. Este sentimiento de afecto y gratitud se desborda cuando entiende que él está procurando ofrecerle placer, y no tan sólo disfrutar él mismo de ella, al procurar con sus caricias provocarle un orgasmo femenino aun después de haber tenido él su natural satisfacción. Siempre que ella así lo desee, nunca en contra de su voluntad.

Para poner énfasis al significado del clítoris en cuanto al goce sexual de la mujer, muchos investigadores lo han comparado con el del pene. Ha sido denominado «la parte más audazmente sexual del cuerpo de una mujer» y es aún considerado por muchos como «la sede de toda satisfacción sexual».[6]

R. M. Deutsch ha declarado que «la sola estimulación del clítoris producirá un orgasmo en casi toda mujer..., y la mera estimulación clitorial directa produce el clímax». Indica, además, que «la mayoría de los investigadores están de acuerdo en que el clítoris, a diferencia de cualquier órgano masculino, tiene un solo propósito: el estímulo sexual».

Otro investigador indica que el clítoris cuenta con la misma cantidad de terminales nerviosos que el pene, pero sólo tiene una décima parte del tamaño de éste. Por lo tanto, es la culminación en la capacidad sexual femenina. Desentenderse de ello significa garantizar la mala función o incapacidad orgásmica femenina.

Desde un punto de vista práctico el clítoris no tiene conexión alguna con la reproducción y es innecesario en cuanto a cualquier otra función femenina. De modo que podemos concluir con toda tranquilidad que ha sido diseñado por Dios para su uso en el juego amoroso. Podría ser que la respuesta encantada de la esposa referida en el Cantar de los Cantares de Salomón 5:4 pueda aludir al uso de manipulación clitorial por parte del esposo. Un juego previo de esta índole no sólo es un comportamiento aceptable entre cónyuges, sino que también ha sido designado por Dios como uno de los aspectos más deliciosos del acto marital.

LAS CUATRO FASES DEL ESTIMULO SEXUAL

La investigación moderna, en particular la de Masters & Johnson, nos familiariza con cuatro fases distintas de

---

De este modo es como el santo lazo del matrimonio se fortifica en el terreno físico y se promueve y afirma el amor moral, tan necesario en dos personas de caracteres diferentes que han de convivir juntos y soportarse, o mejor condonarse, mil defectos propios de nuestra humana naturaleza. El amor moral y el físico se entremezclan y apoyan mutuamente, produciendo la encantadora maravilla del genuino amor conyugal.

estímulo sexual tanto para el hombre como para la mujer:
1) fase de excitación, 2) fase ascendente, 3) fase orgásmica, y 4) fase descendente. Evidentemente, el reducir toda
respuesta humana a un diagrama único no nos permite
entrar en variantes individuales, y desde ese punto de
vista simplifica demasiado el asunto; pero nos proporciona
un esquema básico sobre el cual establecer una norma.
Como anotamos, en los diagramas siguientes se indica
solamente una sola respuesta característica masculina,
mientras que aparecen tres para mujeres.

Eyaculación

Respiración pesada

Los músculos se relajan

Tensión de los músculos

Pérdida de la erección

El glande del pene y los testículos se hinchan

Aparece el rubor sexual

Los testículos suben

El escroto se engruesa

El pene en erección

FASES: EXCITACION ASCENSO ORGASMO DESCENSO

Fig. 3. Respuesta sexual del esposo.

La respuesta masculina tiene más tendencia a ser básica, mientras que la femenina tiende a reflejar más variación individual. Más aún, debido a la mayor complejidad de la función orgásmica de la mujer, ella podrá experimentar cada una de estas respuestas a través de su vida marital a medida que aprende el arte de la expresión amorosa.

En el diagrama de la esposa hemos distinguido tres respuestas: A) el orgasmo múltiple, el que le gustaría lograr; B) la falla orgásmica, la respuesta sexual con

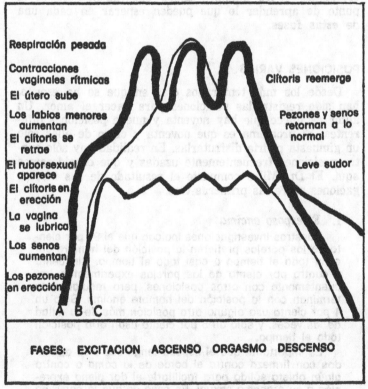

Fig. 4. Respuesta sexual de la esposa.

la cual demasiadas mujeres se conforman (una falla que a menudo puede ser subsanada mediante un poco de comprensión, juego previo adicional y mayor ternura por parte de su compañero); y C) el orgasmo único, probablemente la expresión más frecuente de la mujer casada bien ajustada, que deseará reservar la experiencia múltiple para ocasiones especiales cuando su estado de ánimo, el tiempo a disposición para hacer el amor y otros factores aparecen en conjunción.

Tal como indica el diagrama, hay ciertos cambios fisiológicos que toman lugar en cada etapa. Estos deberán ser estudiados y los amantes deben experimentar hasta el punto de aprender lo que pueden esperar en cada una de estas fases.

POSICIONES VARIAS

Desde los más tempranos días en que se ha escrito, han sido registradas posiciones para hacer el amor. Un autor establece que hay noventa y nueve posiciones diferentes. El problema es que noventa y cinco de ellas sólo un gimnasta podría disfrutarlas. En realidad hay sólo cuatro posiciones frecuentemente usadas y que consideramos aquí. El Dr. Miles comparte el resultado de sus investigaciones sobre las primeras tres.

1. El esposo encima

Nuestras investigaciones indican que el 91 por ciento de las parejas prefieren la posición del hombre encima todo el tiempo o casi todo el tiempo. Cincuenta y cuatro por ciento de las parejas experimentan frecuentemente con otras posiciones, pero regularmente terminan con la posición del hombre encima. Sólo un 4 por ciento usa alguna otra posición más de la mitad de las veces, y sólo un 5 por ciento usan otra posición todo el tiempo.

Es importante que el esposo tenga sus pies apoyados con firmeza contra el borde de la cama o contra algún objeto sólido para facilitarle el dar plena expresión a su orgasmo sexual. En caso de que la cama no tenga un apoyo a los pies, la pareja puede invertir su posición, colocando sus pies contra la cabecera.

2. La esposa encima

La posición de la esposa encima permite al esposo relajarse y controlarse, a la vez que permite a la mujer iniciar el movimiento necesario para darle el máximo estímulo al esforzarse para que el clítoris tenga roce sobre el pene. Las desventajas son que esta posición es a menudo inconfortable para la esposa, y el esposo puede tener dificultades en controlar su excitación; y ninguno está en una posición apropiada para dar la expresión de mayor plenitud durante el orgasmo. Para algunas parejas las ventajas compensan las desventajas. La posición es frecuentemente ventajosa para un esposo muy alto y una esposa menuda.

3. Ambos de lado

Otra posición muy práctica para ambos es en la que el esposo y esposa yacen de costado mirando en la misma dirección, el esposo por detrás de la espalda de la esposa. El pene es introducido en el pasaje vaginal desde atrás. Las desventajas son que el pene no puede contactar el clítoris y la pareja no puede besarse durante la experiencia. Las ventajas son que esta posición es muy cómoda, el esposo puede usar con facilidad sus dedos para estimular el clítoris de su esposa, y puede controlar su propia excitación. Existen otras variantes en este acercamiento. Muchas parejas usan esta posición para el período de estimulación y cambian rápidamente a la posición de hombre encima para el orgasmo.

4. El esposo sentado

Dependiendo de sus alturas comparativas, la pareja puede disfrutar a veces de esta posición cuando el esposo está sentado sobre un sofá bajo o una silla sin respaldo. La esposa tiene de este modo la iniciativa para bajar el cuerpo y dejar introducir el pene a su discreción. Esta posición es apropiada para aquellas mujeres a las que la entrada del órgano masculino resulta dolorosa. Al poder controlar la entrada, la mujer puede minimizar el dolor. Tales sensaciones no durarán por mucho tiempo y la pareja no debe desistir o usar el dolor como excusa para evitar hacer el amor en forma permanente.

La mayoría de las parejas experimentan con estas y otras posiciones, pero vuelven a la del esposo encima. Esta parece ser la más satisfactoria para el mayor número de amantes.

RESUMEN

El arte de hacer el amor mutuamente disfrutable no es difícil de aprender, mas tampoco es automático. Nadie es un buen amante por naturaleza, y por esta razón, cuanto más egoísta sea el individuo tanta más dificultad tendrá en aprender este arte. Si dos personas se aman con amor desinteresado y están dispuestos a controlarse mientras tratan de aprender cómo proporcionar satisfacción emocional y física a su pareja, aprenderán. No obstante, requiere tiempo y práctica. Todo individuo que tome su tiempo para leer la presente obra, indica que tiene bastante interés en aprender. El Dr. Ed Wheat declaró enfáticamente: «Toda unión física debe ser una competencia para ver cuál de los dos integrantes puede superar al otro en darle gozo.»

Con este concepto en mente he contado una historia en el capítulo «Adaptación física», de mi libro *Cómo ser felices pese a ser casados*. Me la había contado un amigo pastor, quien aconsejó a una pareja frustrada sobre el arte del estímulo clitorial, de modo que dentro de un período muy breve resolvieron su problema.

Después de cuatro meses de publicar este libro estuve hablando en un banquete en una pequeña ciudad en el norte de California. Un dentista compartió conmigo privadamente que había leído el libro y se había acordado de su propio problema. Al relatar su historia, la encontré interesante para control posterior a la historia previa.

El joven dentista y su esposa habían estado enamorados por tres años, mas la esposa jamás llegó a un orgasmo durante su matrimonio. Para él esto resultó de tanta frustración como para ella. Siendo dentista, había estudiado anatomía y creyó que sabía más que el hombre promedio sobre las funciones del cuerpo humano. Este conocimiento, sin embargo, no parecía resolver sus dificultades, y su frustración sexual pronto produjo conflictos maritales. Dado el caso de que en aquel entonces aún no eran cristianos, decidieron asistir a una iglesia como una última esperanza para salvar su matrimonio. Por fortuna eligieron una iglesia de predicación del Evangelio, y al cabo de unos tres meses ambos habían aceptado a Cristo como su Señor y Salvador personal. Mas esto aún no resolvía su problema de mala función orgásmica.

Una mañana de domingo su pastor estaba predicando sobre este texto: «Reconócele en todos tus caminos, y Él enderezará tus veredas»; y le escucharon decir: «No existe problema en vuestra vida que no podáis llevar ante el Señor en oración.» El dentista miró a su esposa y se dio cuenta de que ellos no habían orado sobre su problema. Posteriormente conversaron y decidieron hacerlo.

El viernes de aquella semana estaban invitados a una reunión social. Como llegaron primero, fueron introducidos en la sala familiar para aguardar la llegada de los demás invitados. Era una sala enorme, con varias secciones aptas para conversaciones tranquilas, y ellos escogieron un sofá en el último rincón de la sala. No acabaron de tomar asiento cuando entró otra pareja que se sentó en el sofá más próximos a ellos; un enorme arreglo floral impedía, sin embargo, poder ver a los recién llegados. Suponiéndose éstos solos, este esposo sanguíneo. rodeando a su esposa con sus brazos, exclamó: «¿Acaso no han sido más bellas nuestras relaciones desde que hemos descubierto la técnica de estimular tu clítoris. amada mía?» El dentista contempló en silencio a su mujer y pensó: «Nosotros jamás hemos probado esto.» Aquella misma noche lo hicieron, y fue el comienzo de una nueva experiencia matrimonial para ambos.

Con emoción obvia el dentista me dijo: «Esa simple técnica fue la llave que abrió la puerta a un tipo de relaciones que hemos disfrutado desde entonces durante ya tres años.»

Este episodio demuestra la evidencia de la abundante gracia de Dios. En una pequeña ciudad, sin consejeros, y bajo el ministerio de un estudiante de seminario soltero, esta joven pareja contó a su Padre celestial su necesidad. buscando Su ayuda. Él los guió al lugar indicado, al tiempo indicado, para escuchar la información que Él quería que supieran.

Nadie tiene problema alguno que no pueda exponer al Padre celestial. Nadie debe sentirse avergonzado de hablar a Dios en oración de tales problemas que pueden contribuir a enfriar algo tan hermoso como es el amor de los esposos, cuando es Dios mismo el autor o inventor de los maravillosos órganos sexuales, y El mismo usa tantas veces las relaciones matrimoniales como figura de sus más altas relaciones espirituales para con su pueblo, tanto en el Antiguo como el Nuevo Testamento, y Dios mismo permitió que formase parte del canon un libro como el Cantar de los Cantares. Nadie tiene por qué conformarse para toda una vida con frustración sexual. Cuando los hijos de Dios oran por Su dirección y Su voluntad para sus vidas, El es siempre fiel para revelárselas. Estas relaciones con Dios bendecirán sus vidas y fortalecerán la fe de aquellos que confían en El pidiendo ayuda.

Notas

[1] William H. Masters y Virginia E. Johnson, *La respuesta sexual humana* (Boston: Little, Brown Co., 1966), pág. 131.

[2] Herbert J. Miles, *Felicidad sexual en el matrimonio* (Grand Rapids: Zondervan Publishing House, 1967), pág. 96.

[3] Idem, pág. 97.

[4] Idem, pág. 79.

[5] Idem, pág. 78.

[6] Ronald M. Deutsch, *La llave a la respuesta femenina en el matrimonio* (Nueva York: Random House, Inc., 1968).

6 | Sólo para hombres

Se dice que durante la primera década de matrimonio la mayoría de los hombres son sexualmente más agresivos que sus esposas. Esto no siempre es exactamente así, desde luego, ya que depende de sus temperamentos y el ciclo mensual de la mujer, pero sí nos provee con una generalización útil. Podemos observar, en efecto, que el sexo es instintivamente el impulso más universal en el hombre durante los primeros años de matrimonio, mientras que para la mujer es un apetito potencial que puede ser cultivado.

El esposo sabio y amante aprenderá por esta razón tanto como pueda sobre el tema, a fin de gratificar a su esposa con las experiencias amorosas más grandiosas posibles, para beneficio de ambos. Cuanto más se afane en hacerla gozar, tanto más contribuirá a crear en ella una actitud favorable y fascinante hacia sus relaciones. Y cuanto más ella goza de ellas, tanto más las aceptará y encontrará deliciosas.

Las sugerencias siguientes guiarán al esposo en ayudar a crear en su esposa un sano apetito para hacer el amor:

1. *Aprenda tanto como pueda*. Anteriormente ya hemos aludido a la observación del Dr. Ed Wheat sobre el hecho de que casi todos los instintos naturales del hombre que le proporcionan satisfacción sexual no son los que llevan a su esposa a la satisfacción. Ya que hacer el amor de manera experta no es instintivo, un esposo sabio debe aprender lo más que pueda de una fuente cristiana y fidedigna. Al estudiar cuidadosamente nuestro capítulo sobre educación sexual y el arte de hacer el amor, puede sacar mucho provecho de la información básica que todo esposo debería saber. Además, recomendamos que toda pareja pida los *cassettes* de tres horas de duración del Dr. Wheat y los escuchen conjuntamente.* Yo había aconsejado a novios escuchar estos *cassettes* solos inmediatamente antes de la boda, y luego llevar los *cassettes* a la luna de miel para escucharlos juntos. La materia es altamente informativa y exclusiva; para absorber toda la información que presenta será necesario escucharlos más de una vez. Para una pareja casada por más tiempo, el escucharlos juntos les abrirá líneas de comunicación, capacitándoles para conversar sobre temas que previamente habrán considerado como difíciles o demasiado personales para debatirlos.

2. *Practique autocontrol*. El apóstol Pablo dijo: «No mirando cada cual lo propio, sino lo del otro» (Fil. 2:4). El principio de una actitud altruista para beneficio de ambos se aplica ciertamente al hacer el amor. Como hombre, la necesidad sexual puede ser satisfecha dentro de cosa de segundos; la situación de la esposa es todo lo contrario. Ella comienza muy despacio, luego construye gradualmente su clímax sexual. La mayoría de los hombres que acusan a sus esposas de frígidas porque no pueden alcanzar un orgasmo, deberían pensar que el problema radica en ellos mismos. Al tiempo cuando ella realmente se está excitando, su esposo eyacula y la deja con un pene inerte, negándole de este modo una oportunidad de satisfacer su clímax en el coito.

¿Por qué medios podemos resolver este problema? El esposo debe aprender a controlar su eyaculación, lo que requiere autodisciplina y práctica. Algunos sugieren que du-

* Sólo existen en inglés, hasta el presente.

rante el coito el hombre debe entretenerse pensando en cosas no estimulantes, deportes, negocios, o como dijo un esposo: «Pienso en pagar las cuentas mensuales.» Aconsejamos tener cuidado de no ir demasiado lejos en esto, sino concentrarse en algo que retardará la eyaculación, dando suficiente tiempo a la esposa para su aumento emocional. Todo hombre debe recordar que ella por lo general requiere de diez a quince minutos de manipulación, sea con su mano o mediante el coito, antes de que pueda llegar al clímax. Agréguese a esto un período estimulante de juego previo, y comprenderá que necesita bastante tiempo practicando el autodominio. En el capítulo 10 trataremos en detalle ciertas técnicas que permiten al hombre posponer su eyaculación.

3. *Concéntrese en la satisfacción de su esposa.* Siendo el orgasmo de la mujer mucho más complejo que el del hombre, a ella le toma más tiempo para aprender este arte. Un esposo inteligente hará de la satisfacción de su esposa una prioridad mayor en los primeros tiempos de su matrimonio, de modo que ambos puedan beneficiarse del logro de ella.

Las investigaciones modernas de Masters & Johnson revelaron algunas respuestas femeninas interesantes que el esposo debe comprender. Por ejemplo, la criatura intrigante conocida como su esposa no contempla el juego previo para «entrar en calor antes del juego», como lo miran los hombres; para ella es una parte integrante del gran juego. Ningún esposo debe apresurar esta actividad sólo porque su instinto así lo demanda. Al contrario, debe ser consciente de las cuatro fases por las cuales pasa su esposa durante el proceso del juego amoroso. Entonces podrá centrar su atención en llevarla a través de cada fase.

4. *Recuerde lo que estimula a la mujer.* La vista de su esposa preparándose para acostarse es suficiente estímulo para la mayoría de hombres para estar listos para el acto marital. ¡En contraste, la esposa a esta altura está solamente lista para irse a la cama! ¿Por qué es así? Porque los hombres son estimulados por la vista, mientras que las mujeres responden más a otros factores, palabras suaves y amorosas y roces de ternura.

Aunque no esté registrado por aparatos de test de decibelios, el mecanismo auditivo de una mujer parece tener una manera única en responder a la voz masculina. Por ejemplo, muchachas adolescentes son más activamente estimuladas para emitir gritos y chillidos en los conciertos de *rock* que sus acompañantes masculinos. Raramente se puede oír decir a un hombre: «Su voz me excita», mientras que es común escuchar exclamar a una mujer: «¡Su voz me enloquece!» Ese mecanismo auditivo puede compararse a un termostato sobre el muro del hogar. Al regresar a casa por la noche usted puede poner en función el termostato de ella dirigiéndole palabras de aprobación, admiración, ternura y amor. De igual modo usted puede desconectar su termostato mediante represiones, quejas o insultos. En tales casos se puede concluir con toda seguridad que cuanto más alta sea su voz tanto más rápidamente la desconectará. Es un hombre inteligente aquel que desde el momento de llegar de su trabajo a casa hasta el momento de acostarse hace uso *de su voz* y el receptor auditivo de su esposa para tenerla conectada continuamente.

Más de una esposa se identificaría con Mary: «Mi esposo me critica desde que llega a casa hasta que se va a la cama, y luego no puede entender por qué no me interesa hacer el amor. ¡Yo simplemente no soy hecha así!» ¡Si tan sólo hubiese más esposos alertas a esta fuerte influencia sobre las emociones de sus cónyuges!

El receptor verbal de la mujer no sólo responde al tono de la voz, sino al mensaje de las palabras. Había una pareja que solicitó ayuda con respecto al «problema de frigidez» de la esposa. En siete años de matrimonio han tenido tres hijos y aseguraron tener amor y respeto mutuo. Al preguntarles hemos descubierto que él hablaba cariñosamente a su esposa, la cortejaba tiernamente y obtenía una cálida respuesta hasta un punto. Entonces, de súbito, ella se tornaba «fría como hielo». Eventualmente discernimos que el problema era su lenguaje. En el calor de la excitación amorosa durante el acto intercalaba términos crudos y expresiones rudas que había adquirido en sus años de servicio militar, olvidando que las mujeres tienden a ser más delicadas en su selección de vocabulario y muchas veces no pueden comprender por qué los hombres tienen que usar tal lenguaje obsceno para describir cosas tan bellas como las que forman el cuerpo de la mujer.* Para resolver el «problema de frigidez» lo único que tuvo que hacer fue aprender una mejor terminología. Tales cosas son de suma importancia para una mujer.

5. *Proteja su privacía.* Los hombres tienen más inclinación de exteriorizar el sexo que las mujeres. Más de un hombre descuidado ha estropeado relaciones vitales al revelar indiscretamente los secretos íntimos de su esposa a sus amigotes. Si una cosa así vuelve a la esposa, ella se siente traicionada. Tales indiscreciones no deben ser arriesgadas. La belleza y santidad de las relaciones íntimas que usted comparte son estrictamente confidenciales. Manténgalas como tales.

6. *Cuide de los olores ofensivos.* La facultad del olfato es uno de nuestros sentidos primarios. Desgraciadamente algunas personas experimentan más dificultad en esta área que otras, mas hoy en día existe poca excusa por mal aliento, olor corporal o cualquier otro olor ofensivo. Un amante considerado se preparará para hacer el amor tomando baños frecuentes, usando desodorantes efectivos y practicando buena higiene oral.

Sobre el tema de los olores compartiremos una observación hecha en nuestra consulta con respecto a hombres extremadamente sensitivos. Un hombre melancólico es un perfeccionista, un idealista muy sensitivo. Consecuentemente puede ser «desconectado» por olores emitidos por los fluidos naturales de la vagina de su esposa. Las mujeres tienen un problema no compartido por los hombres, porque el fuerte olor del fluido seminal masculino normalmente no es detectado debido a que permanece dentro de él hasta después de la fase de descenso. Mas para que la esposa pueda permitir entrada al pene, debe emitir secreción lubricante vaginal, que normalmente tiene un olor. Un esposo simplemente debe desentenderse de ese olor.

Un esposo melancólico se quejaba persistentemente de que tal olor «me enfría tanto que no puedo mantener mi

---

* El autor del Cantar de los Cantares no era así. (Véanse sus ingeniosas descripciones poéticas, llenas de ternura y admiración.) — *Nota Editorial.*

erección». Tomando nota de su limitada educación sexual, empleé el tiempo necesario para explicarle la función de la vagina de su esposa durante la estimulación sexual. Tras convencerle de que esto era un proceso normal sobre el cual su esposa no tenía control, concluí: «Usted debe reconocer ese olor como el olor del amor. La respuesta de su esposa a su amor hace que el lubricante fluya en anticipación al coito con usted; por lo tanto, es usted quien causa el olor.» Con una sonrisa algo ingenua admitió: «Nunca había pensado en ello de esta manera.» Más adelante me informó de que el «olor de amor» transformó su vida amorosa.

7. *No se apresure haciendo el amor*. En ocasiones, cuando el ciclo mensual de una esposa experimentada la impulsa a ser excepcionalmente apasionada a un tiempo cuando el coito es conveniente, ambos podrán sostener orgasmos supremos en cosa de dos minutos o menos. Cuando esto suceda, disfrutad de ellos, mas no esperéis que sea la norma. La mayoría de las parejas encuentran que el factor tiempo en el juego amoroso es la llave a la respuesta femenina. Por ello, el esposo que quiere ser un buen amante no avanzará demasiado rápido, sino que aprenderá a disfrutar del juego amoroso. No sólo esperará hasta que su esposa esté bien lubricada, sino que reservará su entrada a la vagina hasta que sus labios interiores se hayan llenado de sangre y abultado al menos al doble de su tamaño normal.

El tiempo empleado en el juego amoroso varía según la cultura. Los investigadores indican que la experiencia promedio corre desde dos minutos en ciertas culturas hasta treinta minutos en otras. Sus comparaciones indican que en cuanto la cultura es masculinamente orientada y considera al sexo como únicamente existente para la mera satisfacción masculina, tanto más corto es el tiempo empleado en la experiencia. En tales casos las mujeres lo aceptan como «deber» de mujer y como una función desagradable de la vida. En culturas donde las mujeres son estimadas y se busca su satisfacción, el juego amoroso viene a ser un arte en el que vale la pena emplear tiempo.

Un esposo inteligente tendrá presente que su mujer requiere por lo general de diez a quince minutos más que él para lograr satisfacción; pero el marido contará este tiempo como bien empleado. Una vez que comprenda que la naturaleza de la mujer se enciende de manera lenta y que su tensión sexual aumenta gradualmente, cooperará a sus necesidades.

8. *Comuníquese libremente.* La mayoría de las mujeres cristianas van al matrimonio relativamente poco informadas sobre el sexo, y a menudo sostienen la idea ingenua de que basta que sus esposos sepan sobre ello y ya las enseñarán. Raramente habrán anticipado el hecho de que la conversación sobre sus relaciones íntimas resulta muy difícil para la mayoría de los hombres. Efectivamente, con frecuencia es el tema más difícil que la pareja se ve obligada a tratar. En consecuencia, los que más necesidad tienen de una expresión de libre curso sobre las ideas de este tema son los que menos la practican.

Llegué a convencerme de que aun a la gente bien educada le resulta difícil hablar sobre su vida amorosa con toda franqueza. Esto explica por qué las parejas se ven en dificultades cuando sus hijos les preguntan sobre el sexo: porque nunca han sido capaces de comunicarse el uno con el otro sobre el tema. Un ingeniero casado con una maestra durante diez años informó: «Después de todos estos años mi esposa todavía no sabe lo que me excita.» Cuando le pregunté: «¿Le dijo usted esto alguna vez?», respondió: «No. Me parece embarazoso hablar sobre el sexo. Además, creo que ella debería saberlo.» Se sorprendió cuando le respondí: «¿Cómo debería saberlo? Usted es diferente de ella. Usted reacciona y siente en forma diferente que una mujer, y usted posee un aparato reproductivo enteramente diferente. ¿Quién cree que iría a decírselo?» Muchas de entre las jóvenes casadas esperan que sus esposos les informen sobre las necesidades masculinas. Por desgracia, en general no sucede así. Hemos visto que una comunicación abierta entre marido y mujer sigue siendo la mejor educación sexual posible. Después de todo, una joven esposa no necesita saber cómo funciona el hombre; simplemente debe aprender a reconocer las respuestas sexuales de uno solo. ¿Quién puede enseñarle mejor sus necesidades que el objeto de su amor, su esposo?

9. *Ame a su esposa como persona.* Ningún ser humano quisiera ser considerado como un objeto, porque en el nivel de identidad cada uno desea ser aceptado como una persona. Un hombre joven gana el afecto de una joven mujer porque la ama como persona, cubriéndola con sus atenciones y afecto. Después de la boda muy a menudo ha de entregarse a sus negocios y trabajos, mientras su esposa se ocupa en criar los hijos. Los dos llegan a ocuparse gradualmente en asuntos y actividades que no incluyen a ambos. Consecuentemente, la esposa pronto siente que lo único que pueden compartir es su vida de alcoba. Esto siempre resulta inaceptable para una mujer. Es esto lo que frecuentemente eleva las quejas oídas con frecuencia en nuestros consultorios: «La única vez que mi esposo está interesado en mí es cuando tiene deseos de sexo»; o «Ya no cuento como persona para mi esposo, soy tan sólo un objeto de sexo»; o «Cuando mi esposo y yo tenemos relaciones sexuales no las siento como una expresión natural de amor. En lugar de ello me siento usada.»

Es interesante que, al confrontarse con el descontento de la esposa, los maridos admiten la validez de su queja. Mas para ellos resulta un misterio de cómo pudo haber ocurrido gradualmente, y no siempre saben con certeza cómo corregirlo.

Existen muchos medios por los cuales un hombre puede expresar su amor a su esposa como a una persona. En la medida que lo haga se convencerá de su efecto terapéutico para ambos. Tales expresiones no sólo le dan a ella una seguridad de su amor, sino que también lo reafirma en su propio corazón. Los pequeños detalles de atención que él no hace son decisivos para que la esposa sepa con seguridad en su corazón que es amada como persona.

Por ejemplo, cuando llega el esposo a casa por la noche, debería demostrar un interés personal en ella y en todo lo que haya hecho durante el día, en lugar de entregarse a la obsesión de las páginas de deportes, o averiguar de inmediato lo que se está cocinando para la cena o lo que dan en televisión. Una expresión de su amor sería ayudarle algo con los niños, relevándola de algunas tareas que la habían tenido agobiada todo el día. El pasar un rato con los niños, en lugar de esclavizarse por un *hobby*, resultará de tanto beneficio para la esposa como para los niños.

Más aún: cenar fuera una noche por semana, sin los niños, es vitalmente importante para la esposa, pese a que el esposo desearía más bien quedarse a cenar tranquilamente en el hogar. Luego existen esas pequeñas atenciones recordatorias de cumpleaños o festividades, y, sobre todo, las expresiones verbales de amor y aprobación en el curso de la noche.

Un hombre que trata a su mujer como a alguien muy especial verá que por lo general ella le dará respuestas generosas a sus expresiones de amor. Cuando sus palabras y actitudes en conjunto la lleguen a convencer de que él la ama entrañablemente, su íntimo juego amoroso será expresión natural y culminante de ese amor.

Dios tuvo el sabio plan de establecer un hombre para una sola mujer. Para el hombre le resulta imposible amar a una mujer como persona cuando hay otra mujer involucrada. Un amigo íntimo compartió esto de una manera hermosa al comer juntos un día. Estuvimos conversando acerca de mi sermón sobre el rey David. Le declaré que no podía comprender cómo un hombre de cincuenta años con veinte esposas podía llegar a cometer adulterio con Batseba. Jim me sorprendió diciendo: «Yo sí que lo puedo comprender. David tuvo tantas mujeres que no supo jamás lo que era tener un solo amor.»

Dios designó la belleza del matrimonio para que sea una serie de experiencias compartidas durante toda una vida con un solo verdadero amor. Mientras el hombre siga convenciendo a su esposa de que su vida amorosa es la expresión del amor genuino que él siente por ella, encontrará en ella a una compañera dispuesta y cooperativa.

Nota

[1] Ed Wheat, M.D., «Problemas y técnicas sexuales en el matrimonio», obtenible de Cassettes de Creyentes Bíblicos, 130 N. Spring, Springdale, AR 72764. (Hasta el presente sólo en inglés.)

7 | Sólo para mujeres

Una observación sobresaliente recogida en mis años de consejero es que las mujeres gozan de una mayor capacidad para amar que los hombres; una capacidad que incluye tanto dar como recibir. Por esta razón parece que las mujeres por lo general hacen más esfuerzo que los hombres para llegar a ser buenas y fieles amantes. Una cosa resultó obvia: hay muchas más mujeres que hombres dispuestas a conformarse con una vida amorosa de segunda categoría. Afortunadamente, hoy en día nadie tiene por qué soportar tal condición.

Es de importancia vital para que una mujer casada pueda aceptarse a sí misma que su esposo esté satisfecho con ella como amante. Una mujer amante con su autoaceptación a nivel cero lamentó: «Mi esposo cree que soy una cocinera ideal, hogareña y excelente madre de sus hijos, pero me abandonó porque fui un fracaso en el dormitorio.» Muchos hombres aceptarán mediocridad en otras esferas si la actividad de alcoba les proporciona satisfacción. Hemos notado regularmente que casi toda esposa desea sinceramente lograr el éxito en esta importante área del matrimonio, pero son demasiadas las que simplemente ignoran cómo han de proceder. Por lo tanto, algunas sugerencias dirigidas específicamente a las esposas serán útiles.

1. *Mantenga una actitud mental positiva.* Cuando estuve en camino a Hawaii con mi esposa por unos días de vacaciones antes de un seminario, leí el libro de Marbel Morgan *La mujer total.* Beverly se mostró consternada cuando comencé a reírme a carcajadas, mas su propia reacción era idéntica cuando le enseñé el caso. La señora Morgan indicaba que el cerebro era el centro para inducir a la mujer a hacer el amor. Hacía mucho tiempo que yo tenía conocimiento de ello, pero encontré gracioso que lo pudiera admitir una mujer.

Proverbios 23:7 nos recuerda: «Porque tal como piense en su corazón, así es él.» Los que estudian la mente están descubriendo que una persona jamás se eleva por encima de sus expectaciones. Cuando una persona anticipa un fracaso, nunca podrá tener logros. No obstante, si espera tener éxito, lo logrará. Para una mujer que se preocupa por tener éxito en hacer el amor poco tienen que ver los factores de edad o talento, siendo el factor determinante su actitud mental. Todos habíamos observado gente que sobrepasa sus capacidades naturales. Es nuestra convicción que cada cristiano, que lleva en sí el poder del Espíritu Santo, deberá sobrepasar sus propias habilidades naturales en cualquier situación en que se encuentre.

Como consejero, me ha sorprendido ver tantas bellísimas mujeres, verdaderas encarnaciones de *sex appeal*, que confiesan ser completamente inaptas en el dormitorio. Por otro lado, algunas que por su apariencia bien podrían pasar inadvertidas, de busto plano o con sobrepeso, admiten tener una vida amorosa fascinante con sus esposos. Esto prueba que primariamente no es el tamaño, la figura o la apariencia de una mujer lo que la hace ser una buena amante, sino que más bien la máxima importancia reside en su actitud mental.

Hay tres áreas en el esquema de mentalidad sexual de la mujer que le son importantes: *a)* lo que piensa sobre hacer el amor; *b)* lo que piensa sobre sí misma; y *c)* lo que piensa sobre su esposo. Su actitud hacia estas tres áreas es lo que determina su éxito o fracaso.

a) *Lo que piensa sobre hacer el amor.* Aunque no podemos aprobar la revolución sexual, ha sido útil para exponer el falso concepto de que el amor marital sea «sucio», o «malo», o «sólo para placer masculino». Tales ideas, ciertamente, no han emanado del Antiguo o Nuevo Testamento, ni de la Iglesia primitiva. Derivan de la Edad Media, la «época del oscurantismo», cuando los teólogos de Roma trataban de unir la filosofía ascética con el pensamiento cristiano. La filosofía pagana que sostenía que todo lo que sea disfrutable debe ser maldad, llegó a prevalecer sobre el concepto bíblico de que «el matrimonio es honroso en todo, y el lecho sin mancilla» (Heb. 13:4). Resulta difícil describir algunas de las increíbles y ridículas distorsiones a las cuales llegó a ser subordinada la sagrada relación del amor marital. Un autor escribió:

> Pedro Lombardo y Graciano advertían a los fieles que el Espíritu Santo abandonaba la habitación cuando los cónyuges se entregaban a la unión sexual, ¡aun cuando fuese con el propósito de concebir un hijo! Otros líderes de iglesias insistían en que Dios exigía abstinencia sexual durante todos los días y temporadas sagradas. Más aún, las parejas fueron exhortadas a no tener relaciones sexuales los días jueves, en conmemoración del arresto de Cristo; los viernes, por respeto a su crucifixión; los sábados, en honor a la Virgen María; los domingos, en recuerdo de la resurrección de Cristo; y los lunes, por respeto a las almas difuntas, ¡dejando solamente los martes y miércoles! ¡La iglesia trataba de regular cada faceta de la vida, no dejando margen al derecho del individuo para determinar la voluntad de Dios, ni el derecho de las parejas casadas para decidir por sí solos cómo debían ser llevados a cabo los aspectos más íntimos de su vida marital.[1]

Por fortuna, la Reforma llamó a los cristianos a volver a estudiar la Palabra de Dios en lugar de aceptar ciegamente los dogmas de la Iglesia. Al obtener nueva luz sobre Dios, la salvación, el pecado y la teología, los cristianos iban descubriendo que Dios es el autor del sexo, que hombre y mujer tienen necesidades sexuales, las cuales el cónyuge tiene la obligación de satisfacer (1.ª Cor. 7:1-5), y que la satisfacción de ambos es honrosa y sin mancha. A lo largo de los siglos, muchos cristianos obedientes han descubierto en la privacía de sus alcobas que las relaciones sexuales proporcionan las experiencias más fascinantes en sus vidas. Cualquier mujer joven que llega al matrimonio sin saber que es una bendición de su Padre celestial para ser gozada sin reservas, no comprende la Biblia plenamente.

Los líderes confusos de iglesias del pasado no son los únicos que parecen haber tenido el placer de confundir la actitud mental de jóvenes vírgenes a punto de casarse. Algunas comunidades informan sobre pequeñas viejitas que eran autonombradas evangelistas de la frigidez y se empeñaban en visitar novias en la víspera de su boda para informarlas sobre «los hechos de la vida». Su versión era algo así: «El "coito" es la peor parte del matrimonio. Es detestable y repugnante, pero es algo que cada esposa debe soportar.» Cuando la anciana había acabado su lección, no había virgen alguna capaz de anticipar los gozos del amor marital. Tales distorsiones sexuales son contagiosas. Como ellas jamás habían aceptado la experiencia, consideraban su deber impedir que nadie pudiera gozarla tampoco.

Una mujer frígida contó su historia en mi consulta. Unas dos semanas antes de casarse, su tía Matilde le agarró y la amarró prácticamente por los primeros cinco años de matrimonio. Aparentemente, su tía, cuyo matrimonio había sido arreglado por sus padres en la vieja patria, se encontró petrificada frente al sexo en su noche de bodas. Le explicó que su esposo, un torpe campesino veinte años mayor que ella, la había llevado hasta el lecho nupcial «me desnudó a la fuerza y me violó sobre mi propia cama. Luché y grité sin resultado. Mi virginidad se acabó y lloré por tres días. He odiado el sexo durante treinta y cinco años.» La conclusión que dio a su sobrina fue: «En lo que a mi concierne, el matrimonio es nada más que una violación legalizada.»

Aunque podemos sentir mucha compasión por la pobre tía Matilde y por su esposo igualmente desgraciado, no

109

podemos concebir concepto más pernicioso para ser inyectado en la mente impresionable de la joven novia. No es de extrañar que la sobrina requiriese varios años y numerosas experiencias de consultorio para superar tales ideas desastrosas.

Cuánto mejor hubiese sido para la joven novia si su madre, cuyas relaciones de amor con su marido habían sido excelentes a través de los años, hubiese compartido con su hija el hecho de que el amor marital es bello, fascinante, lleno de significado y mutuamente disfrutable. Jóvenes vírgenes así instruidas por sus madres son mentalmente fortalecidas contra nociones falsas como la de la tía Matilde y raramente llegan a ser frígidas.

La siguiente ilustración aclara que la actitud mental de la mujer es la llave para el uso de su sistema sexual. Después de escuchar durante una hora a una pareja que había acudido a mí para exponer su miserable vida sexual, pedí al esposo que me dejara solo con la esposa por unos minutos para preguntarle por qué hacían el amor solamente dos o tres veces por mes. La esposa respondió: «No soy tan robusta como la mayoría de las mujeres; creo que mis órganos genitales son demasiado pequeños y no puedo funcionar como otras mujeres.» (Investigaciones modernas indican que todos los órganos femeninos, al igual que sus contrapartidas masculinos, son aproximadamente del mismo tamaño, independientemente de la estatura de la persona.) Cuando ella admitió que sufría de artritis, compartí con ella alguna información que había leído recientemente, según la cual la tensión sexual no satisfecha acentúa el dolor en pacientes artríticos. Puesto que las relaciones maritales son los medios dados por Dios para relajar tensiones emocionales, le aconsejé tratar de tener relaciones amorosas más frecuentes para aliviar sus dolores de artritis. Una semana más tarde recibí una llamada explosiva de su esposo, diciendo: «No tengo la menor idea de lo que usted habrá dicho a mi mujer después que yo abandoné la sala, pero ella me hizo el amor siete veces en los siete días pasados, y ¡no estoy seguro de que pueda seguir este ritmo!»

¿Qué fue lo que dio impulso a la mujer? Yo no le había indicado ningún medicamento, vitamina o aparatos mecánicos, tan sólo un cambio en su actitud mental, el instrumento más poderoso para combatir malfunciones sexuales.

b) *Lo que piensa sobre ella misma.* El autorrechazo es uno de los males más comunes de nuestros días. Hay hombres que se angustian por ser sus penes demasiado pequeños o lacios; hay mujeres que se preocupan por tener senos de miniatura o por no tener *sex appeal.* De hecho, el porcentaje de personas sexualmente normales es enorme. Los tests han demostrado efectivamente que las personas «pobres de sexo» (sea lo que sea el significado de este término) son sexualmente tan sensibles y capaces de responder al sexo como cualquier otro, y algunas veces aún más.

La ansiedad sobre la propia capacidad de funcionar sexualmente es la causa primaria de malfunción sexual. Según las investigaciones, hay hombres que funcionan normalmente después de que varias partes de su sistema reproductivo han sido extraídas, tales como testículos o glándulas de próstata. Es también bastante interesante que las mujeres cuyos clítoris tenían que ser eliminados por alguna razón no informaron sobre efectos adversos en su capacidad sexual, y muchas mujeres indican un aumento de goce marital tras haber tenido una histerectomía. De todas estas evidencias podemos concluir que los orgasmos mismos no son de importancia primaria, sino lo que pensamos sobre ellos y sobre nosotros mismos. Si nos consideramos como cónyuges capaces de expresarnos y responder sexualmente, entonces lo somos, o al menos tenemos tal capacidad.

c) *Lo que piensa sobre su esposo.* «¡No soporto que mi marido me toque!» Así comenzó una madre de cinco hijos que se había enamorado de otro hombre. Confesó: «Las cinco menos diez minutos es la hora más miserable para mi día, porque mientras estoy lavando la vajilla y preparando la cena sé que Tom llegará en diez minutos y me besará al entrar.»

Después de haber tratado seriamente el hecho de que su relación amorosa mental con un hombre divorciado era un pecado, Julia se puso de rodillas y confesó su pecado, tras un velo de lágrimas. Dos semanas más tarde mi teléfono sonó a las 4'55 de la tarde y Julia me informó toda excitada: «¡Dios me ha cambiado el corazón! Estoy muy bien vestida y arregladita, feliz al saber que Tom está por llegar a casa en sólo minutos. ¡Le llamo porque quiero hacerle saber que esto, ahora, llega a ser la hora más fascinante de mi día!»

El amor no es un vapor volátil que viene y va sin más. Es una emoción vital que crece o muere en proporción directa con el esquema mental de uno. Si una persona ataca y critica a su cónyuge en sus pensamientos, no pasará mucho tiempo antes de que su amor muera. Si, en cambio, el hábito moral negativo es reemplazado por agradecimiento por las características positivas en la vida del cónyuge, el amor florecerá con tanta seguridad como la noche sigue al día. «Pero nosotros que somos del día, seamos sobrios, habiéndonos vestido con la coraza de la fe y del amor; y con la esperanza de la salvación como yelmo» (1.ª Tes. 5:8). El amor es el resultado de pensar buenos pensamientos sobre el prójimo. «Por lo demás, hermanos, todo lo que es verdadero, todo lo honesto, todo lo justo, todo lo puro, todo lo amable, todo lo que es de buen nombre; si hay virtud alguna, si algo digno de alabanza, en esto pensad» (Fil. 4:8). Hemos visto muchas veces retornar el amor a un matrimonio cuando uno o ambos cónyuges estaban dispuestos a obedecer al principio: «Dad gracias en todo, porque esta es la voluntad de Dios para con vosotros en Cristo Jesús» (1.ª Tes. 5:18).

Una pareja acudió a mi consulta como último recurso. Me decían: «Tenemos una entrevista con nuestro abogado el jueves próximo para pedir el divorcio.» Aquel día era el martes. «¿Puede hacer usted algo para devolver el amor a nuestro matrimonio antes de que sea demasiado tarde? Tenemos tres niños.»

«No, no hay nada que yo pueda hacer», respondí. «Pero conozco a Alguien que puede.» Admitieron rápidamente que eran cristianos, pero agregaron que «no habían cultivado su religión últimamente». Les expliqué: «Dios manda que los cónyuges se amen mutuamente, y jamás exige algo para lo que El no nos proveerá con fortaleza.» Permanecieron dudosos.

Percibiendo su espíritu de desesperanza, ofrecí una tranquila palabra de oración y proseguí diciéndoles: «¿Qué les parecería enamorarse otra vez durante tres semanas? Sonreían a esta idea, pero dudaron que fuese posible. Comencé a compartir con ellos el hecho de que criticar, molestar, buscar faltas y rabiar mentalmente resulta destructivo para el amor (y expresar estos sentimientos verbalmente era aún peor). Enfaticé, además, que Dios condena tal manera de pensar y nos manda, en cambio, pensar con amor y agradecimiento sobre todas las cosas. Tomando dos tarjetas de mi escritorio, le di una al esposo, pidiéndole que hiciese una lista de diez cosas que le gustaban en su esposa. Los primeros cinco puntos le tomaron bastante tiempo, mas los restantes fluían con rapidez. Cuando llegó el turno de la esposa para que enumerara los puntos buenos sobre su esposo fue más fácil, porque había planeado su lista mientras él procedía con la suya.

Cuando sus listas estuvieron completas, acordaron revisarlas cada mañana y cada noche, agradeciéndole a Dios por cada bendición allí anotada. Dentro de las tres semanas llamaron para cancelar su próxima entrevista, diciendo: «Ya no necesitamos más consejos; nuestro amor volvió más fuerte que antes.»

Si encuentra que su amor se ha estancado, su mente es la clave. Pruebe la alabanza mental; cambiará su vida amorosa.

2. *¡Relájese! ¡Relájese! ¡Relájese!* No debe sorprendernos que una virgen estará más bien tensa en anticipación a su primer coito. ¿Y por qué no ha de estarlo? Toda experiencia nueva produce excitación nerviosa, esto es perfectamente normal. Pero, como todas las cosas en la vida, la repetición lleva al relajamiento. Es de importancia vital que una esposa aprenda a relajarse en el acto marital, porque todas las funciones corporales funcionan mejor bajo tales condiciones.

Esta necesidad de relajamiento puede ser ilustrada con la producción de lubricación vaginal de la mujer. Casi toda mujer tiene las glándulas necesarias para producir este fluido necesario que posibilita la entrada del pene sin dolor. Mas si está tensa o nerviosa, las glándulas no funcionarán adecuadamente y experimentará alguna fricción que puede ser dolorosa. De hecho, el mero temor a ese dolor puede restringir el flujo normal del fluido la próxima vez.

La mayoría de los consejeros recomiendan el uso de una gelatina lubricante vaginal durante las primeras semanas de matrimonio, lo que eliminará la probabilidad de dolor y ayudará a lograr más relajamiento. Cuanto menos tensión haya en la esposa, tanto más fácilmente cooperarán con ella sus órganos reproductivos en el logro de un orgasmo.

El relajamiento de la esposa es importante para un esposo amante, porque al sentirla tensa o temerosa puede interpretarlo como si ella tuviese miedo de él. El relajamiento de ella inspira el propio de él.

3. *Tráguese su inhibición.* Aunque la modestia es una virtud admirable en la mujer, está fuera de sitio en el dormitorio junto a su esposo. La Biblia enseña que Adán y Eva, en su estado antes de su caída, estaban «desnudos y no se avergonzaban» (Gén. 2:25). Francamente hablando, esto quiere decir que aun en su desnudez no estaban inhibidos. Puede requerir algún tiempo para una casta mujer sacudir sus inhibiciones propias de sus días antes de casarse y aprender a ser abierta con su esposo, mas es absolutamente necesario.

Una pareja atractiva solicitó consejo por tener, como lo llamaron, una «frustración sexual». Por doce años la esposa se sentía embarazosa al dejar que su esposo la contemplase desvistiéndose por la noche. «Mi madre me enseñó que una buena mujer nunca lo permite», explicó.

Yo le contesté: «Sólo porque tu madre haya cometido un error por toda una vida, fallando con hacer de su esposo y tu padre una excepción a causa de anticuado prejuicio, no es razón para que tú perpetúes tal error.» Le sugerí que dejase que su esposo la ayudase a desvestirse y la alenté a relajarse y disfrutarlo. Le costó algún tiempo, porque hasta se sentía culpable al encontrarlo fantástico, pero gradualmente superó su aguda reticencia.

4) *Recuerde que los hombres se estimulan por la vista.* Nuestro Señor dijo: «Pero yo os digo que cualquiera que mira a una mujer para codiciarla, ya adulteró con ella en su corazón» (Mat. 5:28). ¿Ha pensado usted alguna vez que el Señor no hizo ninguna advertencia concerniente a la mujer en su deseo del hombre? La razón está clara. El hombre es estimulado visualmente con mayor rapidez,

y el objeto más bello en el mundo para el hombre es una mujer.

Muchos consejeros femeninos urgen a las esposas a que hagan del regreso de sus esposos al hogar el tiempo más significativo del día. Bañándose, arreglando su peinado, poniéndose un vestido diferente, y que estén preparadas para darles a sus esposos una bienvenida entusiasta al hogar cada noche. Un esposo contento es aquel que está convencido de que la visión más bella del día le saludará cuando abra la puerta de su hogar.

Algunas mujeres se resisten a la idea de que tengan que dar al regreso de sus esposos tal despliegue de atención. Otras prefieren aparecer vestidas con sus ropas de trabajo y rulos en el pelo para impresionarlo con la grave suerte de tener que dedicarse a los quehaceres de casa y «sus» hijos. La vista de una esposa descuidada por agotamiento puede engendrar simpatía (aunque esto es dudoso), pero muy raramente inspirará amor. Una mujer tiene más ventajas de lo que piensa y más vale que aproveche algunas. «Aséate, maquíllate, arréglate» es un buen lema para recordar toda esposa amante justo antes de la llegada del amado. Hemos observado que las que se toman esa molestia parecen evitar el problema de: «¿Cómo podría lograr que mi marido esté contento llegando a casa y que pase la tarde con la familia?» ¡Si tiene una buena razón para venir contento a casa, lo hará!

5. *Jamás reprenda, critique o ridiculice.* Ya que anteriormente hemos anotado que la mayoría de los hombres jóvenes son inseguros y necesitan desesperadamente la cariñosa aprobación de sus esposas, no entraremos en pormenores en este punto. No obstante, es importante recordar que no hay nada que enfríe al hombre con más rapidez que reprenderle o criticarlo maternalmente, o ridiculizar su hombría. No importa cuán nerviosa puede llegar a estar una esposa, jamás debe rebajarse a tal conducta, o puede estropear seriamente unas bellas relaciones.

Un médico destacado, con una esposa bella y culta, tuvo relaciones con una mujer poco educada y mucho menos atractiva que su esposa. De hecho, admitió que tampoco era sexualmente tan disfrutable como su esposa. Al pedirle que explicase su comportamiento, replicó: «Me hace sentir confortable por su sencillez y admiración.» Después de reflexionar la esposa se dio cuenta de que gradualmente había llegado a criticarle más y más, reprendiéndole por las largas horas en la oficina. Como él no era de fácil palabra, respondió manteniéndose lejos en busca de un remanso de paz. La otra mujer era la paz y la tranquilidad que anhelaba.

6. *Recuerde que ha de corresponderle.* Dios ha puesto dentro del corazón femenino la fantástica capacidad de corresponder a su esposo. La mayoría de las mujeres reconocen haber tenido experiencias supremas que nunca habrían experimentado de no haber sido iniciadas por sus esposos.

Excepto en aquellas ocasiones cuando la esposa es especialmente apasionada y toma la iniciativa del juego amoroso, la mayoría de las veces es el esposo quien hace el primer paso. Siendo el hombre rápidamente estimulado visualmente, en muchas ocasiones un esposo se acercará a su esposa con intenciones amorosas cuando el juego amoroso está lejos de la mente de ella. La naturaleza de su respuesta a menudo es la que determina el desenlace. Si ella reacciona con un signo de indiferencia (tal vez con un suspiro o un bostezo), probablemente todo terminará ahí. Por otro lado, si ella se acurruca junto a él por unos minutos y acepta sus avances, aunque en forma pasiva al comienzo, sentirá gradualmente que su estado de ánimo empezará a coincidir con el de él a medida que su propio mecanismo amoroso se enciende.

Más de una esposa se ha privado a sí misma y a su esposo de innumerables experiencias amorosas por no haber comprendido la habilidad única de la respuesta femenina.

7. *Observe una higiene femenina diaria.* Cuando Beverly estudiaba en la Universidad, el instructor de educación física de las alumnas les dijo que los hombres poseían un sentido de olfato más pronunciado que las mujeres. Esto la impresionó tanto como adolescente, que ha sido siempre extremadamente cuidadosa en ese sentido.

Si acaso aquel instructor tenía razón o no, no lo sé, pero toda mujer debe ser muy cuidadosa en cuanto a olores corporales, por dos razones: Primera, en algunas mujeres los fluidos vaginales, especialmente cuando éstos se hayan secado en el exterior, pueden emitir un olor muy fuerte, excepto que se bañen con regularidad; y segunda, puede llegar a tener inmunidad a sus propios olores corporales. En estos días de tanta variedad de jabones especiales, lociones y desodorantes, los olores no deben constituir problema alguno.

8. *Comuníquese con libertad.* Uno de los conceptos más erróneos de la mujer es suponer que su esposo lo sabe todo sobre el sexo. El caso es que esto raras veces corresponde a la verdad. Muchos hombres se interesan por el tema desde el día que salen del jardín infantil, pero también se sienten cohibidos para acudir a fuentes correctas de información apropiada. Para complicar aún más este problema, los compañeros pueden ser notablemente mentirosos en cuantas ocasiones aparezca el tema del sexo.

En mis dieciocho años, estando en las Fuerzas Aéreas, escuché fascinado todo lo que contaban los «grandes muchachos» sobre sus hazañas sexuales. Al recordar estas viejas historias ahora tengo que sonreír. La mayoría tenían que ser o mentiras o exageraciones, porque muchas eran simplemente relatos imposibles.

Excepto que un hombre haya leído los libros adecuados o buscado conocimiento en lugares apropiados, la mayoría de sus ideas sobre mujeres serán probablemente erróneas al contraer matrimonio. La esposa no debe sentirse desanimada por esto; más bien debe considerarlo como una interesante oportunidad para informarle sobre la única mujer que él debe conocer íntimamente. Debe aprender a comunicarse con libertad. Además de decirle lo que siente, debe guiar sus manos para enseñarle lo que le proporciona placer. Si ella no le dice lo que la excita, él jamás lo sabrá. Una esposa habrá de enseñar probablemente a un solo hombre sobre su ser íntimo en toda la vida. Debe hacerlo a fondo, hacer de ello una experiencia fascinante, grata tanto para ella como para él.

9. *Cuando todo falla, ore.* Esto puede parecer extraño de boca de un pastor, mas si comprende el significado de mi palabra, creo que la considerará como una sugerencia muy valiosa. Estoy convencido de que Dios jamás tuvo la intención de que las parejas cristianas pasasen

117

toda la vida en un desierto sexual de malfunciones orgásmicas. El puso dentro de cada mujer las capacidades sexuales que El quería para que las gozase. Su única prohibición se refiere a su uso fuera del matrimonio. Cuando estas capacidades son mantenidas dentro de la institución sagrada, éstas deben proporcionar mutuo placer para ambos cónyuges. Si no resulta una experiencia placentera, El tendrá guardado algo mejor para usted; de modo que lo mejor que puede hacer es orar sobre ello, esperando que El la guíe a una solución adecuada. «Hasta ahora nada habéis pedido en mi nombre; pedid y recibiréis, para que vuestro gozo sea cumplido» (Jn. 16:24).

Nota

[1] Letha Scanzoni, *Sexo y el ojo único* (Grand Rapids: Zondervan Publishing House, 1968), pág. 31.

8 | La mujer insatisfecha

Karen, una encantadora madre de tres niños, de 29 años, vino a solicitar consejo. «Pastor, amo de verdad a mi esposo, pero he notado últimamente que mi aversión hacia él está convirtiéndose en algo terrible. ¡Si no sucede algo muy pronto, terminaré por odiarlo!» Pese a que le costaba un mundo expresarlo, finalmente reconoció que el problema concernía a su vida amorosa. «¡El es el único que saca satisfacción de ello! Yo siempre me había considerado una mujer afectiva y raramente me he negado a hacer el amor con él; mas justo en los momentos cuando realmente estoy preparada y me estoy excitando, me penetra y se acabó todo. Se deja caer de costado y se queda profundamente dormido; ¡y es entonces cuando me vuelvo loca! Me demoro una hora para relajarme lo suficientemente como para quedarme dormida. El dice que soy frígida.»

Karen era todo menos frígida. Como tantas otras esposas insatisfechas, conocía muy poco sobre el sexo y muchas de sus informaciones recibidas eran erróneas. Por desgracia, su esposo Jeff sabía menos que ella. Sin el beneficio de consejos premaritales, y limitando su educación sexual al control de natalidad, estos dos jóvenes cristianos llegaron al matrimonio con la idea ingenua de que su amor era tan poderoso que «todo resultará fácil y natural». Esto puede ser verdad en cuanto al embarazo, mas ciertamente no con respecto al orgasmo femenino. Guiándola y alentándola un poco, ella llegó a funcionar como una mujer nueva dentro de dos meses.

Durante mis años de pastor tenía a mi cargo sesiones como consejero matrimonial con cada pareja antes de la ceremonia nupcial. Tras haber bendecido cerca de 450 bodas precedidas por tales sesiones, estoy convencido de que aun en esta era sexualmente culta, con centenares de libros diversos que tratan del sexo, hay muchas parejas que contraen matrimonio con la misma ignorancia sexual que Karen y Jeff. Sometiendo a cada pareja de futuros cónyuges a una conversación, de una hora de duración, sobre el juego amoroso, me sentí atónito al notar qué poco habían oído entre ellos sobre los principios más básicos en las relaciones marido-mujer. Muchas mujeres se casan en la seguridad de que sus futuros esposos conocen todos estos principios, mas esto es raramente el caso. Como ya hemos visto, muchos jóvenes están saturados de información sexual totalmente errónea, recogida o bien de sus abuelos, o de compañeros mundanos en el taller o en el servicio militar. De hecho, su ignorancia contribuye ampliamente a la frustración de sus esposas y es causa de tanta desarmonía conyugal. Mas si es la ignorancia la que está creando el problema, éste puede ser resuelto mediante información adecuada, siempre que ambos cónyuges estén dispuestos a enfrentarse decididamente con el quid de la cuestión.

La paradoja más extraña en el ámbito de la sexualidad es la idea ampliamente difundida de que la capacidad del orgasmo femenino es menor que la del hombre, mientras que en la realidad ¡puede llegar a ser aún mayor! Es igualmente difícil de entender por qué una experiencia tan disfrutable y tan fascinante ha sido ocultada para tantas mujeres, mientras que sus compañeros masculinos casi universalmente han saboreado las delicias de la eyaculación. No existe ninguna investigación o tradición que haya sugerido jamás, en cualquier cultura, que existieran dudas acerca de la capacidad orgásmica masculina; sin embargo, la trágica historia de la frustración sexual femenina ha cundido a través de casi cada tribu y pueblo, dejando literalmente billones de mujeres casadas sexualmente insatisfechas. Afortunadamente ya no existe razón alguna para seguir perpetrando este engaño sobre potencialmente la mitad de la población mundial.

Existen muchas ideas que tratan de explicar cómo y por qué ha surgido este innecesario problema. Es verdad que el orgasmo femenino no es esencial para la propagación, mientras que la eyaculación del hombre es absolutamente requerida para la perpetuación de la raza; sin embargo, ambos cónyuges precisan la satisfacción psicológica que el orgasmo confiere a las relaciones maritales. Son muchos los que culpan la religión, otros critican la cultura. De hecho nadie sabe realmente por qué un engaño tan unilateral podía haber sido universalmente aceptado durante siglos. Hasta Masters & Johnson admitieron: «Ningún *totem*, tabú ni ninguna superstición o prejuicio religioso parece ser completamente responsable del hecho de que la experiencia orgásmica femenina haya sido tan frecuentemente negada, cuando es una respuesta psicofisiológica del todo natural y necesaria.»[1]

Gracias a la diseminación de información científica basada en investigaciones sexuales detalladas, la mayoría de las mujeres ya no están dispuestas a conformarse con una respuesta de segunda clase, para proceder a una experiencia de éxtasis; antes quedarían escandalizadas, con razón —y lo llamarían signos de la decadencia del siglo—, si se les aconsejase lo que ciertos psicólogos mundanos sugieren, como es pedir información de prostitutas experimentadas, controlarlas, o bien usar manipuladores eléctricos equipados con dispositivos registradores de las reacciones nerviosas de la mujer; mas independientemente de los métodos, los hechos son hechos. Aceptamos la ley de la gravedad no porque haya sido descubierta por un cristiano, sino porque es verdad. Hoy sabemos más sobre la capacidad, función y respuesta sexual femenina que jamás en los siglos pasados. Que algunos usarán estos datos para contrariar y prostituir los principios de Dios en cuanto a la observancia de lo sagrado del acto marital —a su propio peligro— es inevitable en un mundo de pecadores, pero un matrimonio cristiano sabio utilizará estos hechos para comprender mejor las funciones de sus cuerpos y, en consecuencia, enriquecer su mutuo placer, así como su buena relación en la vida familiar, en propio beneficio y de los hijos.

Este capítulo trata con franqueza varios aspectos íntimos de sexualidad femenina, los cuales algunos podrían considerar controvertibles. Albergamos la esperanza de que la presente información resultará útil en ayudar a aquellos que o son sexualmente frustrados o se conforman regularmente con una experiencia de segunda clase. Si las encuentra ofensivas a su honestidad íntima, usted deseará omitir la lectura de estas páginas. No obstante, poner la cabeza en la arena nunca ha servido a nadie, ni siquiera al avestruz.

EL GRAN FRAUDE SEXUAL

Hasta cerca del umbral de este siglo, cada año millones de mujeres han sufrido el fraude de su fascinante clímax sexual que la mayoría de los hombres disfrutan regularmente. Si no han sido engañadas totalmente, se han conformado con muchísimo menos de lo que era su destino, por haber sido creadas para gozarlo. En lugar de «rebelarse contra el *status* masculino» sufrían en silencio. Cada década desde entonces ha producido investigaciones que aumentaron nuestro conocimiento sobre este tema íntimo. Si son usados propiamente, estos hechos contribuyen a la liberación de millones de mujeres casadas. Lamentablemente ha sido un proceso muy lento.

Ronald M. Deutsch, en su excelente libro *La llave a la respuesta femenina en el matrimonio*, cita varios investigadores en el campo de la satisfacción femenina. Sobre el informe «Kinsey» escribe:

Según promedios bastante generales, resulta que al final del tercer año de matrimonio tan sólo algo más del tercio de las mujeres tienen orgasmos con bastante frecuencia. Al décimo año de matrimonio el porcentaje aumenta tan sólo en un 40 por ciento.

En estudios más recientes, el Dr. Apul Wain y el Dr. Alexander Clark han llegado a la conclusión de que probablemente no más de un 15 por ciento de las mujeres americanas gozan de una vida plenamente satisfecha sexualmente. Y encuentran que una importante minoría de mujeres casadas nunca han tenido un orgasmo.

Aparentemente, la mayoría de las mujeres americanas sufren en algún grado de falla sexual. En 1960, Kroger & Freed afirmaban en **The American Journal of Obstetrics and Gynecology:** Los ginecólogos y psiquiatras son especialmente conscientes de que tal vez un 75 por ciento de todas las mujeres obtienen poco o nada de placer del acto sexual...»

Wallin & Clark ... han dado cuestionarios a cuatrocientas diecisiete mujeres, la mayoría de entre ellas casadas entre los diecisiete y los diecinueve años. Casi todas con hijos y con una vida aparentemente normal. Declararon no haber tenido orgasmos de éxtasis placentero; podían, sin embargo, experimentar otras respuestas normales al hacer el amor.

De aquellas mujeres que contestaron nunca haber tenido un orgasmo, o que rara vez tenían uno, la mitad informaron gozar de las relaciones sexuales o «bastante» o «mucho».

De entre las mujeres que decían tener «algunos» orgasmos, un total de dos tercios informaron haber sentido «bastante» o «mucho» placer.[2]

Muchos años de aconsejar parejas predominantemente cristianas me han convencido de que los hombres y mujeres cristianos experimentan un mayor grado de placer orgásmico que los no cristianos. Esto ha sido confirmado por el Dr. Herbert J. Miles, un consejero por más de veinte años, quien ha elaborado una estadística sobre 151 parejas cristianas, por otras tantas no cristianas. Siendo éste un estudio altamente controlado, los interrogados por la encuesta eran: 1) recién casados; 2) habían estudiado de uno a cuatro años en escuelas cristianas; y 3) habían recibido consejos premaritales profundos por el Dr. Miles. Bajo estas favorables condiciones el resultado fue que el 96 por ciento de las esposas experimentaban cada vez un «orgasmo definido», lo que representaba una enorme ventaja sobre la norma secular de matrimonios no aconsejados, y con maridos acostumbrados a usar de mujeres públicas.

Nuestra propia encuesta, hecha por 1.700 parejas que habían atendido nuestros Seminarios de Vida Familiar y se inscribieron dispuestas a participar en el test, no produjo un resultado tan favorable. Debemos tener presente, sin embargo, que nuestra encuesta abarcaba una mayor escala de edades, cubriendo varias etapas de madurez cristiana, y se trataba de personas que habían tenido muy poco o ningún aconsejamiento premarital. Aun así, el 89 por ciento de las mujeres reportó experiencias orgásmicas.

Podemos establecer con toda seguridad que, excepto en el campo cristiano, en el que el marido suele ser más solícito en el bienestar de sus esposas, la mayoría de las mujeres no disfrutan regularmente de un orgasmo en el acto conyugal. De hecho, muchas ni siquiera saben lo que es un orgasmo.

¿QUE ES UN ORGASMO?

La mayoría de los actuales manuales sexuales fueron escritos por hombres. En consecuencia, están muy lejos de ser exactos en cuanto a sus descripciones del orgasmo femenino. La Dra. Marie Robinson es una psiquiatra y doctora en medicina, una mujer casada cuyos pacientes son predominantemente mujeres. Ella describió el orgasmo femenino de la manera siguiente:

El orgasmo es la respuesta fisiológica que lleva la unión sexual a su término bello y natural. ... En el momento inmediatamente precedente al orgasmo, la tensión muscular aumenta hasta el punto donde, si no fuera por la activación del instinto sexual, resultaría físicamente insoportable. La moción pélvica del hombre y el movimiento del pene hacia adelante y atrás dentro de la vagina aumenta en velocidad y en la intensidad del puje. Asimismo aumentan los movimientos pélvicos de la mujer, y con cada movimiento todo su cuerpo trata de aumentar las sensaciones exquisitas que experimenta en su vagina. De acuerdo a lo que opinaban muchas mujeres con las cuales había conversado sobre su experiencia, el mayor placer es causado por la sensación de plenitud dentro de la vagina y la presión y fricción sobre su superficie posterior. En el instante de la máxima tensión muscular, al parecer toda sensación toma un paso más en su ascenso. La mujer se tensa más allá del punto donde, al parecer, sería imposible sostener tal tensión por un momento más. Y, efectivamente, no es posible, y ahora todo su cuerpo es súbitamente lanzado a una serie de espasmos musculares. Estos espamos tienen lugar dentro de la misma vagina, sacudiendo el cuerpo con olas de placer. Estas son sentidas simultáneamente a lo largo del cuerpo entero; en el torso, rostro, brazos y piernas; hasta en las mismas plantas de los pies.

Estos espasmos, que sacuden el cuerpo entero y convergen sobre la vagina, representan y definen un genuino orgasmo. En ese momento la cabeza de la mujer está tirada hacia atrás y su pelvis hacia arriba, en un intento de obtener tanta penetración del pene como sea posible. Los espasmos continúan por varios segundos en la mayoría de las mujeres, aunque el tiempo varía según cada persona individual. En algunas mujeres pueden continuar aún por un minuto o más, aunque disminuyendo en intensidad.

Muchas mujeres son capaces de repetir esta experiencia dos o tres veces antes de que su esposo tenga su propio orgasmo. Neurológica y psicológicamente la mujer ha sido hecha para el orgasmo igual que el hombre, y si su pareja continúa, ella puede corresponder. Obtuve informes de mujeres según las cuales el último orgasmo del acto sexual les era a veces más intenso y satisfactorio que el primero.

Si una mujer está satisfecha por su experiencia orgásmica, podrá descargar la tensión muscular y neurológica desarrollada en su ascenso sexual. Cuando la satisfacción sexual haya sido lograda, cesan sus movimientos en tensión y dentro de un breve período todos los factores que caracterizan su excitación sexual, es decir, presión sanguínea, pulso, secreción glandular, tensión muscular y todos los demás cambios físicos básicos, vuelven a sus límites normales, e incluso subnormales.

Se han efectuado estudios detallados sobre las reacciones físicas tanto de hombres como de mujeres durante el coito. Creo que es importante saber que en en casi todos los detalles, incluido el orgasmo, las reacciones y la experiencia subjetiva de placer son paralelos en ambos sexos. La mayor diferencia consiste en que la mujer es algo más lenta que el hombre en su respuesta y el orgasmo del hombre se caracteriza por la eyaculación del esperma en la vagina.

La plena satisfacción sexual es seguida por un estado de calma total. El cuerpo siente un reposo absoluto. Psicológicamente la persona se siente completamente satisfecha y en paz con el mundo entero y con todo lo que hay en él. La mujer en particular se siente extremadamente cariñosa hacia su cónyuge que le ha proporcionado tanto gozo, y tras el trance de éxtasis. A menudo desea mantenerlo junto a ella por un tiempo, para permanecer tiernamente en el ardor ahora aquietado de su mutua pasión.

Como se puede ver por esta descripción, el orgasmo es una tremenda experiencia. No existe experiencia psicológica o fisiológica que lo pueda equiparar en su intensidad arrebatadora o en su placer avasallador. Es una experiencia única.[4]

FRIGIDEZ «VERSUS» DESAJUSTE ORGASMICO

Muchas mujeres habían llegado erróneamente a la conclusión de ser frígidas, tal como en el caso de Diane. No obstante, Diane no era frígida. Ella y su esposo habían estado casados por quince años cuando me decía: «Pese a que me gusta hacer el amor, no saco mucho de ello, sólo el gozo que siento por estar junto a mi esposo.»

Lamentablemente, mucha literatura actual tacha de frígida a cualquier mujer que tiene dificultad en alcanzar un orgasmo, pero esto es un engaño. El Dr. Robinson ha proporcionado una buena definición sobre este asunto:

La frigidez sexual es la incapacidad de disfrutar amor físico hasta los límites de su potencialidad. La mujer frígida, en un mayor o menor grado, está bloqueada en sus capacidades sensuales. Por lo general no puede experimentar orgasmo, y si logra tener uno, éste es débil e insatisfactorio. Muchas mujeres frígidas, sin embargo, no sólo son incapaces de tener orgasmo, sino que pueden también carecer de la capacidad de sentir siquiera los comienzos de la excitación sexual. Para algunas el acto sexual resulta doloroso.[5]

De modo que podemos definir brevemente la frigidez como una carencia del deseo de iniciar o disfrutar el acto sexual.

El Dr. David Reuben, autor de tres obras *best seller* sobre sexualidad, es reticente a denominarlo con el término «frigidez», de modo que opta por llamarlo *desajuste orgásmico.*

Muchas mujeres cuyo diagnóstico era «frígida» eran simplemente sexualmente subestimuladas. Bajo las normas antiguas, una vez que el hombre había descargado su pene erecto en la vagina, la responsabilidad en lograr un orgasmo era traspasada a la mujer. Mas, simplemente, no es así. Ninguna mujer merece ser tachada de frígida sin que su pareja sexual le haya proporcionado por lo menos suficiente estímulo mecánico para disparar su reflejo orgásmico.

Para una pareja promedio (la estimulación necesaria) requiere unos ocho minutos durante el acto mismo, o setenta y cinco a ochenta pujes pélvicos. Esto presupone, naturalmente, una razonable cantidad de juego previo —lo suficiente para el comienzo de lubricación vaginal— y una atmósfera emocional de mutuo afecto. Bajo tales circunstancias la mujer promedio debe llegar al orgasmo durante la mayor parte del tiempo.

Y ¿qué pasa si no puede? Entonces puede que sufra de algún grado de desajuste orgásmico (un término más descriptivo que frigidez) basado en un conflicto emocional oculto. Pero si su pareja le proporciona una entrada rápida, unos cuantos pujes con interés parcial, un rápido chorro de esperma y una excusa musitada, la culpa del problema es más bien de él que de ella. Desgraciadamente muchos hombres no pueden demorar su orgasmo y prolongar así su erección por tiempo suficiente para satisfacer a su pareja; entonces gastan tiempo y energía para convencer a su esposa de que ella tiene la culpa. Y aun si logran convencerla, esto, en realidad, no resuelve el dilema: él sigue teniendo su problema de eyaculación prematura. Sería mucho más razonable que él se sometiese a una cura de su propia enfermedad en lugar de inventar otra en ella, la del orgasmo femenino demorado, tratando de probar que lo de él es normal.[6]

El Dr. Reuben concluye así: «Para los millones de mujeres en América que no tienen orgasmos regulares el desajuste orgásmico es un desastre personal.»[7]

Había tiempos cuando una mujer frígida estaba condenada a pasar el resto de su vida en la desesperación de su frustración sexual, o lo que es peor, en autodefensa emocional. Se tornaba fría e indiferente a expresiones de afecto hacia su esposo, porque admitiéndolo o no, una mujer sexualmente insatisfecha sufre de trauma emocional. Afortunadamente aquellos tiempos pertenecen al pasado. La investigación moderna ha aclarado ampliamente que toda mujer casada es capaz de éxtasis orgásmico. Ninguna mujer debería contentarse con menos.*

ORGASMOS CLITORIALES «VERSUS» VAGINALES

Uno de los aspectos confusos de nuestras investigaciones en este campo concierne a las diferentes opiniones de los médicos en cuanto si la mujer experimenta un orgasmo mediante estimulación clitorial solamente o mediante estimulación vaginal. Hubo fuertes reacciones por parte de aquellos que estiman que la mujer solamente puede tener orgasmo mediante manipulación de su clítoris. Algunos investigadores han descubierto que el tejido de las paredes vaginales contiene muy pocas terminaciones de nervios y por ello no es capaz de sentir mucho; de allí ellos concluyen que el clítoris sería la única fuente de estímulo sexual.

Ronald Deutsch describe la vagina de esta manera:

Las paredes de la vagina son revestidas con una delicada membrana mucosa. Esta cuenta con numerosos pliegues o rugae. Las paredes tienen por soportes a fibras musculares que rodean el conducto y siguen a lo largo de él. Y es en estas paredes vaginales que los investigadores han hurgueteado en vano para encontrar un factor sorprendente: los fisiólogos no han podido encontrar virtualmente ninguna terminación de nervio en la vagina. Este órgano, aunque es el centro sexual de la mujer, parecía ser casi completamente incapaz de percibir sensación alguna.

Tan recientemente como en 1962, Baruck & Miller declararon en su obra **Sexo y matrimonio**: El punto de vista científico general es que las paredes de la vagina «no están equipadas con puntos de tacto de sen-

---

* Las cristianas, con mayor motivo, dado el deber que la Palabra de Dios les confiere de ser cariñosas y atentas con sus esposos. — *Nota Editorial.*

sibilidad nerviosa... La vagina está hecha del mismo tipo de tejido que los intestinos». Llegaron con esto a la conclusión de que la vagina no podía ser el camino hacia el orgasmo.[8]

Deutsch describe el clítoris como la contrapartida paralela al pene masculino.

El clítoris ha sido fuente de confusión para comprender cómo funcionan las mujeres sexualmente. Siendo la parte más audazmente sexual en el cuerpo de la mujer, hacía mucho tiempo que había sido considerado ser la sede de toda satisfacción sexual. Y porque la sola estimulación del clítoris produce un orgasmo en casi toda mujer, se ha pensado que cualquier cosa que se hiciese durante el acto sexual era suficiente para estimular el clítoris, que se reconocía ser el órgano que produce el clímax.

La mayoría de los médicos suponía que la razón por la cual unas pocas mujeres obtenían satisfacción regular en el amor era la ubicación afortunada de su clítoris, de modo que éste llegaba a tener contacto con el pene durante el coito. También se consideraba importante el tamaño, por la mismísima razón. El resultado fue que había médicos que llegaron a efectuar intervenciones quirúrgicas a fin de exponer más al clítoris, o situándolo más cerca de la vagina. Mucha de esa confusión aún no está resuelta.[9]

Los estudios hechos por el Dr. Miles están de acuerdo con ello.

Siendo el clítoris el resorte para despertar a la mujer, y dado el caso de que el pene contacta al clítoris en un coito normal, los consejeros matrimoniales recomiendan hoy día lo que se denomina «estimulación directa». Es decir, que el esposo, en el proceso del juego amoroso antes de iniciar el coito, estimule suavemente el clítoris de su esposa con sus dedos durante diez o quince minutos, o durante el tiempo que sea necesario, hasta que esté seguro de que está totalmente estimulada sexualmente y preparada para el coito. No hay nada malo en este procedimiento. Recuérdese que el matrimonio es como un dueto de piano y violín. La pareja debe hacer lo apropiado, al tiempo adecuado y con la actitud moral conveniente para lograr el estímulo total y completar así la armonía del amor. Es normal que en el juego amoroso previo y durante el período de estimulación la pareja se toque mutuamente sus órganos sexuales. Esto es una parte agradable y llena de significado de la expresión amorosa. Así fue planeado por el Creador.

... El punto importante es recordar aquí que el clítoris es «el resorte externo de estímulo»; que debe haber estimulación ininterrumpida del clítoris y del área junto al clítoris para que la esposa pueda tener orgasmo. El «método» para estimular el clítoris no es tan importante. Cualquier método entre tantos puede resultar satisfactorio. Lo que es importante recordar es que el clítoris debe ser estimulado. Si una pareja es capaz de dar suficiente estímulo a la esposa simplemente por el proceso del coito, ¡magnífico! Hemos dicho tan sólo que el estímulo directo en el período preparatorio es el camino más seguro para que la joven esposa llegue a un orgasmo en el comienzo de su matrimonio. Nuestras investigaciones demuestran que un 40 por ciento de mujeres, después de haberse acostumbrado a la vida marital, son capaces de ser estimuladas y experimentar orgasmo mediante el mero coito y no precisan estímulo manual del clítoris. Para estas parejas eran necesarias varias semanas para aprender cómo tener éxito de esta manera. Toda pareja debe cooperar a que haya en el coito satisfacción y placer por ambas partes; pero debemos tener presente que el 60 por ciento de las mujeres necesitan estimulación directa del clítoris en el proceso inicial del juego amoroso antes de poder llegar a un orgasmo durante el coito. Por tanto, las parejas no deben titubear en usar este método cuando haya necesidad de ello.[10]

La Dra. Marie Robinson trata el problema en su libro *El poder de la entrega sexual*, dándole cierto valor inferior en cuanto a mujeres que experimentan orgasmo solamente mediante estímulo clitorial. Ella considera el orgasmo clitorial como propio de la sexualidad infantil, y el orgasmo vaginal como madurez sexual. Muchas mujeres normales se han sentido innecesariamente frustradas al observar que solamente podían experimentar orgasmo mediante el clítoris. Y aun ha encontrado a muchas mujeres que hubiesen sido felices con tal de experimentar siquiera eso.

La Dra. Robinson declara:

> Yo había descrito a la así llamada mujer clitorial, mas ahora debo hablar mejor del problema. El lector recordará que en el área genital de la mujer tanto el clítoris como la vagina son capaces de experimentar orgasmo. Este hecho es de importancia decisiva en cuanto al problema de frigidez en la mujer.
>
> ¿Por qué? Significa, efectivamente, que la mujer tiene dos distintos órganos sexuales, ambos capaces de darle liberación de la tensión sexual. En el sentido inconsciente muchas mujeres pueden «escoger» un tipo de satisfacción sexual en preferencia al otro. Esta capacidad de elección resulta a menudo desastrosa, porque —decíamos— uno de estos métodos de gratificación representa inmadurez y bordea la neurosis.[11]

Afortunadamente para la mujer, las investigaciones modernas han contradicho semejante idea. Masters & Johnson han descubierto más datos en este campo que cualquier otro hasta la fecha.

El lector se podría preguntar sobre el origen de todas estas discrepancias concernientes a una verdad tan básica y esencial. Aunque no podemos culpar del todo a Sigmund Freud, él es más responsable que cualquier otro. El doctor David Reuben, en su manera inimitable, ha explicado el caso de una forma admirable:

> La mayoría de las mujeres tenían que confiar en observadores varones para saber cómo funcionaban sus cuerpos; los resultados eran buenos y malos. Sigmund Freud fue uno de los mayores investigadores (aunque no el primero) que demostró que el cerebro está inseparablemente ligado a los genitales. Esto ayudó a dar a muchos problemas sexuales un enfoque más claro. Lamentablemente el Dr. Freud no estaba al tanto de que el clítoris está inseparablemente unido a la vagina. Aunque se le puede considerar como el padre de la psiquiatría moderna por sus otros descubrimientos, debe ser considerado también padre del próximo mito acerca de la sexualidad femenina, por su falso concepto del clítoris, que han pagado caro por lo menos dos generaciones de mujeres, al afirmar: Hay

una diferencia entre orgasmo vaginal y clitorial, y el orgasmo vaginal es de alguna manera superior (el énfasis es nuestro).

¿Acaso Freud no sabía nada mejor? Como científico debía de saber más. Sus estudios iniciales de psicoanálisis le llevaron a percartarse de que las niñas pequeñas se masturbaban. Académicamente esto era un descubrimiento, pero realísticamente era algo que las niñas pequeñas y las madres habían sabido por siglos. También observó que la mayoría de la masturbación femenina tenía lugar en la niñez. Cuando las niñas iban creciendo y se convertían en jóvenes, comenzaban a reemplazar la masturbación por el acto sexual y demostraban aparentemente menos interés en el clítoris y más interés en la vagina. Freud, entonces, saltó a la conclusión de que había dos tipos de orgasmo. El clitorial era infantil. Toda mujer madura inmediatamente descartaría toda sensación clitorial y sentiría todo lo que debía sentir exclusivamente en la vagina. Era una magnífica teoría, a la vez profunda y deslumbrante. Sólo tenía un problema: ¡era totalmente errónea!

Si era falsa, ¿por qué no hubo alguien que la rectificara? Desgraciadamente las únicas personas que sabían con absoluta certeza que Freud estaba equivocado eran las mujeres, y no hubo nadie para escucharlas. La psiquiatría en aquel entonces era exclusivamente dominio de hombres (y las cosas no han cambiado mucho que digamos desde entonces); toda decisión importante concerniente a las sensaciones que una mujer supuestamente había de sentir eran hechas por hombres. Mas hubo otra razón para imponer el mito del orgasmo vaginal y clitorial: ¡les encantaba a los hombres! De acuerdo con las falsas señales del psicoanalismo de aquellos tiempos, todo lo que el hombre tenía que hacer era tener una erección y eyacular; y si la mujer no quedaba satisfecha, era por su propia culpa.[12]

El Dr. Reuben —un psiquiatra cuyas calificaciones en medicina son magníficas, mas cuyos principios y juicios morales normalmente escandalizan a los cristianos— procede a describir a una paciente llamada Nina, quien experimentaba orgasmos clitoriales regularmente, pero llegó a ser «frígida» después de haber leído un artículo en una revista que afirmaba que la mujer que no experimentaba orgasmo vaginal «se lo perdía todo». Cuanto más trataba Nina, más frustrada quedaba, y por un tiempo hasta perdió su capacidad de orgasmo clitorial. Tras tres años de tratamiento por dos diferentes psiquíatras sin resultado alguno, Nina acudió al Dr. Reuben, quien le ofreció este consejo:

En lugar de decirle a Nina por qué no podía tener orgasmos, consideré más razonable explicarle lo que debía hacer para tenerlos nuevamente. Le dije:

El clítoris está directamente conectado con los nervios de la espina dorsal y al cerebro mediante el mismo plexo de miles de fibras nerviosas que suministran sensibilidad a la vagina. La estimulación de cualquiera de los dos órganos afecta de inmediato al otro. Además, las raíces extremadamente sensibles del clítoris se extienden profundamente en las paredes de la vagina misma. Al friccionarse el pene contra la pared vaginal, aplica exactamente la misma presión a la parte interna del clítoris y al revestimiento interno de la vagina. El tercer factor es probablemente el más importante. Los labios menores, aquellas membranas finas como unas cortinas, que se extienden sobre la apertura de la vagina, son insertados por encima del cuerpo del clítoris. Aunque el cuerpo mismo del pene no llegue a tocar la cabeza o glande del clítoris, al deslizarse el pene entrando y saliendo de la vagina, tira y afloja las comisuras inferiores de los labios. Esto causa fricción rítmica y constante contra la cabeza y cuerpo del clítoris, y si todo lo demás va bien, el orgasmo es rápido e inevitable. Cada orgasmo que ocurre en la mujer es básicamente clitorial. Los orgasmos que ocurren en el coito puede ser o clitoriales o vaginales, ya que el pene estimula la vagina y el clítoris simultáneamente. Pero para Nina —y para toda otra mujer— esa parte era académica. El único interrogante real era si podía o no disfrutar el acto sexual.

La respuesta no tardó en venir. Una vez que hubo comprendido plenamente que todos los órganos eran idénticos y básicamente dependientes de la estimulación del clítoris, las cosas comenzaron a andar mejor.[13]

Naturalmente, algunas mujeres preguntarán: «Pero ¿no es el orgasmo vaginal mejor en algunos aspectos que tan sólo el orgasmo clitorial?» A esta pregunta el Dr. Reuben responde:

> Nada de eso. Desde un punto de vista sexual, no hay tal cosa como «boletos de derecho al orgasmo»; todos los orgasmos son equivalentes. Cada orgasmo, sea producido por coito o por juego previo, depende del mismo juego sensorial triple: clítoris a espina, a cerebro, seguido instantáneamente por la explosión invertida: cerebro a espina, espina a clítoris. Todas las demás partes del cuerpo —vagina, corazón, pulmón, piel— también participan, mas el centro de atención es siempre el clítoris.[14]

Estas controversias han sido causadas por el hecho de que muchas mujeres pueden experimentar orgasmo cuando sus esposos tiernamente manipulan sus clítoris, pero no pueden llegar al clímax en el coito. Esto por lo general deja a ambos cónyuges con un sentido de incapacidad o frustración. Freud y sus seguidores trataron de echar la culpa a algún «problema emocional en la mujer. Esto normalmente produce una batería de tests psicológicos y largas series de consultas, todo lo cual resulta sumamente caro y no siempre productivo. El Dr. Reuben señaló que hasta hace poco la mayoría de los psiquiatras eran hombres; consecuentemente, la mayoría de las mujeres habían sido engañadas con la idea de que la causa primaria de su problema era algún tipo de psicosis o neurosis, cuando en realidad, probablemente, no era eso el caso.

Ronald M. Deutsch explica la paradoja.

> Pero investigaciones recientes han efectuado preguntas importantes sobre este concepto por tanto tiempo aceptado. ¿Es ésta acaso la única manera como las mujeres fallan sexualmente? Si no, ¿cuál es la proporción de las mujeres que fallan que son emocionalmente normales? Y ¿cuáles serían las otras causas por las cuales fallan?

> Ultimamente se ha obtenido información amplia sobre el hecho de que muchas mujeres psicológicamente normales sin embargo fallan en alcanzar la completa plenitud sexual. Un informe típico ha sido realizado por el Dr. Peter A. Martin, profesor de psiquiatría de la Universidad del estado Wayne, en De-

troit, quien dice: «Cuando comencé mi carrera en psiquiatría, me enseñaron que el orgasmo en la mujer se relaciona con el nivel psicosexual de su desarrollo. De modo que una mujer madura y emocionalmente sana que hubiese logrado un buen desarrollo genital debería tener orgasmo vaginal...; (pero) he visto muchas enfermas emocionales que informaron tener varios orgasmos consecutivos. Y mujeres prototipo de madurez emocional en todos los sentidos y sin embargo incapaces de orgasmo vaginal.»

Escudriñando la literatura psiquiátrica uno encuentra que tiempo atrás algunos de los principales exponentes del psicoanálisis habían tenido ideas muy falaces al tratar de mujeres incapaces de corresponder. Uno de ellos el famoso Dr. Wilhem Stekel, un asociado de Freud y Adler, que escribió numerosos volúmenes sobre problemas sexuales. Por el año 1926 declaró que la «frigidez» debía ser considerada en tres diferentes formas. La primera era «la mujer absolutamente frígida», que no experimenta orgasmo ni siente reacción de afecto físico en ningún nivel. La segunda «la mujer relativamente frígida», que siente un poco más de afecto y orgasmos ocasionales. La tercera es «la mujer apasionada-frígida», que pese a un gran deseo y un audaz goce previo es incapaz de lograr orgasmo. «De este último tipo —escribió Stekel— es la mayoría de las que vienen a nuestra consulta.»

«La mujer apasionada-frígida» merecía ciertamente un concepto mejor. Ella deseaba la relación física. Se sentía movida por un gran deseo. Sólo que al final se sentía defraudada. ¿Acaso era neurótica?

Un factor que contribuyó a la falsa visión de «frigidez» como un síntoma neurótico era el número sorprendente de mujeres que parecían sufrirlo. Esta era la razón por que Stekel, por ejemplo, comenzó a buscar causas sociológicas y físicas. Escribió larga y ardientemente sobre injusticias sociales hacia la mujer y la presunción masculina de autoridad, que causaban en ella un resentimiento hacia su papel femenino. Y comenzó a estudiar la obra de Rohleder, un sexólogo de su tiempo, quien abogó por exámenes premaritales de hombres y mujeres para constatar su compatibilidad física...

Tal vez el primer estudio importante sobre cómo las mujeres llegan comúnmente al orgasmo fue llevado a cabo, al iniciarse este siglo, por el notable ginecólogo Dr. Robert L. Dickinson. El Dr. Dickinson preguntó a cuatrocientas cuarenta y dos de sus pacientes si experimentaban orgasmo en el acto sexual. Una de cada cuatro respondió: «Nunca.» Sólo dos de cada cien respondieron: «Siempre.»

Entre estos dos extremos las respuestas fueron más bien vagas. El 40 por ciento dijo que lo habían experimentado «raramente». Y otro 40 por ciento contestó: «Sí», sin especificar la frecuencia. De este último grupo, sin embargo, el Dr. Dickinson estimó que cerca de un tercio no habían alcanzado en realidad genuinos orgasmos en el coito.

Se han hecho tres estudios en Europa durante los años siguientes. Otto Adler descubrió que del 30 al 40 por ciento de las mujeres no tenían orgasmos y probablemente sentían poca reacción sexual o deseo durante la unión sexual. Guttceit dijo que el 40 por ciento de las mujeres «no sentían nada» durante el acto, «participando en el acto sin ninguna sensación placentera durante la fricción de las partes sexuales y sin la expectación de un clímax por su parte». Y Debrunner informó: «Más del 50 por ciento de nuestras mujeres en la Suiza oriental no saben nada del libido sexual», sin especificar precisamente lo que quería decir.

Más adelante, en los Estados Unidos, el Dr. Carney Landis estudió a cuarenta y cuatro mujeres. El resultado fue que solamente diecisiete de ellas declararon: «Satisfacción»; mas sin especificar de qué tipo y con qué frecuencia.

Pese a que estos estudios se habían efectuado en tiempos diferentes y evaluaron las mismas cosas solamente de una manera muy general, se pueden sacar de ellos algunas breves conclusiones sobre la reacción sexual femenina en las primeras décadas del siglo. Primera, únicamente una pequeña minoría parece haber alcanzado orgasmos con seguridad. Segunda, una minoría más extensa —un grupo que oscila entre una cuarta parte a la mitad de las mujeres encuestadas— no había llegado a orgasmos en absoluto.[15]

A base de estas y muchas otras estadísticas podemos suponer que la mayoría de las mujeres casadas no experimentan orgasmos regularmente. Como muchos psiquiatras tratan de sugerir que todas estas mujeres sean «neuróticas» «psicóticas», «sexualmente infantiles» o «anormales» en alguna manera, significaría que ¡la mayoría de las mujeres son anormales! Francamente, es una píldora psicológica demasiado grande para tragar. Sería mejor buscar otras causas.

CAUSAS Y CURAS DE LA INCAPACIDAD ORGASMICA

En el mejor de los casos, el orgasmo es una maniobra complicada en la cual culminan muchas actividades sexuales. Consecuentemente, una mala función de una sola o de varias puede privar a una mujer de experimentar todo lo que Dios había ideado para ella. Por esa razón examinaremos las causas más comunes que contribuyen a la incapacidad orgásmica y ofreceremos algunos remedios fáciles.

1. *Ignorancia.* La mujer promedio conoce mucho más sobre la función de su máquina de coser que sobre sus propios órganos reproductivos. Esto no es difícil de comprender si consideramos que su máquina de coser venía equipada con un manual de operaciones; y si tiene mayores problemas, lo único que ha de hacer es llamar al técnico del servicio para rectificar la malfunción.

Lamentablemente la mayoría de las mujeres y sus igualmente ignorantes esposos nunca han leído un buen manual sexual, y cuando tienen problemas, son a menudo demasiado orgullosos para buscar ayuda. Aun cuando solicitan consejo, el material que leen o el consejero que encuentran son desastrosamente inadecuados. Una mujer nos escribió preguntando:

¿Dónde pueden las mujeres estudiar su propia sexualidad? De aquellos que son los menos capaces para enseñarles. El 99 por ciento de «expertos» en problemas sexuales de la mujer nunca han tenido un período menstrual, una ola de calor o un bebé, y nunca lo tendrán. El caso es que nunca tendrán ninguna experiencia sexual femenina, porque son hombres.

¿Qué es lo que califica a estos hombres para explicar reacciones sexuales femeninas a mujeres? Nada. Libros de estudios sobre mujeres y su comportamiento sexual comenzaron a ser escritos hace cerca de quinientos años, durante «las épocas oscuras». En aquel entonces las mujeres ocuparon una posición social sólo un poco más alto que el ganado y algo más bajo que los lunáticos masculinos. Del mismo modo que un científico orgulloso no pensaría en preguntar a una vaca lo que sentía, ningún sabio medieval se hubiera detenido a entrevistar a una mujer. Los de la generación siguiente de sexólogos se educaron leyendo los libros de sus precursores. Escudriñaron las revelaciones dudosas que ahí encontraron y musitaron algo así como: «¡Hum, es justamente lo que yo sospechaba! ¡Ya lo sabía!» Fortalecidos con la ignorancia de «las épocas oscuras», seguían salivando para ensuciar aún más las aguas del tema sexual. Nadie jamás se tomó la molestia de preguntar a las damas lo que sentían (o no sentían) en la área sexual. Tampoco tenían por qué hacerlo; después de todo tenían la palabra de toda una generación de expertos, de aquellos que entrevistarían con más probabilidad a una vaca que a una mujer.

¿Hicieron estos expertos algún daño? Sólo a las mujeres. La mayoría de los primeros «hechos» sobre el comportamiento sexual femenino consistía enteramente de la mentalidad torcida del hombre. En los libros de texto de medicina comenzaron a aparecer con monótona regularidad pequeños detalles en cuanto a que la mujer no era realmente capaz de disfrutar del sexo y que el hombre era sexualmente superior a la mujer. A medida que los mismos conceptos erróneos y mal entendidos fueron repetidos una y otra vez, comenzaron a revestirse de la venerabilidad de hechos. Cuando un experto repetía algún chisme científico a otro, los errores adquirieron una aureola de autenticidad. Gradualmente las distorsiones se filtraron en las revistas y periódicos y llegaron a formar parte del folklore sexual americano. Mediante tal repetición irresponsable lograron finalmente ser ampliamente aceptados como hechos.[16]

Deutsch amplía este tema:

El hecho es que las mujeres sexualmente insatisfechas en algún grado constituyen la mayoría del mundo femenino americano. La antigua idea de que la mujer sea psiconeurótica por naturaleza se está desvaneciendo. Porque ahora está ampliamente demostrado que la llave para aliviar a una mujer insatisfecha es normalmente una plena comprensión de su cuerpo y su papel sexual.

Esto no quiere decir que la emoción no pueda bloquear la reacción sexual. Sí que lo puede. Y yo no tengo la intención de contentarme con una visión mecánica del amor, lo que aborrezco, o desafiar las bases emocionales y espirituales del amor, en las cuales yo creo.

Mas el acto del amor sigue siendo un acto físico. Como veremos, la mayoría de las autoridades en este campo concuerdan en que este acto, en sus aspectos principales, no es instintivo, sino que debe ser aprendido. También veremos que para la mayoría de hombres y mujeres la comprensión del acto sigue siendo una mezcla de mito, confusión y superstición. Como resultado, en tiempos supuestamente de gran sofisticación sexual sólo alguna pareja excepcional lograba algo cercano a la expresión plenamente satisfactoria posible para todo buen matrimonio.

Pese a que la ciencia haya descubierto mucho sobre el lado físico del sexo durante las dos últimas décadas, poco ha sido comunicado de este conocimiento. Como el investigador del sexo Dr. William Masters escribió recientemente en la **Revista de la Asociación Médica Americana**, en respuesta a la pregunta de un médico que solicitó ayuda para tratar a una esposa que no correspondía en el amor:

«En toda unidad marital uno puede anticipar que la pareja cuenta con vasta cantidad de información errónea, conceptos equivocados y simplemente con un conocimiento inadecuado de fisiología sexual.»

Esto podría parecer curioso en una época cuando somos tan abiertos en cuanto al sexo, cuando el tema es tan francamente abordado y fríamente explotado por todo tipo de comercio. Según parece, tan sólo la información útil y exacta es la que se ve excluida del torrente del diálogo sexual.[17]

Hasta hace pocos años la esposa cristiana tenía que enfrentarse con un problema mayor. Debido a la filosofía humanística y a la falta de valores morales reflejados en la mayoría de la literatura sobre información sexual aun hoy en día, la mayor parte de los cristianos son propensos a descartarlo todo. Esto es muy lamentable, porque descubrí que los que más tienden a rechazarlo son los que más necesidad tienen de ello. Además, «hacer lo que viene naturalmente» resulta igualmente inadecuado.

En el curso de los últimos años algunos editores cristianos tuvieron suficiente coraje para imprimir libros que tratan el tema con franqueza. Diez años atrás no me hubiese atrevido a recomendar ni un solo libro en este campo y, por ende, me dediqué a escribir cuarenta y cinco páginas en cuanto a la adaptación física en mi libro *Cómo ser felices pese a ser casados*. Más adelante descubrí que el editor había estado a punto de no publicar el libro por temor de que fuera ofensivo al público cristiano. No obstante, la editora lo publicó, y ahora el clima ha cambiado de tal manera que podemos claramente decir que todo hombre o mujer cristianos no deben ser ignorantes en cuanto a las intimidades en torno al acto de amor, ni tampoco deben limitarse a aquella información que ellos descubran sólo por sí mismos. Ambos cónyuges deben estudiar algunos de los excelentes libros de autores cristianos que ahora están en el mercado. Naturalmente, los *cassettes* del Dr. Ed Wheat, mencionados en el capítulo 6, no deben ser pasados por alto. Estas fuentes de información contribuirán en gran manera a disipar la ignorancia y capacitarán a ambos esposos para lograr una comunicación abierta sobre el placer físico.

YA NO ES EXCUSA

Hace unos años atrás, la ignorancia sexual fue una excusa razonablemente aceptable para la incapacidad orgásmica, pero aquellos días ya pasaron. Lamentablemente algunos maridos transmiten los errores de «la época del oscurantismo», como aquel que le decía a su esposa frustrada: «Se supone que las niñas buenas no tengan clímax.» Las esposas de hoy están mejor informadas, y la investigación moderna ha dado pruebas de que la mujer, más que el hombre, puede experimentar un clímax varias veces durante una sola experiencia de juego amoroso. Para el hombre le resulta muy difícil comprender esto, porque para él, después de su eyaculación, el acto ha terminado hasta por lo menos una hora a veinticuatro horas (dependiendo de la edad, tensión y energía). Tests bien documentados han comprobado que una mujer, si es estimulada de forma continua tras de un orgasmo, es capaz de cuatro, cinco o aun más clímax, algunos en un aumento continuo de intensidad. Efectivamente, algunas mujeres no se sienten sexualmente satisfechas al experimentar un solo orgasmo.

Si hubiese más esposos conocedores de ese hecho, estarían más dispuestos a llevar a sus esposas al orgasmo manualmente una o dos veces antes de la entrada (algunas mujeres podrán desear estimulación manual después de su eyaculación). Un hombre no informado puede sentir temor de que al masajear tiernamente a su esposa hasta llevarla a un clímax antes de la entrada ella no dejaría nada para él. En la realidad ¡ocurre todo lo contrario! Encontrará a su esposa mucho más excitada y cooperativa sexualmente.

Cada pareja que se casa ante mí me ha de prometer que antes de separarse por efectos de desajuste durante una sola noche me vendrán a ver por consejo. Esta es probablemente una de las razones por la cual existe una cifra tan baja de divorcios (17 divorcios conocidos de entre 450 bodas). Entre aquellos que han vuelto por ayuda la causa más común de las dificultades era la falta de capacidad orgásmica de la esposa. Una de esas parejas volvió seis semanas después de su boda. Tras haber conversado con ellos por una hora, les presté un buen montón de libros que suelo tener en mi consulta para tales ocasiones. Tres semanas más tarde, después de un servicio religioso, la esposa entró en mi despacho con los libros en una bolsa de papel. Con una ancha sonrisa me los agradeció, diciendo: «¡Ya no necesitamos más estos libros!»

Al leer el presente libro, es de esperar que provea a nuestros lectores de la información necesaria para crear una vida de amor normal y sana que incluya éxtasis orgásmicos para ambos esposos.

PRIMERO EL SIEMPRE

2. *Resentimiento y venganza.* Al término de un seminario una mujer de veintiséis años, madre de tres hijos, me preguntó: «¿Me podría explicar usted por qué no soy capaz de corresponder a mi esposo después de seis años de matrimonio?» No sólo se trata de que no haya experimentado nunca un orgasmo, sino que admitió espontáneamente: «¡Odio al sexo!» Lo que más me sorprendió fue

141

el hecho de que describiera a su esposo como «amable y considerado, incluso ¡después de dos años sin relaciones sexuales!». Esta declaración dio al traste con mi convicción adquirida en mucho tiempo, según la cual una mujer correspondería siempre a un hombre que sea amable, considerado y atento para con ella. Sentí curiosidad por ser ella la primera excepción de mi teoría de «primero él siempre».

Al mirar mi reloj constaté que tenía a mi disposición solamente treinta minutos para alcanzar el avión que saldría de su pequeña ciudad para llevarme a San Diego, donde había de atender a los cultos del día siguiente. De modo que fui al grano, diciéndole: «Descríbame sus relaciones con su padre.» Su hermoso semblante sufrió un enorme cambio con una explosión de palabras, llamando a su padre un ser indigno de ser llamado hombre, y añadió: «Es el hipócrita más grande que jamás he visto. ¡Es un diácono en su iglesia, pero ha molestado a mis dos hermanas menores, y hasta trató de violarme a mí.»

Aunque suponía, por su reacción, que no me estaba diciendo toda la verdad sobre sus relaciones con su padre, para ahorrar tiempo le pregunté: «¿Desea usted *realmente* amar libremente a su esposo?» «Seguramente», fue su respuesta.

«Entonces sería mejor que perdonase a su padre. Póngase de rodillas y confiese sus pecados de resentimiento y amargura, porque usted no puede entregarse al odio y resentimiento sin que éste desborde y envenene sus relaciones con los que ama.»

«Pero él no merece ese perdón», respondió enfáticamente.

«¡No, pero su esposo sí que lo merece!», traté de asegurarle. «Usted no es responsable del comportamiento de su padre, pero sí que es responsable por su reacción ante ello. Dios le hace responsable de perdonar a otros por sus transgresiones y pecados, y lo que nos ordena hacer implica que también nos capacitará para llevarlo a cabo.»

Ella comenzó a llorar y en sólo segundos cayó de rodillas, confesando su pecado de odio.

Llegué al aeropuerto justo a tiempo. Al despegar el avión rogué a Dios que ayudase a esa joven pareja, mas

142

luego me olvidé de ellos. Un año más tarde, en ocasión de un segundo Seminario de Vida Familiar en la misma ciudad, se me acercó una joven pareja después de mi primera sesión: «¿Se acuerda de mí?», preguntó la esposa. Primero tenía que refrescar mi memoria evocando nuestra discusión sobre su padre durante el anterior seminario. Luego agregó con una bella sonrisa: «¡Dios me perdonó y este año es el mejor de nuestro matrimonio! Quiero que conozca a mi marido.»

Al darme la mano temía que ese gigante, tipo callado, iría a triturar la mía al exclamar lleno de emoción: «¡Gracias, predicador! ¡Mi esposa es una mujer diferente!»

HOSTILIDAD DEVASTADORA

Venganza, amargura, resentimiento y otras formas de hostilidad no sólo tienen un efecto devastador sobre la vida espiritual de uno, sino que resultan sexualmente perjudiciales. Esto es el hecho, tanto si el objeto de la ira de uno está a muchas millas de distancia de su dormitorio o está acostado en la misma cama.

La esposa de un pastor, casada a los diecinueve años, vino a explicarme que tenía un flirt (lo que la Biblia califica de «adulterio») con el director del coro. ¿Qué podría causar que una madre de tres hijos, virgen al casarse y nunca antes infiel, llegase a violar sus principios cristianos con un «donjuán» tres veces divorciado, que acababa de tener flirts con otras dos miembros del coro? La misma cosa que había desajustado su capacidad orgásmica durante los dos últimos años: un odio profundamente enraigado hacia su esposo, que siempre había sido un severo disciplinario. Ella se quejaba: «Sus terribles castigos físicos a nuestros hijos me enferman. Hace dos años, nuestro hijo de diecinueve años se marchó de casa para adherirse a una comunidad de vagos sólo porque no pudo hacer nada para agradar a su padre.»

Cuando finalmente dejó de considerar los pecados de su marido, pudo enfrentarse con su propio pecado escarlata. Entonces se arrepintió y pidió a Dios que le restaurase el amor hacia su esposo, y Dios así lo hizo. El esposo también se arrepintió y hoy ambos disfrutan de excelentes relaciones y una vida amorosa, porque Dios ha quitado de en medio la raíz de amargura que había erigido una muralla entre ellos.

La Biblia dice: «Quítense de entre vosotros toda amargura, enojo, ira, gritería, y maledicencia, y toda malicia. Antes sed benignos, unos con otros, misericordiosos, perdonándoos unos a otros, como Dios también os perdonó a vosotros en Cristo» (Ef. 4:31-32).

CONCIENCIA CULPABLE

3. *Culpabilidad*. Contrariamente a lo que enseña la psicología moderna, cada ser humano comienza su vida con una conciencia intuitiva de culpabilidad. La Biblia explica que todo hombre posee una conciencia que «les acusa o les excusa» (Rom. 2:15). Los que hoy en día abogan por el amor libre tratan de probar la ausencia de la conciencia o bien apagarla en los años de adolescencia, pero estoy convencido de que en el matrimonio y después del nacimiento de los hijos la conciencia, una vez apagada, resurge a la vida y persigue al individuo. En particular en el caso de la citada esposa, una noción de culpabilidad por mala conducta sexual, cometida una o muchas veces, puede más tarde servir de bloqueo mental, impidiendo el goce sexual.

La culpabilidad es una causa común de malfunción orgásmica, tal como está verificado por el hecho de que cada obra que leemos sobre el tema hace referencia a ello. La culpabilidad es un asunto cruel que debe ser enfrentado espiritualmente, sea cual fuere su origen: Un intento de violación por cuya causa la víctima —aunque no dispuesta— se siente culpable; un adulterio debido a información moral errónea, anterior al matrimonio, o bien relación sexual antes del matrimonio. Como consejero pastoral he tenido el privilegio de llevar a muchas mujeres a la gracia perdonadora de Dios mediante la aceptación de Cristo como su Salvador (tal como explicamos en el capítulo 13), o bien, en el caso de creyentes, aplicando el principio limpiador de 1.ª Juan 1:9. Al enderezar las cosas con Dios quedaron sus conciencias libres de culpabilidad, de tal manera que como consecuencia cesaron las malfunciones orgásmicas.

144

Una joven pareja nos sirve de ilustración. Ambos —Brenda y Mitch— carecían de una fuerte base espiritual cuando visitaron nuestra iglesia por primera vez, y su matrimonio estaba a punto de arruinarse. Después de recibir a Cristo les aconsejé una sola vez sobre su problema marital. Un año más tarde Mitch me decía con cierta timidez: «Pastor, jamás hubiera soñado que al aceptar a Cristo El invadiría nuestra vida sexual, pero es un hecho que nunca antes habíamos logrado que mi esposa me correspondiera como después que fuimos convertidos. Ahora ella tiene un clímax casi todas las veces.»

Aquellos que jamás han experimentado la salvación por fe en Jesucristo encontrarán probablemente difícil aceptar esto, mas yo lo he visto suceder tantas veces que ahora casi espero que suceda. La razón es simple. Cuando los pecados de una persona son perdonados, su conciencia se ve liberada, eliminando de este modo la causa común de la malfunción orgásmica.

TEMOR

4. El temor es el mayor causante de la invalidez emocional en todos los tiempos. Si uno se entrega a este sentimiento por mucho tiempo, puede destruir la salud, la relación espiritual con Dios y, naturalmente, la vida amorosa.

Casi toda novia virtuosa se acerca a su lecho nupcial con una gran dosis de temor. Aunque sea admitido que también enfoca su primera noche nupcial con excitante expectación, pero más que nada, es, probablemente, el principal motivo que impide a una mujer experimentar el orgasmo en su noche de boda.

Como lo hemos hecho observar ya, cuando una novia experimenta dolor en su primera noche puede continuar asociando la idea de dolor con la práctica del acto conyugal. Esta idea detiene el natural flujo lubricante, que es el primer resultado de las caricias conyugales, y entonces lo experimenta de veras. Cuanto más teme el dolor tanto más lo experimentará por falta de la lubricación natural. Por esto es recomendable el uso de alguna glicerina en los primeros coitos, para evitar la irritación de la vagina.

Recordad que todo lo que se hace por primera vez se realiza con alguna clase de temor. ¿Os acordáis de la primera vez que os pusisteis al volante de un coche? Os aferrabais al volante, os temblaban las rodillas y os sudaban las manos. Esto era resultado del temor. Ahora que tenéis experiencia en conducir realizáis lo mismo sin daros cuenta, de un modo casi totalmente subconsciente. Habéis aprendido a estar tranquilos y relajaros mientras conducís. La misma tranquilidad y relajamiento necesitáis para disponeros bien al acto conyugal.

CONCENTRACION DE GOZO

El temor de impotencia orgásmica puede originar en la mujer la falta de orgasmo o dificultarlo mucho. Cierta esposa nos confesó que cada vez que hacía el amor con su marido lo hacía convencida de que ella era fría de natural y no experimentaría ningún espasmo amoroso. Al pensar esto su batería emocional bajaba y se sentía más y más fría. Le sugerimos que en lugar de pensar esto se gozara en la idea de que estaba dando gozo a su marido, a quien ella amaba, olvidándose de sí misma. También le recomendamos que se hiciera más agresiva, abrazándole, apretando su cuerpo contra el suyo y tratando de mover sus caderas con un movimiento rítmico cada vez más acelerado. Antes de tres semanas esta señora me llamaba por teléfono y exclamaba entusiasmada: «¿Sabe usted? ¡Pues sucedió!» Ahora sucede la mayoría de la sveces. ¿Por qué? Había eliminado su esquema mental lleno de temor.

Un orgasmo, para la mujer, es la suprema expresión de amor, pero el temor destruye el amor. La Biblia dice: «El amor perfecto echa fuera al temor.» Cuando una mujer se entrega cariñosamente y toda excitada a su esposo, estará menos propensa a dejarse engañar por el temor y ser así privada de su sensación suprema de gozo.

5. *Pasividad.* Muchas mujeres son demasiado pasivas al hacer el amor. Sus prejuicios de solteras y sus falsos conceptos les impelen a yacer de espaldas y permitir a sus jóvenes y vigorosos esposos que se satisfagan. «Al final —dicen tratando de persuadirse— sucederá.» El embarazo sí, pero el orgasmo no. El acto de amor es un deporte de

contacto que requiere dos personas activas. Cuanto más activa sea la mujer, tanta más probabilidad tiene para aprender qué posiciones y movimientos llevarán más estímulo a su clítoris y vagina, haciéndola ascender hacia su clímax. De entre las mujeres entrevistadas que admitían disfrutar de orgasmos la mayoría de las veces, aún no he descubierto ninguna que sea pasiva.

Los hombres tienen en proporción mayor cantidad de orgasmos por ser más activos al hacer el amor. Naturalmente, repetirán la actividad y los movimientos que les proporcionan mayor cantidad de excitación. Si las esposas hicieran lo mismo, también ellas experimentarían mayor proporción de plenitud.

Con referencia a los experimentos efectuados por Masters & Johnson, Deutsch dice:

> La conclusión de expertos es que para toda mujer en las fases iniciales de la plataforma orgásmica es virtualmente posible corresponder casi automáticamente a una efectiva estimulación emocional y física. Si la estimulación externa continúa, especialmente del clítoris y otras partes de la vulva, el resultado casi universal es el orgasmo. Mas continuar el aumento de la tensión sexual después de iniciarse el coito —opinan las autoridades en la materia— es una habilidad que ha de ser estudiada.
>
> Más aún, la tensión en aumento durante el acto debe ser activamente buscada por la mujer, y no pasivamente esperada. Para la mayoría, no será suficiente ningún grado de técnica o habilidad por parte del marido. La mujer no debe meramente entregarse a su marido, sino que debe entregarse a su propio instinto, un instinto en busca de estímulo emocional y físico, buscando tensión hasta que la tensión se convierta en liberación.
>
> Algunas mujeres son capaces de obtener orgasmo simplemente al adoptar esa actitud. Muchas autoridades estiman que esto es mayormente el caso, porque la mujer, al entregarse a sí misma persiguiendo su propia liberación, se capacita más para corresponder a sus propias sensaciones físicas y aprende a mover su cuerpo a fin de intensificar sus sensaciones. Para la mayoría de las mujeres, sin embargo, la llave parece residir en una comprensión más plena de cómo realmente ocurre la estimulación en el coito.[18]

147

En consecuencia, la esposa debe mantener un papel activo al hacer el amor, para el bien de su esposo y de sí misma. No hay un marido de sangre cálida que llegue a quejarse de una esposa apasionada y hábil en iniciativas, que corresponda con entusiasmo a sus avances amorosos durante el acto. De hecho, la única parte del acto conyugal que el hombre disfruta, más que la eyaculación, es la sensación de satisfacción que le producen los esfuerzos amorosos y cariñosos de su esposa, confirmándole que ella lo encuentra sexualmente fascinante.

6. *Hacer el amor requiere tiempo*. Existe una gran diferencia entre el tiempo empleado en hacer el amor y el logro orgásmico de la esposa. Los hombres que son «amantes rápidos» por lo general tienen esposas insatisfechas. Cualquier cosa que vale la pena requiere tiempo, y el amor no es ninguna excepción.

Durante los tiempos del oscurantismo medieval, cuando prevalecía el concepto erróneo de que la única función de la mujer era traer hijos al mundo, el acto sexual solía durar entre treinta segundos a tres minutos. Hoy en día es ampliamente reconocido el hecho de que las mujeres tienen una tremenda capacidad para sensaciones y expresiones sexuales, pero raras veces se percata uno de ello si procede con prisa.

Hablando a un grupo de hombres, el jefe del Departamento Psicológico de un colegio cristiano dijo: «No existe tal cosa como una mujer frígida, sino sólo maridos torpes.» Personalmente no estoy de acuerdo por completo con esta conclusión, pero hasta cierto grado su punto de vista es acertado. Porque los hombres son rápidamente excitados y rápidamente satisfechos, tienden a pensar que las mujeres deberían ser capaces de lo mismo, mas esto no es verdad. La mayoría de los investigadores indican que aun bajo las condiciones más favorables y al ser altamente motivada, la esposa promedio requiere de diez a quince minutos o más que el hombre para alcanzar orgasmo. Naturalmente habrá excepciones, pero como regla general hacer el amor con plenitud toma tiempo. La esposa debería alentar a su marido para tomarse el tiempo necesario. Aun si *él* no lo necesita, *ella* sí que lo precisa.

EYACULACION PREMATURA

En conexión con esto debemos considerar la eyaculación prematura. Cerca de un 20 por ciento de los esposos de hoy día tienen que enfrentarse con el problema de eyacular demasiado pronto. Esto resulta de gran frustración para la mujer, porque el acto resulta imposible sin un pene erecto, y después de que el hombre ha eyaculado su pene se torna demasiado fláccido para mantener la presión necesaria sobre las paredes de la vagina y el clítoris para llevar a su esposa hasta su clímax.

Una esposa recién casada y desconsolada exclamó: «En nuestra primera noche de matrimonio me ha excitado toda, pues comenzó por entrar en mi vagina, mas tan pronto como su pene me tocó, eyaculó.» Naturalmente, él se sentía embarazoso y ella estaba frustrada. Una hora más tarde lo intentaron de nuevo, y lo hizo algo mejor, mas debido a su inexperiencia otra vez llegó el orgasmo del marido antes de que ella pudiese alcanzar satisfacción. Finalmente admitió: «En los nueve meses de nuestro matrimonio hemos hecho el amor centenares de veces, pero aún no soy una mujer satisfecha.»

Parte de este problema era el temor. Cuanto más él temía eyacular demasiado pronto, más probable era que ocurriese. Cada pareja ha de reconocer esto como un problema que no desaparecerá de manera natural. Ha de ser eliminado mediante entrenamiento, y el tiempo empleado en un proceso de entrenamiento valdrá la pena. Más de una esposa frustrada y poco simpática ha excitado a su «esposo precoz» ridiculizándolo o por indiferencia, aumentando de esta manera sus sentimientos naturales de incapacidad masculina a expensas de las buenas relaciones conyugales. Una esposa inteligente comprenderá que su esposo es avergonzado por su falta de autocontrol y cooperará con él en favor de una solución.

En el próximo capítulo entraremos en el problema detalladamente, incluso ofreciendo diversos métodos para subsanarlo, mas aquí deseamos mencionar un solo método, recomendado por Masters & Johnson. Ellos sugieren que los esposos se alejen del hogar por un tiempo aparte para practicar lo que se denomina «ejercicios apretadores». La esposa debe acariciar los genitales de su esposo hasta que el pene llegue a una erección. Luego, al mover su mano en sentido ascendente y descendente por el cuerpo del pene, y levemente sobre el glande (cabeza del pene), él se irá acercando rápidamente hacia la eyaculación (el esposo debe mantener informada a la esposa sobre su progreso). Al sostener ella el pene con su pulgar por la parte inferior y con sus dos dedos a cada lado del anillo que separa el glande (cabeza del pene) del cuerpo del mismo, ejercerá presión apretando su pulgar y sus dos dedos, en un apretón muy estrecho, durante tres a cuatro segundos tan pronto como su esposo le dé la señal de su eyaculación inminente. En seguida ella debe esperar unos quince o treinta segundos mientras la tensión en él disminuye antes de repetir los movimientos leves y estimulantes arriba y abajo del cuerpo del pene. Cuando él señale que está pronto a eyacular, ella debe repetir el proceso apretador por tres o cuatro segundos para evitar su eyaculación. Este procedimiento debe ser repetido durante quince o veinte minutos, o más. Si el esposo llegase a eyacular accidentalmente, la pareja debe esperar de unos cuarenta y cinco minutos a una hora. Entonces podrán comenzar el ejercicio de nuevo.

Cuando hayan aprendido un grado de control, la esposa debe colocarse de bruces sobre su esposo tendido e insertar su pene en su vagina *sin movimiento alguno* hasta que él llegue a acostumbrarse a la nueva sensación. Algunas veces será necesario permanecer inmóviles hasta unos dos minutos. Esto proporcionará al esposo mayor control. La esposa entonces debe comenzar a moverse arriba y abajo con mucha suavidad, excitándolo paulatinamente hacia su clímax. Al señalarle él que está próximo a eyacular, ella debe retirar su cuerpo y repetir la técnica apretadora por tres o cuatro segundos. Cuando las ganas de eyacular se hayan reducido, ella debe colocar nuevamente su pene en su vagina y repetir el proceso. Con un procedimiento paciente de esta naturaleza una esposa puede ayudar a su esposo a aprender el control, lo cual resultará una fuente de inmensa satisfacción para ambos. Al esposo le dará la satisfacción de dominar un aspecto importante de su anterior ineptitud, y para la esposa la demora controlada la capacitará para alcanzar el orgasmo.

Si a primera vista este ejercicio parecerá ofensivo para algunas esposas, deberían comprender que la eyaculación prematura es un problema desalentador tanto para el esposo como para la esposa, y que no puede ser subsanado por sí solo. Una esposa cariñosa se dará cuenta que bien vale la pena invertir el tiempo de unas vacaciones, o bien de dos o tres fines de semana, para estar solos en un motel. Entre tres a quince experiencias de estos ejercicios serán normalmente suficientes para enseñar al esposo el control eyaculatorio. La pareja se beneficiará con creces de este aprendizaje, por muchos años, además de enriquecer sus relaciones íntimas.

Todo aprendizaje requiere tiempo. Los esposos que se aman disfrutarán estas experiencias como algo agradable y beneficioso que valía la pena.

7. *Fatiga.* Todas las funciones normales del cuerpo se ven debilitadas cuando la persona está fatigada. Una esposa cansada difícilmente será una esposa amorosa, capaz de corresponder con pasión, y por ello sus posibilidades de una plenitud orgásmica se verán disminuidas. Por esta razón, el proceso amoroso debe ser reservado para aquellas horas cuando ambos esposos se encuentran descansados, y, por la misma razón, el deseo de hacer el amor debe ser espontáneo.

Una esposa debería saludar a su marido en la puerta con un beso ardiente que le haga predecir el futuro. Con tiernas palabras y caricias se podrán mantener en un estado de ánimo amoroso y animado en el curso del anochecer, lo que vienen a ser preliminares fascinantes para el acto amoroso, si no se retiran demasiado tarde.

Ya que los polos opuestos tienden a atraerse mutuamente, he observado que a menudo los cónyuges son opuestos en sus metabolismos (el proceso por el cual se provee de energía al cuerpo). Las mujeres madrugadoras, cuyas buenas horas son entre las 6 de la mañana hasta las 8 de la tarde, suelen casarse con noctámbulos, cuyas horas más activas se extienden desde las 10 de la noche hasta la medianoche. Consecuentemente, un esposo noctámbulo puede tener sus motores en plena marcha a las 10'30 de la noche sólo para descubrir que su esposa, que estaba muy amorosa a las 7 de la tarde, esté profundamente dormida, o aún peor, medio dormida, a las 10, e incapaz de corresponderle plenamente.

Estos dos factores pueden ayudar a equilibrar los metabolismos dispares. Una sugerencia sería que el esposo madrugador durmiese una siesta tan pronto como llegue a casa, para que pueda recuperar su vitalidad a la hora de acostarse; la esposa madrugadora puede dormir una siesta a las 3 ó 3'30 de la tarde, si los niños son pequeños, o a una hora más temprana cuando son colegiales. Años atrás aprendí el secreto de una siesta de veinte minutos acostándome en el suelo con mis pies apoyados sobre el borde de la cama, dejando que la sangre volviera a fluir a mi cabeza. Mucha gente me preguntaba: «¿Cómo puede usted predicar cinco veces por domingo tras perder tres horas de sueño al regresar de un seminario donde ha hablado durante ocho horas por las noches del viernes y sábado?» Mi respuesta apunta a mi siesta de veinte minutos en la tarde del sábado, con mis pies elevados, lo que para mí equivale a un sueño de dos o tres horas durmiendo horizontalmente en una cama.

LA ESPONTANEIDAD RECOMPENSA

Una segunda manera para equiparar el desajuste metabólico es ser espontáneos al hacer el amor. ¿Qué hay de malo en disfrutar del amor cuando *sientan ganas* de ello? Ciertamente, la cena habrá de ser recalentada si sienten ganas de hacer el amor tan pronto como el esposo llegue a casa; pero ¡nunca oí quejarse a un marido sobre la cena fría por haber hecho el amor! ¿Qué hay de malo en asignar tareas a los niños como lavar platos, etc., mientras «mami» y «papi» van a su dormitorio y cierran la puerta por media hora para amarse? Raramente podrán descubrir ustedes el amor en sus aspectos más fascinantes sincronizando relojes y dándose citas a horas exactas en el dormitorio. Normalmente verán que las experiencias amorosas más disfrutables son las espontáneas. Al analizar las actividades que interrumpen o demoran el proceso amoroso, descubrirán que por lo general están lejos de ser tan importantes como el acto marital.

8. *Enfermedad.* No solamente la fatiga, sino las enfermedades sofocan la vida amorosa y conducen a malfuncio-

nea orgásmicas. A pesar de que la ciencia de la medicina no es mi campo, he conocido casos en los cuales los problemas físicos, desequilibrio hormonal y hasta infecciones vaginales de baja intensidad han impedido el clímax a las mujeres. Por esta razón, toda mujer con un problema de esta índole debe acudir a su médico, y probablemente a un ginecólogo.

9. *Sobrepeso.* Una mujer atractiva pero gruesamente desproporcionada, que era presidente de un club de mujeres cristianas, me involucró en una conversación con ocasión de un almuerzo donde yo iba a hablar sobre el tema «¿Cómo lograr que su esposo la trate como a una reina?». Después de diez años de matrimonio esta mujer aún encontraba el sexo repugnante. Lo que realmente captó mi interés en esa mujer era el hecho de que había aprendido la satisfacción orgásmica en los primeros años de matrimonio, cinco años antes de hacerse cristiana. Ella me declaró: «Ahora que estoy ardiendo por el Señor, he perdido mi ardor en la alcoba.» Cuando le expliqué que un cristiano lleno del Espíritu Santo no extingue el natural deseo del sexo existente en cada persona y dado por Dios para el matrimonio, sino que más bien lo aumenta, la mujer estaba perpleja.

Tras indagaciones más profundas descubrí que no siempre había estado obesa, sino que había aumentado de peso en setenta libras durante su último embarazo y era incapaz de perder estas libras extra. No era sorprendente que hubiera perdido su interés en el sexo y encontrado imposible alcanzar orgasmo. Cuando le pregunté: «¿Le molesta a su esposo que usted tenga sobrepeso?», ella respondió: «No, al parecer no; pero ¡a mí sí que me molesta!» ¡Este era su problema! Con el aumento de peso experimentó una disminución en la imagen de sí misma. Por primera vez había encontrado embarazoso desvestirse ante su esposo. Cuando la convencí de que su vida amorosa mejoraría y recuperaría su capacidad orgásmica con la pérdida de peso (sin mencionar mayor energía, mejor salud y autoaceptación), decidió seguir mi consejo y acudir a un especialista de peso. Dentro de nueve meses recibí una carta de ella, diciéndome que había logrado un gran mejoramiento de peso en cuatro meses y que su vida amorosa se había normalizado. Había perdido sesenta de aquellas libras que le quitaban el ánimo del sexo.

Perder peso es una dura tarea. Yo lo sé personalmente por haber tratado el problema durante toda mi vida adulta; mas vale la pena el esfuerzo, desde un punto de vista espiritual, mental, físico y emocional. Todo cristiano obeso debe darse cuenta de que su problema no es sobrepeso, sino sobrecomida o comer demasiado (la Biblia lo llama «glotonería»). Al parecer, muchos entre nosotros estamos más preocupados por el castigo de esta culpa (tener sobrepeso) que por el mismo pecado (la sobrecomida o glotonería). Tales personas deben llegar a entender que nunca deben ceder a su deseo de comer todo lo que les exige su apetito. Deje de comer tanto y confíe en Dios, que El le dará un gozo sabiendo usted que le obedece; deje que El le haga más atrayente para sí misma y para su cónyuge.

DOMINIO COLERICO

10. *Entrega sexual «versus» dominio colérico*. La propia naturaleza del acto conyugal implica la entrega femenina. A la mayoría de las mujeres esto de la entrega les es fácil en la primera etapa de su matrimonio por estar enamoradas de sus esposos y porque gozan dándole placer. Después de aprender el arte de la plenitud orgásmica, resulta un precio mínimo a pagar por una experiencia tan deliciosa. Mas para una mujer colérica, de fuerte voluntad, la entrega puede resultar muy difícil en cualquiera de sus manifestaciones. En consecuencia, a menudo sofocará su instinto sexual y sus reacciones para evitar que juzgan humillante una entrega. He descubierto que únicamente cuando su matrimonio y su familia llegan al borde de un colapso, acuden en busca de ayuda y se dan cuenta de su pecado de orgullo.

Una mujer colérica, madre de cuatro niños encantadores, casada con un esposo pasivo, de fácil carácter, vino a mi consulta con un alegato que me llevó al descubrimiento de un problema común. «Simplemente no tolero que mi marido me acaricie los senos», comenzó diciendo. «A él le encanta y se lo he dejado hacer por años, pero no lo aguanto más. En lugar de excitarme, simplemente me enfría.» Tras más indagaciones me reveló que jamás había sentido un orgasmo y que en realidad no le gustaba hacer el amor. Cuanto más se retiraba de su esposo (la persona colérica es incapaz de ocultar sus sentimientos) tanto más se encerraba éste en su concha pasiva. Malinterpretando su tranquilidad por aceptación, ella erróneamente suponía que todo marchaba bien. Hasta que un día él le dijo tranquilamente: «Te dejaré el próximo sábado.» A su pregunta «¿Por qué?», le respondió: «Es obvio que ya no me amas, y yo no puedo conformarme con un matrimonio sin sexo.» Fue eso lo que la motivó su consulta.

Como es típico en muchas mujeres coléricas, ella rechazaba ser mujer. Le gustaba mandar, tomar decisiones y dominarlo todo. Le era muy difícil comprender por qué Dios la había hecho mujer y no hombre. Solamente después de enfrentarse con el pecado de su orgullo pudo acudir a Dios para obtener su perdón. Luego hablamos sobre la necesidad de que aceptase su femineidad. Cuando finalmente se aceptó a sí misma como mujer, podía aceptar sus senos como parte vital y fascinante de su aparato sexual, independientemente de si ella los consideraba grandes o pequeños. Gradualmente aprendió a experimentar satisfacción orgásmica y vio retornar el amor de su esposo. A la vez, su esposo pasivo se tornó más agresivo y, así, más fácil para ella de respetar y admirarlo. Su autoaceptación sexual hizo posible que pudiera encontrar interés y placer en el proceso amoroso, lo que a su vez transformó la actitud de él.

La Dra. Marie Robinson lo ha explicado muy bien.

La capacidad de lograr orgasmo normal puede ser llamada la contrapartida física de la entrega psíquica. En la mayoría de los casos de frigidez genuina la actitud rebelde e infantil es seguida por la entrega, como la noche sigue al día. Es la señal de que la mujer se ha desprendido de los últimos vestigios de resistencia a su naturaleza y que ha abrazado su femineidad con cuerpo y alma.

El logro del orgasmo es por lo general el último paso en el proceso de maduración. Si uno revisa en su propia mente la experiencia orgásmica no resulta difícil entender por qué ocurre.

Para que una mujer tenga orgasmo es imperativo que posea una confianza absoluta en su cónyuge. Recordemos por un momento que la experiencia física es a menudo tan profunda que a veces implica la pérdida de conciencia por un período de tiempo. Sabemos que tanto en el coito sexual como en la vida la parte activa es el hombre y la pasiva la mujer, la receptiva. Para que uno pueda entregarse de esta manera pasiva a otro ser humano, haciéndose su contrapartida hasta el grado de tener experiencias físicotelúricas, significa que uno ha de tener completa fe en la otra persona. En el abrazo sexual cualquier vestigio de hostilidad oculta, o temor de su propio papel, se hará visible de forma clara y sin duda alguna.

Pero existe aún algo más en cuanto al estado psíquico necesario para el orgasmo que la fe en el cónyuge y la disponibilidad a la entrega. Debe haber un deseo sensual de entrega; en el **orgasmo de la mujer la excitación proviene del acto de entrega.** Hay un tremendo despertar de éxtasis físico al cederse al otro: la sensación de ser el instrumento pasivo de otra persona.[19]

Una mujer sabia comentó: «La mujer es la única criatura que puede conquistar entregándose.»

11. *Débil musculatura vaginal.* En el próximo capítulo investigaremos en detalle lo que recientemente ha sido reconocido como una de las causas comunes de malfunción orgásmica. Se estima que dos tercios de las mujeres que no pueden lograr orgasmo tiene este problema. Y es bastante interesante saber que el remedio es muy simple, barato y de gran efectividad dentro de un tiempo relativamente breve. Hasta la fecha, toda mujer a quien he sugerido los ejercicios de Kegel para subsanar su problema ha alcanzado la plenitud orgásmica.

El Dr. Pablo Popenoe del Instituto Americano de Relaciones Familiares había abogado por esta técnica por años. El informa que el 65 por ciento de las mujeres sexualmente insatisfechas obtuvo alivio, y casi todas recibieron ayuda. Declara, además: «Es rara la mujer que no pueda aumentar su capacidad sexual mediante este conocimiento y técnica, normalmente hasta una considerable extensión. Ahora estamos tratando de dar la información a cada mujer que nos consulta. Creemos que esto es la clave para una buena adaptación sexual.»[20]

Otro comentario proviene de una de las primeras autoridades mundiales sobre enfermedades de la mujer, el Dr. J. P. Greenhill, profesor de ginecología de la Escuela de Medicina del Condado Cook de Chicago y editor del *Almanaque de Obstetricia y Ginecología*: «En todos los informes sobre el uso de la técnica de Kegel jamás ha habido duda alguna en cuanto a sus beneficios, tanto sexuales como medicinales; al contrario, han sido ampliamente demostrados.»[21]

Toda mujer que no obtiene la satisfacción suprema en el acto conyugal, probablemente encontrará en el próximo capítulo el material más útil que haa leído jamás sobre sexualidad femenina.

Notas

[1] William H. Masters y Virginia E. Johson, *Respuesta sexual humana* (Boston: Little, Brown Co., 1966), pág. 138.

[2] Ronald M. Duetsch, *La llave a la respuesta femenina en el matrimonio* (Nueva York: Random House, 1968), páginas 24-25.

[3] Herbert J. Miles, *Felicidad sexual en el matrimonio* (Grand Rapids: Zondervan Publishing House, 1967), pág. 139.

[4] Marie N. Robinson, *El poder de la entrega sexual* (Nueva York: Doubleday & Co., 1959), págs. 25-26.

[5] Idem, pág. 11.

[6] David Reuben, *Toda mujer puede* (Nueva York: David McKay & Co., 1971), págs. 37-38.

[7] David Reuben, *Cómo sacar más provecho del sexo* (Nueva York: David McKay & Co., 1974), pág. 37.

[8] Deutsch, *La respuesta femenina*, pág. 46.

[9] Idem, pág. 39.

[10] Miles, *Felicidad sexual*, págs. 66-67.

[11] Robinson, *Entrega sexual*, pág. 68.

[12] Reuben, *Toda mujer puede*, págs. 53-55.

[13] Idem, págs. 61-62.

[14] Idem, pág. 62.

[15] Deutsch, *La respuesta femenina*, págs. 20-23.

[16] Reuben, *Toda mujer puede*, págs. 30-31.

[17] Deutsch, *La respuesta femenina*, págs. 4-5.

[18] Idem, pág. 93.

[19] Robinson, *La entrega sexual*, págs. 157-158.

[20] Deutsch, *La respuesta femenina*, pág. 14.

[21] Idem.

9 | La llave de la respuesta femenina

No sucede a menudo en la vida que se llegue a encontrar una llave especial para conseguir solución a un problema casi universal, pero los ejercicios de Kegel han proporcionado una tal oportunidad a innumerables parejas casadas. El sinnúmero de mujeres que han sido llevadas a la plenitud orgásmica mediante el método de Kegel es considerado indudablemente la explosión sexual más grande del siglo. Y, sorprendentemente, fue descubierto casi por casualidad. Ronald M. Deutsch, un prominente escritor sobre medicina, cuenta la historia en su libro *Llave a la respuesta femenina en el matrimonio.*

En el año 1940 el Dr. Arnold H. Kegel, especialista de desórdenes físicos de la mujer, atendió a una paciente llamada Doris Wilson. Pese a que su estado de salud básico era bueno, después del nacimiento de su tercer hijo la señora Wilson había comenzado a tener un problema embarazoso, lo que su médico denominó «incontinencia de presión urinaria». Le aseguró que existían una por cada veinte mujeres con ese mismo problema, o sea, que en ciertos momentos, cuando la vejiga estaba llena, «una risa, una tos o un súbito movimiento» podía causar un descontrolado escape urinario. Como medida de seguridad la señora Wilson se veía obligada a usar una compresa protectora.[1]

El Dr. Kegel dijo a la señora Wilson que su problema se debía probablemente a un músculo debilitado. Mas antes de recurrir a una intervención quirúrgica, la que frecuentemente sólo proporcionaba alivio temporal, debía aprender a ejercitar el músculo debilitado. El citado doctor lo explica de esta manera:

Ese músculo corre entre las piernas, de adelante hacia atrás, como un lazo. Es amplio y firme. En efecto, forma la base de la pelvis, del tronco inferior. Es la base de soporte para la vejiga, parcialmente del recto, del conducto del parto y del útero.

En la mujer, tres conductos atraviesan ese músculo: el recto, el conducto del parto y la uretra o conducto urinario. Kegel creía que, dado el caso de que el canal del parto pasaba a través del músculo y estaba firmemente adherido a él, el parto podía haber lastimado aquel músculo. Y como el conducto urinario es sostenido por este mismo músculo, manteniéndolo cerrado, si el músculo estaba debilitado podía significar un control urinario deficiente. El músculo debía ser lo suficientemente firme como para retener la orina normalmente. Kegel también creía que ese músculo podía ser fortalecido.

La señora Wilson fue una de las numerosas pacientes con «incontinencia urinaria» que consintieron en probar los ejercicios especiales de fortalecimiento de fortalecimiento de ese músculo, y en menos de dos meses tal molestia había desaparecido.

Hoy en día estos ejercicios, conocidos como «ejercicios Kegel», son considerados como técnicas modelo en casos de incontinencia urinaria. Para la mayoría de pacientes dan buen resultado y hacen innecesaria la intervención quirúrgica.

Poco después que la señora Wilson recuperó su control urinario confió al Dr. Kegel que algo más había sucedido. Por primera vez en quince años de matrimonio había sentido orgasmo en el acto sexual. Ella quería saber si esto podía estar asociado con los ejercicios.

Kegel se sentía escéptico al respecto. Pero lo mismo le fue referido por tantas mujeres a las cuales había recomendado tales ejercicios, que llegó a preguntarse si no tendrían también ese efecto secundario.

Para comprender el razonamiento del Dr. Kegel es preciso conocer algo acerca de los músculos de la base pélvica. Estos se componen de varias capas. La capa exterior consiste principalmente de esfínteres, músculos de cierre en forma de anillo. Estos músculos cierran los orificios exteriores del conducto urinario, del recto y del canal del parto. Son relativamente débiles. Por ejemplo, mujeres con incontinencia por esfuerzo dependen más del esfínter urinario exterior para cerrar el canal urinario, tarea que éste puede efectuar sólo de forma imperfecta.

Más adentro de estas capas musculares exteriores existe un músculo extremadamente firme, de más de dos dedos de espesor. Se le conoce como el pubococígeo, porque corre desde el pubis la protuberancia ósea en la parte frontal de la pelvis, hasta el coxis, al final de la espina dorsal. (Algunos médicos usan diferentes nombres para este músculo, el cual está presente tanto en el hombre como en la mujer. En el pasado se referían a él como «elevador del ano», por su capacidad de levantar el ano. En términos prácticos, el nombre usado no tiene importancia. Por conveniencia usaremos aquí la denominación «P.C.».)

Imaginemos los tres canales atravesando la base muscular. Cada canal está rodeado por una red de fibras musculares entretejidas, originadas en el P.C., en una extensión de unas dos pulgadas. Las fibras corren a lo largo de cada canal, a la vez que rodean cada uno de los esfínteres. De este modo, los anillos musculares en torno de cada canal pueden ser cerrados a pretándolos a voluntad.

Es esta acción de esfínteres de aquella parte del P.C. que rodea el conducto urinario la que falla por cualquier leve esfuerzo en los casos de incotinencia urinaria; el P.C. no puede apretar el canal para cerrarlo. Los ejercicios le proporcionan suficiente fuerza para que funcione normalmente.

¿Qué tiene que ver esto con la satisfacción sexual? Kegel sabía que el P.C. rodeaba la vagina de la misma

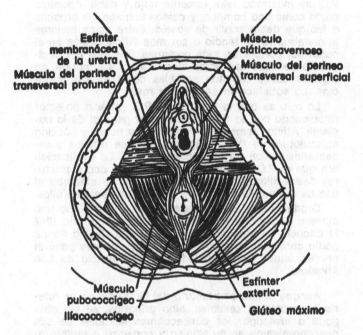

Esfínter membranácea de la uretra

Músculo del perineo transversal profundo

Músculo ciáticocavernoso

Músculo del perineo transversal superficial

Músculo pubococcígeo

Iliacococcígeo

Esfínter exterior

Glúteo máximo

Fig. 5. Los músculos elementales de la base de la pelvis, mostrando los tres diafragmas musculares inferiores y entrelazados con las tres aperturas —uretra, vagina y recto— que penetran el esfínter exterior en forma de lazo, por debajo del cual está situado el músculo pubococcígeo.

manera. Y comenzó a descubrir que un número sorprendente de mujeres sufrían de debilidad del P.C.

Observó que de cada tres mujeres solamente una poseía un músculo en relativamente buenas condiciones, formando una plataforma firme y recta, y funcionaba bien. Entre estas mujeres la incontinencia urinaria era una rareza (hemos de agregar que el desorden puede tener otras causas que la falla muscular). Para estas mujeres el alumbramiento resultaba más fácil. El canal del parto raras veces parecía haber sufrido daños al dar q luz, y sus reacciones sexuales tenían tendencia a ser óptimas.

Mas en por lo menos dos de cada tres mujeres el P.C. se mostraba relativamente flojo y débil. Aparecía caído como una hamaca; y caídos también los órganos a los que debía servir de sostén. Entre estas mujeres el alumbramiento tendía a ser más difícil. Daños en el canal del parto eran más comunes. Después del nacimiento de hijos aparecían incontinencias urinarias, en algunos casos casi tan notables como en sus infancias. La satisfacción sexual era rara.

Lo raro es que la firmeza del P.C. parecía no estar relacionada con la firmeza muscular general de la paciente. Atletas femeninas podían tener pobre y fláccida musculatura de P.C. Y algunas mujeres frágiles y sedentarias tenían un buen músculo P.C. La explicación era que el P.C. estaba suspendido entre dos estructuras óseas fijas. Consecuentemente, no le afectaba el uso de otros músculos, pues es independiente de ellos.

Gradualmente el Dr. Kegel había desarrollado una manera de ejercitar y fortalecer el P.C. En el año 1947 la Escuela de Medicina USC fundó una Clínica donde podía continuar su labor, y en 1948 su trabajo ganó el premio anual de la Sociedad de Obstetricia de Los Angeles.

Aunque el interés primario del Dr. Kegel no se refería a problemas sexuales, sino urinarios, se vio obligado a investigar los consecuentes sexuales de sus descubrimientos en su Clínica y comenzó a recibir informes del Instituto Americano de Relaciones Familiares sobre mujeres que habían fallado sexualmente.

... Una paciente era amorosa y encontraba placer en el amor físico, mas no podía alcanzar el orgasmo. De hecho, sentía poco estímulo físico una vez que había comenzado el coito. Psíquicamente era normal.

Cuando el Dr. Kegel hubo examinado a la paciente le enseñó dos moldes para demostrarle su descubrimiento. Estos moldes, llamados **moulages**, habían sido formados al insertar en su vagina un material especial de plástico de consistencia muy suave. Cuando el material se hubo adaptado a la forma del órgano fue extraído y convertido en un modelo casi perfecto del conducto vaginal.

Se hizo un molde de la vagina de una mujer con buen tono muscular del P.C. que tenía la apariencia de un tubo algo exprimido. Ancho en la apertura, se estrechó por un espacio de cerca de dos pulgadas;

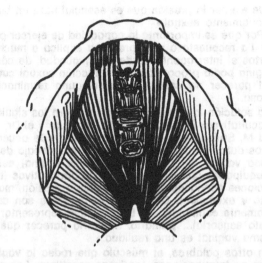

Fig. 6. El músculo pubococcígeo (P.C.) visto desde arriba tras haber quitado algunos de los músculos más superficiales. Nótese cómo las fibras rodean cada apertura entrelazándose con otras fibras musculares de estos órganos. Un músculo P.C. firme proporciona un buen soporte a estos órganos; los músculos fláccidos le dan poco apoyo. Estos músculos son capaces de responder a ejercicios adecuados.

luego se ensanchaba de nuevo. La angostura demostraba la acción presionadora de un fuerte P.C. A lo largo de la porción estrecha el molde mostraba leves ondulaciones, hechas por la presión de las bandas musculares estrechándose, línea por línea. Estas bandas eran las fibras extensibles del P.C. Estas hacían de la vagina un órgano firme y muscular.

El segundo molde fue hecho de la vagina de una paciente que nunca había experimentado orgasmo. Parecía más bien un embudo recto, ensanchado en forma pareja desde su apertura hacia la punta. Sus paredes no tenían virtualmente ninguna marca hecha por presión muscular. Evidentemente, el P.C. era débil. El órgano tenía un soporte pobre y poca fuerza.

«El segundo molde», le decía el Dr. Kegel, «se aproxima a su propia condición. Usted puede ver que la vagina, de la cual se ha hecho este molde, es incapaz de ejercer la presión que es esencial para un buen funcionamiento sexual.»

¿Por qué es importante la capacidad de ejercer presión? La respuesta a esta pregunta explica a muchos expertos el interrogante desde la antigüedad, de cómo la vagina podía proporcionar satisfacción sexual cuando al parecer no contenía casi ninguna terminación nerviosa.

La solución la explican de esta manera los siguientes facultativos: El Dr. Terence M. McGuire y el Dr. Richard M. Steinhilber de la Clínica Mayor: «De acuerdo con los datos actuales, los músculos por debajo de la mucosa vaginal (el revestimiento de la vagina) están bien equipados con terminaciones proprioceptivas (terminaciones nerviosas del tipo sensible a presión, movimiento y extensión). Durante el coito, éstas son adecuadamente estimuladas y bien pueden representar el aparato sensorial... primario. ... Podría parecer que el orgasmo vaginal es una realidad.»

En otras palabras, el músculo que rodea la vagina es rico en terminaciones nerviosas sensitivas. Los médicos habían fallado en hallar estas terminaciones porque su búsqueda había estado limitada al revestimiento de la vagina.

Como estos nervios se encuentran fuera de la vagina, se requiere presión firme desde adentro para estimularlos. En una vagina ancha y fláccida, el órgano masculino hace contactos pobres e infrecuentes con las paredes del conducto vaginal y, por ende, estimula muy poco los nervios situados en la musculatura que la rodea.

Si la vagina es reducida estrechándose hasta formar un canal firme y angosto por la contracción de la musculatura en torno de ella, el órgano masculino presionará y empujará estos músculos, dándoles un fuerte estímulo. Al ser estimulados, los músculos corresponderán con una contracción automática, la cual aumentará el contacto, ayudando así a fomentar la tensión que lleva al clímax femenino.

Este fenómeno había sido sospechado por mucho tiempo por algunos observadores. Ya a comienzos del siglo el Dr. Robert L. Dickinson informó que él podía identificar a mujeres con probables fallas sexuales al examinarlas. Escribió: «El tamaño, poder, las reacciones y el ritmo de contracción de los músculos de la base pélvica proporcionan información concerniente a los tipos vaginales de orgasmo coital (orgasmo durante el acto).»

En uno de los informes sobre sus primeros casos anotó: «El músculo elevador no es muy bueno. Le enseñé a usarlo.» Y agrega: «Al parecer, es muy importante que, después de recibir instrucciones, muchas mujeres son capaces de obtener algo que ellas llaman orgasmo, lo que antes de la instrucción no habían podido lograr.»

Algunos pueblos primitivos y orientales habían observado la necesidad de tal control y firmeza muscular y lo enseñaban a las mujeres jóvenes. Hay una tribu en Africa donde no puede casarse ninguna muchacha hasta que no sea capaz de ejercer fuerte presión con los músculos vaginales. Otras culturas notaron que la capacidad sexual es a menudo más pobre después del alumbramiento, debido a la extensión o daño causado al canal por el parto. En algunos países musulmanes las mujeres siguen la extraña costumbre de llenar la vagina con sal de roca después de un parto, a fin de hacerla contraerse.

Tras sus estudios sobre las reacciones sexuales en muuchas sociedades, Ford y Beach llegaron a esta conclusión: «Existe considerable evidencia para sostener la creencia de que la distensión de las paredes vaginales, resultante de la inserción del pene, sea un factor importante de ulterior enfriamiento emocional en la mujer.»

Informes ampliamente difundidos ahora confirman esta conclusión. El Dr. Donald Hastings de la Universidad de Minnesota comenta: «El ejercicio y la contracción voluntarios de los músculos que forman la base pélvica y rodean partes de la vagina son importantes para... la intensificación del placer sexual.» Y agrega: «Algunas de las prácticas sexuales secretas de otras culturas tendían a fortalecer los músculos vaginales.»

Y el Dr. John F. Oliven del Hospital Presbiteriano Columbia de Nueva York informa en su libro de estudios sobre los problemas sexuales para médicos y otros profesionales: «El síndrome hipestésico (falta de sensibilidad) más importante ocurre en conexión con el extremo relajamiento vaginal. Para la paciente misma esto puede parecer un asunto de contacto insuficiente entre el pene y las paredes vaginales. Sin embargo, hay evidencia de que las paredes relajadas son

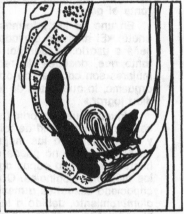

Fig. 7. (Izquierda.) **Vista lateral mostrando buen tono muscular del P.C. Nótese cómo la vagina está en posición correcta.** *(Derecha.)* **El músculo P.C., de tono débil, cuelga suelto y bajo, permitiendo la caída de los órganos femeninos debido al pobre soporte. El alumbramiento debe resultar más difícil para una mujer así; puede ser susceptible a dolores de espalda; la menstruación puede ser más dolorosa y el coito menos estimulante, tanto para ella como para su esposo.**

paredes hipestésicas, porque las terminaciones nerviosas submucosas y de profundo alcance —que son responsables de la mayor parte de la así llamada sensación vaginal— son representadas en forma mínima en su vehículo: principalmente el pubococígeo es hipotrófico (débil por subdesarrollo o degeneración).»

Oliven termina diciendo: «De modo que probablemente ningún grado de "vasta introducción" podrá subsanar por completo la sensación disminuida de estas mujeres. En otras palabras, cuando las paredes vaginales no se contraen de modo que puedan ofrecer presión y resistencia, la sensación ha de quedar realmente muy reducida, independientemente del tamaño del órgano masculino».[2]

Los beneficios del ejercicio del músculo P.C. son múltiples. Mejorarán el cuerpo de la mujer para: 1) el alumbramiento, 2) el control urinario, 3) la reducción de dolores de espalda, y 4) goce sexual aumentado para ella y su esposo. Además, si ella fuera incapaz en cualquier momento de lograr orgasmo, puede aliviar en gran parte la congestión pélvica efectuando repetidas contracciones del músculo P.C. cincuenta o más veces.

Considerando los beneficios resultantes de los ejercicios, Deutsch continúa diciendo:

Los ejercicios que fortalecen el músculo P.C. son seguros, simples y no producen fatiga. Aparte del beneficio sexual que parecen proporcionar, mejoran el sostén de los órganos de la pelvis. Ha sido comprobado por expertos que un músculo así fortalecido reduce los daños inherentes al alumbramiento y acorta la duración del parto, aumentando de esta manera la seguridad para el bebé.

Los partidarios del parto sin dolor consideran estos ejercicios como un factor esencial. Aun los médicos que no están a favor del parto sin dolor estiman que este entrenamiento muscular es muy valioso. Los instructores que enseñan en las clases preparatorias de la Y.W.C.A. para el parto enseñan estos ejercicios a las futuras madres. Y la Asociación Internacional de Educación Prenatal ha incorporado estos ejercicios en su programa de instrucción.

Para la vasta mayoría de los muchos miles de mujeres que no han aprendido los ejercicios existe una posibilidad de mejoramiento de su salud y satisfacción femenina más allá de lo que pueden imaginar.

Muchas mujeres pueden contraer el P.C. por voluntad consciente por el mero hecho de saber que existe. Y el Dr. Kegel ha señalado que algunas mujeres podían obtener satisfacción por primera vez únicamente por ser conscientes del músculo y su papel en el acto sexual.

Pero si el músculo es débil, como ocurre en muchas mujeres, es poco probable que resulte suficiente el mero conocimiento consciente del músculo. La mujer no solamente ha de aprender el control consciente del músculo, sino a fortalecerlo mediante ejercicios. «Es rara la mujer», dice el Dr. Kegel, «que no pueda beneficiarse de la firmeza aumentada del músculo.»

No obstante, puede resultar difícil obtener tal control sin instrucción. Muchas mujeres, cuando se les

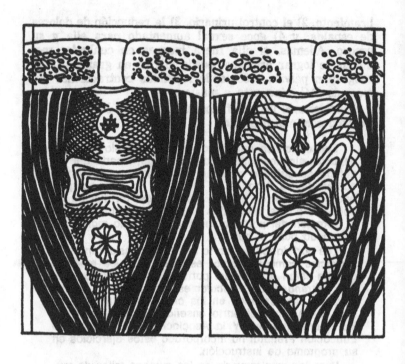

Fig. 8. *(Izquierda.)* Concepto de la vagina por parte de un artista, vista desde arriba, denotando buen desarrollo muscular. Las líneas gruesas indican fibras musculares fuertes, que aquí aparecen exageradas para enfatizar el espesor y resistencia del músculo pubococcígeo, siendo éstas las fibras que hacen posible una mejor percepción vaginal. *(Derecha.)* Concepto de la vagina hecho por un artista, vista desde arriba, mostrando pobre desarrollo muscular. Las líneas que aquí indican músculos son más finas y más escasas, sugiriendo estructura delgada y falta de resistencia del músculo pubococcígeo, generalmente acompañado de pobre percepción vaginal. Nótese cuánto más anchos son los pasos vaginales y urinarios debido a su soporte insuficiente.

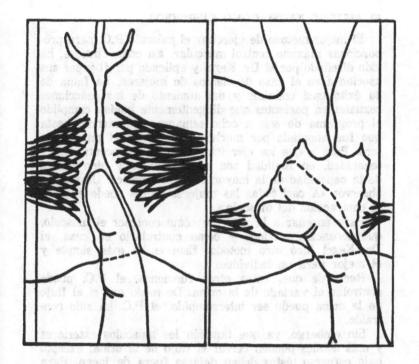

Fig. 9. El músculo pubococcígeo examinado por el médico.
(Izquierda.) Cuando el músculo es fuerte se palpa resistencia
en todas las direcciones. *(Derecha.)* Cuando el músculo es
fláccido la vagina es ancha y sus delgadas paredes se palpan
como si estuviesen desprendidas de las estructuras adyacentes.

dice que contraigan los músculos vaginales, comienzan
a tratar de contraer en su lugar músculos externos y
más débiles. Esto puede ser observado como un tipo
de fruncimiento de la apertura vaginal.

Solicitándoles que volviesen a intentarlo, y recor-
dándoles que se trataba de un músculo **interior**, muchas hacían esfuerzos cada vez mayores, contrayendo
músculos del abdomen, la región lumbar, las caderas
y los muslos. Estos músculos no están ligados al P.C.
Y, de hecho, se puede tener seguridad de que el ejercicio no está hecho correctamente por experimentar
fatiga muscular.[3]

EL METODO KEGEL COMO EJERCICIOS

El mejor método de ejercitar el músculo P.C. para proporcionar máximo control muscular, así como firmeza, ha sido diseñado por el Dr. Kegel y aplicado por él y por sus asociados en el caso de cientos de mujeres. La fama de su éxito casi unánime y del aumento de las reacciones sexuales en pacientes que diligentemente habían cumplido el programa de seis a ocho semanas, se extendió hasta que fue adoptado por muchos médicos en el mundo entero. Pese a que los ejercicios requieren concentración y tenacidad, en realidad son muy sencillos y bien dentro de la capacidad de la mayoría de las mujeres. Un médico observó: «A casi todas las mujeres se les puede enseñar la contracción del músculo.»

Para enseñar a la paciente cómo contraer el músculo, qué sensación produce y cómo controlarlo en casa, el Dr. Kegel ideó otro método. Este es el más simple y el mejor para un individuo.

Recuerde que, entre otras funciones, el P.C. puede controlar el vaciado de la orina. De modo que si el flujo de la orina puede ser interrumpido, el P.C. ha sido contraído.

Sin embargo, ya que también los músculos exteriores y más débiles pueden cerrar el flujo de la orina, excepto bajo esfuerzo, éstos deben dejarse fuera de juego. Para lograrlo, las rodillas deben ser ampliamente separadas. En esta posición, una vez que haya comenzado el flujo de orina, se hace un esfuerzo para detenerlo.

En casi todas las mujeres este esfuerzo contrae automáticamente el P.C. Esto significa poco esfuerzo, porque el músculo es capaz de detener el flujo de orina en la mayoría de mujeres, excepto que haya presión extra. Pero enseña la sensación de una contracción del P.C. Tras unos cuantos intentos, la mayoría puede reconocer la sensación, y puede repetir las contracciones en cualquier momento y en cualquier lugar, usando la interrupción ocasional de vaciado urinario sólo como un control. Cada contracción ejercita al músculo que rodea la vagina.

En realidad se requiere muy poco esfuerzo, aunque al principio se precisa concentración. «Una vez que se aprende la contracción», dice la educadora prenatal

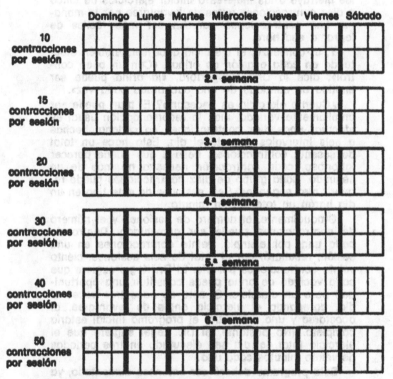

CARTILLA DE EJERCICIOS P.C. DE SEIS SEMANAS

1.ª semana

	Domingo	Lunes	Martes	Miércoles	Jueves	Viernes	Sábado
10 contracciones por sesión							

2.ª semana

	Domingo	Lunes	Martes	Miércoles	Jueves	Viernes	Sábado
15 contracciones por sesión							

3.ª semana

	Domingo	Lunes	Martes	Miércoles	Jueves	Viernes	Sábado
20 contracciones por sesión							

4.ª semana

	Domingo	Lunes	Martes	Miércoles	Jueves	Viernes	Sábado
30 contracciones por sesión							

5.ª semana

	Domingo	Lunes	Martes	Miércoles	Jueves	Viernes	Sábado
40 contracciones por sesión							

6.ª semana

	Domingo	Lunes	Martes	Miércoles	Jueves	Viernes	Sábado
50 contracciones por sesión							

En esta cartilla de seis semanas, cada día está dividido en seis bloques. Estos bloques representan seis sesiones de ejercicios del músculo P.C. En el margen izquierdo de la cartilla está el número sugerido de contracciones a efectuar durante cada una de las seis sesiones por día. Anote en el bloque el número de contracciones logradas por sesión.

Dra. Mary Jane Hungerford, «requiere menos esfuerzo que cerrar un ojo. Efectivamente, puede hacerse tan rápido como abrir y cerrar los ojos, aunque durante los ejercicios la contracción deberá ser sostenida por cerca de dos segundos.

Una vez que el control del P.C. sea aprendido, se les instruye a las mujeres a iniciar ejercicios de cinco o diez contracciones antes de levantarse por la mañana. Las contracciones parecen ser más fáciles de lograr a esa hora.

Y, al comienzo, el ejercicio debe ser también efectuado en cada ocasión de orinar. «Con un buen control», dice la Dra. Hungerford, «la orina puede ser emitida en cantidad de una cucharada cada vez».

¿Cuánto ejercicio es necesario? El plan puede ser ampliamente variado, mas la recomendación usual es efectuar unas diez contracciones en cadena, hechas a seis intervalos durante el día. Esto hace un total de sesenta contracciones. Pese a que puede parecer laboriosa, cada contracción necesita no más de un segundo. Cada grupo de diez contracciones puede requerir diez segundos. Seis sesiones de este tipo en un día harán un total de un minuto.

Gradualmente, el número de sesiones y el número de contracciones puede ser aumentado. Dentro de cada una, por ejemplo, veinte contracciones en una sesión, resultará, por el total de seis sesiones, ciento veinte contracciones por día. El Dr. Kegel sugiere que cada vaciado de orina puede constituir una oportunidad para un ejercicio. Si esto se hace tres veces al día, agregando el ejercicio antes de levantarse, al acostarse y una vez extra, el programa inicial estaría completo. (No obstante, el Dr. Kegel sugiere que el ejercicio total del día sea ejecutado en tres períodos de veinte minutos cada uno.)

Este programa deberá ser entonces aumentado, ya que la contracción se podrá hacer casi sin esfuerzo. Muchas mujeres encuentran que treinta contracciones en una sesión resultan confortables en número y pueden ser efectuadas en un minuto, una vez que el entrenamiento esté en marcha. No existe razón para apresurarse, pero hay muchas mujeres que piensan que se pueden lograr fácilmente doscientas o trescientas contracciones por día, en forma espaciada en el curso del día, a horas convenientes. Esto daría un total de trescientas contracciones en el ejercicio diario. Según el Dr. Kegel, la mayoría de las pacientes llegan a un total de cerca de trescientas por día dentro de unas seis semanas. A esta altura el control de la evacuación de orina es muy bueno, aunque en algunas mujeres con musculatura especialmente débil pueden serles necesarias unas diez semanas en total. La mayoría pueden notar cambios sexuales y de otra índole dentro de tres semanas; no obstante de ello, son alentadas a continuar.

¿Por cuánto tiempo? Después de seis a ocho semanas, cuando se haya llegado al esquema de «trescientas por día», normalmente no se requieren ejercicios adicionales. Una de las razones es que el estado normal del P.C. no es relajamiento total. Para cumplir su tarea de soporte pélvico, permanece en un estado de contracción parcial, con tendencia a mantener su firmeza. Sin esa contracción parcial, por ejemplo, la orina no podría ser retenida normalmente. El P.C. se relaja por completo únicamente bajo anestesia.

Los ejercicios fortalecen este estado constante de contracción. Tras unas pocas semanas un molde de la vagina demuestra una forma marcadamente cambiada. Más aún, la actividad sexual ayuda a preservar el nuevo tono muscular de varias maneras.

Primera: Al parecer, el estado constante de contracción es aumentado durante el coito. Segunda: El estímulo sexual parece producir leves contracciones de reflejo de los músculos vaginales. Tercera: Muchos expertos aconsejan a las mujeres que efectúen ocasionales contracciones conscientes como técnica de coito, como luego veremos en mayor detalle. Finalmente, en el clímax sexual el P.C. se contrae involuntariamente, fuerte y rítmicamente, entre cuatro a diez veces, en intervalos de unas cuatro quintas partes de un segundo. (Esta explosión contráctil es seguida por la sensación de liberación y la desaparición de la tensión.)

A las mujeres que tienen dificultades en determinar si realmente contraen o no el P.C. se les enseña primeramente a ejercitar las contracciones mientras eliminan orina. Otras mujeres que parecen tener poca percepción de la posición y existencia del músculo tendrán necesidad de la ayuda de un médico para aprender el ejercicio.

En el Instituto Americano de Relaciones Familiares las mujeres son aconsejadas a usar su nueva habilidad contráctil durante el coito, en forma consciente primero, ejerciendo presión firme y lentamente después. De hecho, se recomienda hacer una serie de contrdcciones conscientes antes de la entrada del órgano masculino. Se cree que esto ayuda a preparar el terreno para el funcionamiento del músculo como reflejo automático Además parece ayudar a que la tensión sexual vaya en aumento, lo que es deseable, ya que contribuye a construir esa tensión, la cual, llegando a su culminación, dispara, al parecer, el resorte del orgasmo...

La participación de la mujer figura entre los conceptos modernos más importantes del amor físico logrado con éxito. Hablando de esto, el Dr. Charles Lloyd, importante autoridad en materia sexual, comenta que en nuestra sociedad «las mujeres adultas son frecuentemente incapaces de agresividad sexual y asumen un papel inactivo durante el acto marital. A menudo no experimentan orgasmos claramente marcados.» «Las sociedades en donde existe un entrenamiento para el papel sexual», señala, «producen normalmente un mayor grado de agresividad en la actividad sexual, con vigorosa participación de la mujer, ya que con más regularidad ocurren orgasmos completos y satisfactorios.»

El uso del músculo P.C. proporciona un mecanismo claro para una participación femenina. Ofrece un concepto de la vagina no meramente como una receptora pasiva de acción, sino como activadora.

Hace unos cuarenta años Van de Velde dio una descripción de este concepto: «La estructura total (de los órganos femeninos) es acentuada mediante la acción de los... músculos...; es un aparato para coger y frotar el órgano sexual masculino durante y después de su inserción o intromisión en la vagina, y produce de este modo la eyaculación de semen o células de esperma en la culminación de la excitación, y a la vez, mediante presión y fricción, para asegurar el orgasmo o algún tipo de placer y éxtasis, también en la mujer.»

¿Hasta qué punto resulta cierto este esquema del coito? Algunos informes indican que ocurre tan sólo por tomar conciencia de ello, y a través de la fortificación de la musculatura vaginal.

De acuerdo con la Dra. Hungerford:

«En la educación prenatal enseñamos a las mujeres los ejercicios de contracciones a fin de fortalecer el canal del parto y promover la distensión del canal, de modo que el dolor y los daños puedan ser evitados para la madre. Primeramente, al enseñar los ejercicios, no hice ninguna mención de su valor sexual. Solamente les enseñé en términos de alumbramiento.

»Mas dentro de algunas semanas una mujer acudió a mí antes de la clase para decirme que por primera vez había experimentado un orgasmo durante el acto. El mismo hecho ha ocurrido repetidamente. Muchas mujeres pensaban que esta parte era la más importante que habían obtenido de los cursos y me informaron que estaban dando clases de ello a otras mujeres con el mismo resultado.

»Hace algunos años, una colega, consejera matrimonial, una mujer de sesenta años, observaba mis clases escuchando lo que yo enseñaba. En ese entonces estaba explicando la importancia del ejercicio desde el punto de vista sexual, y la consejera me interrogó acerca de esto. Cuando me encontré con ella un mes más tarde, me dio un enorme abrazo, diciendo que por primera vez en cuarenta años de matrimonio había experimentado un completo orgasmo.»

Al parecer, los ejercicios son capaces de restaurar la adaptación sexual que había sido perdida, aparentemente debido al estiramiento excesivo de la vagina durante el parto. Como el Dr. John Oliven lo explica: «Si el P.C. está constitucionalmente predispuesto a debilidad, puede ser que no llegue a recobrar su tono normal, aun después de un parto relativamente normal, y especialmente tras varios partos sucesivos.»

Algunos médicos recomiendan a sus pacientes hacer los ejercicios durante el embarazo para dar a las paredes más firmeza y mejor tono, como ocurre con todo músculo que se ejercita. El P.C. también aumenta de espesor mediante los ejercicios. Los médicos hacen uso de los ejercicios en sentido restaurativo, después del parto.

El Dr. Kegel sugiere que si dos tercios de las mujeres americanas tienen debilidad del músculo P.C., hasta el grado de ensombrecer sus relaciones sexuales, sería de esperar que los daños asociados con el parto, y otras dolencias relacionadas con debilidades del P.C., deben abundar. Existen indicaciones de que así es.

. . . .

La prevención y restauración logradas mediante el ejercicio del músculo P.C. son consideradas por muchos expertos como muy valiosas para la mayoría de mujeres en algún punto de su vida, especialmente para las que dan a luz. El buen tono del P.C. es muy deseable desde el punto de vista médico. Y el ejercicio para lograr ese buen tono es ciertamente inocuo.

Sexualmente, la fortificación del músculo y una comprensión de su funcionamiento han aliviado muchos casos de inadaptación e incomprensión conyugal.[4]

A veces he encontrado resistencia a estos ejercicios por parte de esposas cristianas. En uno de esos casos, una mujer casada por casi veinticinco años y madre de cinco hijos me consultó: «Pastor, me parece todo tan antinatural», dijo. «Si Dios quiso que aquellos músculos vaginales fuesen lo suficientemente firmes para que yo pudiese obtener mayor satisfacción haciendo el amor, El los hubiese hecho más firmes.» Le expliqué que, efectivamente, Dios así lo quiso originalmente, pero que sus cinco partos y el proceso de envejecimiento natural lo habían relajado hasta tal punto que no le servían de mucho, y que cuanta más edad iba a tener, tanto más necesitaría tonificarlos mediante ejercicios.

Se marchó a casa bastante reticente a intentarlo, pues reconoció que poco creía en su efectividad. No obstante, siguió los ejercicios fielmente, y, como me comunicó más adelante: «Dentro de un mes comencé a experimentar sensaciones que nunca antes conocía. Dentro de cinco semanas, mi esposo, que había tenido dificultades en mantener su erección, notó una dimensión nueva de vitalidad en nuestra vida amorosa. Ahora ambos creemos que nuestros próximos veinticinco años de amor serán mucho más interesantes que los primeros veinticinco años.»

A algunas mujeres que se habían opuesto a intentar los ejercicios para su propio beneficio las hemos convencido de hacerlos para beneficio de sus esposos. Antes de ocho semanas, varias entre ellas nos comunicaron haber experimentado su primera plenitud orgásmica tras muchos años de matrimonio. En realidad, ocho semanas no constituyen un período demasiado largo para un experimento que puede proporcionar beneficios para toda la vida. Inténtelo, existen buenas probabilidades de que le placerá y beneficiará.

Nota: Muchos médicos, ginecólogos, consejeros sexuales y consejeros matrimoniales recomiendan un ejercitador ginético único llamado «Femogen», diseñado para intensificar y simplificar el logro de los ejercicios de Kegel. No es caro y se dice que reduce el tiempo total de los ejercicios a tres o cuatro semanas y que ha dado resultados óptimos, tal como es garantizado en la compra. Para un folleto descriptivo gratis, escriba a «Family Services», P.O. Box 124, Fresno, Ca. 93707, USA.

Notas

[1] Ronald M. Deutsch, *La llave a la respuesta femenina en el matrimonio* (Nueva York: Random House, 1968), páginas 52-53.
[2] Idem, págs. 53-66.
[3] Idem, págs. 68-73.
[4] Idem, págs. 74-81.

10 | El hombre impotente

Durante su convalecencia tras una intervención quirúrgica en un famoso centro de investigaciones médicas, un doctor se encontraba sentado en el despacho de un colega y compañero de estudios, quien en aquel entonces era jefe de ese hospital. El médico convaleciente le preguntó: «¿Crees que existe algún aumento en cuanto a problemas de medicina hoy en día?» Sin titubear, su amigo le respondió: «Sí, ¡la impotencia masculina! Casi no pasa un solo día sin que acuda a mí un hombre para exclamar muy preocupado: "Doctor, creo que me estoy poniendo impotente." He visto a muchos estallar en lágrimas.» La presente obra no sería completa sin un cuidadoso examen acerca del problema cada vez mayor de la impotencia.

Después de cumplir los cuarenta años, el órgano sexual más importante de un hombre es su cerebro. El tamaño de sus genitales nada tiene que ver con su capacidad sexual, sino con la idea que tiene de sí mismo. Si se considera viril y efectivo, lo es. Si se considera inadecuado, lo es. El viejo refrán: «Eres lo que piensas que eres», es correcto de manera especial con respecto a la capacidad sexual del hombre.

La primera vez que me encontré con un caso de impotencia masculina fue después de una conferencia de Seminario de Vida Familiar titulada «Adaptación física en el matrimonio». Un hombre de cuarenta y ocho años me preguntó si acaso yo creía que existía alguna esperanza para un hombre que llevaba ocho años de impotencia. Con un lamento en mi interior frente a esta tragedia innecesaria, le pregunté cuál era la reacción de su esposa. Respondió: «Aprendió a vivir con ello.» ¡Qué triste! La ignorancia los había engañado a los dos, privándoles de muchas experiencias amorosas.

POR QUE ALGUNOS HOMBRES SE HACEN IMPOTENTES

Las investigaciones demuestran que la impotencia va en aumento con pasos vertiginosos. Podemos predecir que está en vías de empeorarse, excepto que los hombres aprendan acerca de sí mismos y sus esposas para descubrir lo que pueden aportar en este asunto.

El instinto sexual en el hombre alcanza su cúspide entre los dieciocho y veintidós años; desde esa edad comienza a menguar lentamente, tan lentamente que la mayoría de los hombres no se percatan de ello hasta de los treinta a fines de sus cuarenta, y muchos no lo detectan hasta sus sesenta. La primera vez que un hombre tiene dificultades en mantener una erección o es incapaz de eyacular, su mal se convierte en tragedia. Dentro de un tiempo sorprendentemente breve logra convencerse a sí mismo de que está perdiendo su virilidad, y cuanto más piensa de este modo, tanta más probabilidad tiene de pasar por más experiencias negativas.

Un hombre de cuarenta y cinco años, quien había gozado de una bella armonía en sus relaciones con su esposa, decidió someterse a una vasectomía. Tres médicos le aseguraban que la intervención era totalmente segura y no disminuiría en absoluto su instinto sexual. Había esperado, después de la operación, seis semanas, de acuerdo a las instrucciones médicas, y luego tuvo la experiencia desastrosa al tratar de producir una muestra de semen para el examen médico correspondiente. La catástrofe ocurrió el mismo día que iba de viaje de negocios por una semana. Su avión iba a despegar a las 3'00 de la tarde, de modo que fue a la oficina por la mañana, después de haber convenido con su esposa que harían el amor en la tarde, a fin de obtener la muestra de semen. Luego ella llevaría la muestra al despacho del médico después de que él hubiera salido del aeropuerto. Lamentablemente llegó a casa más tarde de lo calculado y empacó sus ropas furiosamente; luego comenzó a hacer el amor con prisa, sólo para comprobar que su erección no era suficiente para el gozo de su esposa y que por primera vez en su vida no era capaz de eyacular.

Aunque dijera a su esposa: «Esto no tiene ninguna importancia», sí que la tenía. Contando con una semana entera para pensar negativamente sobre su fracaso sexual, regresó todo convencido de que era impotente. Amando a su esposa lo suficiente como para buscar ayuda, al saber más acerca del funcionamiento de su sistema reproductivo recuperó la confianza en su instinto sexual. La primera experiencia positiva con su esposa desembocó en otras tantas, y finalmente se desvanecieron todos sus pensamientos sobre «impotencia». Actualmente gozan de una vida amorosa completa.

En noventa casos de cien la impotencia puede ser curada. Hemos de recordar el texto: «Como el hombre piensa en su corazón, así es él» (Prov. 23:7). Frecuentemente el corazón es considerado como el centro emocional del cerebro, que es el motivador primario de *cada órgano* del cuerpo. Si un hombre *piensa* que es impotente, se siente impotente; y si se siente así, *es* impotente. Una fórmula podría expresar el problema de esta manera: pensamientos impotentes + debilidad sexual = impotencia. Las investigaciones indican que casi toda impotencia masculina es curable.

La malfunción copulatoria es a menudo el primer paso hacia la impotencia. Por cualquiera razón entre varias, puede llegar a ser imposible para un hombre eyacular tras años de experiencias de pleno éxito. Tras esa primera malfunción su temor de otra le convencerá: «¡Se me está acabando el combustible!», o «Estoy envejeciendo demasiado»; y ese temor puede acarrear malfunciones subsiguientes. Aunque es posible que no haya tenido dificultad en mantener una erección anteriormente, puedo asegurar que si no resuelve su temor seguirá teniendo problemas similares.

El pene fláccido es la forma más común de impotencia y hasta las dos últimas décadas era el problema primario de hombres de mediana edad. Ahora, debido a demasiado énfasis sobre el sexo, en nuestra sociedad emocionalmente presionada, es de lamentar que se haya convertido en la aflicción de muchos jóvenes de hoy. Este tipo de impotencia no puede ser siempre deducido de un solo problema, sino que por lo general es el resultado de toda una combinación de dificultades diversas.

Un pene rígido es absolutamente indispensable para la consumación satisfactoria del acto marital. El hombre aquejado por un pene fláccido, sea antes o después de su introducción a la vagina, puede ignorar su causa por completo. Puede tener un gran deseo de hacer el amor a su esposa, pero experimentar dificultad en tener suficiente rigidez para la entrada. Puede ser que logre una buena entrada, lanzando a ambos esposos exaltados hacia el orgasmo, cuando de súbito su pene rehúsa cooperar, poniéndose flojo. Biológicamente es casi imposible que eyacule durante el coito sin mantener su erección. No obstante, la esposa puede efectuar un masaje y manipular el pene fláccido hasta conseguir un orgasmo masculino con la consiguiente eyaculación, y esto puede, a veces, proporcionar un alivio temporal de tensión sexual.

¿CUAL ES LA CAUSA DE LA IMPOTENCIA MASCULINA?

Resulta difícil apuntar a una sola causa, por ser ésta normalmente el resultado de la combinación de varios factores. Sea lo que fuese la causa, el hecho es que produce una enorme tortura emocional para cualquier hombre. El problema merece una cuidadosa consideración debido a que un número abrumador de casos pueden ser curados si ambos esposos están dispuestos a cooperar. El primer paso hacia la curación de este mal es comprender sus causas más comunes.

1. *Pérdida de energía vital.* Pocos son los jugadores profesionales de fútbol que permanecen siendo jugadores activos pasados sus cuarenta años, y, en efecto, la mayoría abandona el juego al comenzar o a mediados de sus años treinta. Los huesos se tornan más frágiles, los músculos requieren más tiempo para sanar, y su vigor juvenil comienza a desvanecerse. Estos hombres, evidentemente, no dejan de ser hombres. La mayoría se dedica a otras profesiones, viviendo una vida productiva.

De modo similar, un hombre que sufre de impotencia masculina debido a una pérdida de sus energías vitales no debe contemplar su mal como un tipo de castración. Se trata, simplemente, de que en su edad madura carece de la misma intensidad de instinto sexual que solía tener en sus años veinte; lo que no quiere decir que esté «sexualmente acabado». Posiblemente, cerca de sus años cuarenta o cincuenta no sentirá necesidad de la frecuencia de coito como en sus años veinte; su pene no estará tan rígido como en años anteriores y podrá tener ocasionalmente una malfunción. mas de ninguna manera significa que «esté acabado». Efectivamente, al encontrarse con la comprensión y ayuda por parte de su esposa amante, puede aprender a experimentar algunas de las experiencias más satisfactorias de su vida amorosa.

2. *Enfado, amargura y resentimiento.* Durante varios años he dirigido una pregunta clave a los hombres impotentes: «¿Existe alguien en su vida a quien usted rechaza?» Un piloto de una línea aérea, de apenas treinta años de edad, acudió a mí y tras varios intentos embarazosos para contarme su problema, finalmente explotó: «¡Soy impotente!» Contemplando su belleza como especie humana, construido como un atleta, me costó creerlo.

A mi pregunta «¿Cómo van las cosas entre usted y su madre?», respondió con un ladrido: «¿Tiene que hablarme de ella?»

«Ya que usted lo enfoca de esta manera, mejor que lo hagamos», le respondí.

Procedió a informarme sobre «aquella bruja» que representaba su madre. Humanamente hablando, tenía todos los motivos para tener sentimientos de este tipo acerca de ella, porque si la mujer hubiese sido culpable solamente de la mitad de lo que él la acusaba, debía haber sido una mala mujer.

Sólo después que ese joven se hubo arrodillado y confesado su odio amargo para con su madre fue capaz de funcionar normalmente con su esposa. De alguna manera un odio de esa magnitud es transferido en el subconsciente de la madre a la esposa, sofocando por lo general el instinto sexual. La impotencia es un precio muy alto que pagar por una amargura como esa.

Las madres dominantes no son las únicas que pueden causar impotencia mediante el odio. Un jefe, un vecino, un padre y, naturalmente, una esposa pueden provocar la misma respuesta. Tales pensamientos y emociones pecaminosos no solamente son capaces de sofocar el natural instinto sexual del hombre y privarlo a él y a su esposa de muchas experiencias extáticas de amor, sino que pueden reducirlo a un enano espiritual por toda la vida. Nuestro Señor dijo: «Si no perdonáis a otros sus ofensas, tampoco vuestro Padre celestial os perdonará a vosotros» (Mateo 6:14). La única terapia efectiva que conocemos es tratar la extrema amargura en forma espiritual. Alguien ha dicho categóricamente: «Amar o perecer.»

3. *Temor.* Los hombres parecen ser raramente lo que aparentemente son: llenos de confianza, autodominio y hombría. Por debajo de esa fachada puede haber un temor de llegar a ser impotentes. Como hemos afirmado previamente, el *ego* masculino está íntimamente ligado a su instinto sexual. Algunos hombres se han inducido a sí mismos a ser impotentes por el temor de no poder satisfacer a sus esposas. Por esta razón, es muy aconsejable que una esposa se esmere en hacerle saber a su marido cuánto disfruta ella de su manera de hacerle el amor.

Los investigadores en este campo informan casi invariablemente que el temor a la castración es un problema universal para todo hombre. La mayoría le da apenas un pensamiento fugaz al asunto, mas para algunos llega a ser una fobia. Estando presente en el subconsciente de cada hombre, puede comprenderse la razón por qué la primera malfunción en el hombre de mediana edad es mentalmente aumentada desproporcionadamente y lleva a problemas adicionales de impotencia. Una vez que ese temor al fracaso llega a dominar a un hombre, sólo con enormes dificultades puede sacudirlo; no obstante, mediante la oración, educación, ternura y cariño puede disiparlo. Con la misma seguridad que un trozo de metal contactando un cable de alto voltaje a una corriente normal de electricidad produce un cortocircuito, puede el temor causar un cortocircuito en el instinto sexual masculino.

Cuando un pene palpitante y rígido súbitamente se torna fláccido sin ninguna razón aparente, podemos sospechar que la motivación reside en el cerebro. ¡El temor ha vencido una vez más!

Pese a todo el despliegue de la imagen de perfección sexual que mantiene y que le gusta proyectar, el hombre, por lo general, es aquejado por seis tipos de temor sexual.

a) *El temor al rechazo.* Dependiendo de su temperamento y las reacciones pasadas de su esposa a sus avances, un hombre se acerca a menudo a su esposa con un temor profundamente arraigado de ser rechazado. Naturalmente, hay ocasiones cuando ella realmente se encuentra «demasiado cansada» o «no sintiéndose bien esa noche», pero es de suma importancia que ella sea sincera a ese respecto; si su esposo es un hombre sensible, más vale que se asegure de convencerle de que el problema radica en ella y no en él. El inveterado temor al rechazo en su subsconsciente le inducirá a interpretar que al rehusar ella es porque no le encuentra sexualmente deseable; y un hombre no puede aceptar no ser atractivo para su esposa. No existe nada peor para su *ego* masculino. Más de una esposa nos ha confiado que un rechazo de ese tipo llegó a eliminar todo interés sexual por parte de los esposos por varias semanas.

b) *El temor de no poder satisfacer a su esposa.* Estudios recientes indican que para un hombre significa una enorme frustración cuando su esposa no queda satisfecha en el acto marital. Asimismo, significa una amenaza para su virilidad. Una mujer sabia comunicará verbalmente su placer a su esposo, como también se lo hará saber por otros medios más sutiles.

c) *El temor de ser comparado con otro hombre.* Este temor masculino básico jamás debería ser un problema para un cristiano, ya que la Biblia enseña tan claramente la virtud de la castidad antes del matrimonio. Si alguien ha violado esa norma, o si ha estado casado previamente, *jamás* llegue a expresar tal comparación. (Hasta para un cristiano maduro le resulta difícil olvidar por completo su violación del plan perfecto de Dios.) Conocí a un hombre que insistía en sus indagaciones hasta que su esposa le confesó que su fallecido esposo había sido sexualmente más satisfactorio que él. Esa confesión causó dolores de alma inexpresables, y al final desembocaron en mi despacho para pedirme consejo.

d) *El temor de perder su erección.* El acto satisfactorio depende, en alto grado, de la capacidad del esposo en mantener su erección. Un pene fláccido resulta insatisfactorio para ambos cónyuges y además humillante para el esposo.

e) *El temor de no poder eyacular.* Hasta que no haya experimentado su primera malfunción eyaculatoria el hombre ni sueña con la posibilidad de que esto le pueda ocurrir a él. Esa primera experiencia es tan devastadora que puede crear una neurosis que reduzca a un hombre perfectamente normal a la impotencia.

4) *Temor al ridículo.* Un hombre, simplemente, no puede aceptar el ridículo, y una esposa sabia jamás le expondría a ello. En particular esto atañe a todo lo relacionado con su virilidad, y aún más, con su aparato sexual. Es un fenómeno extraño de la naturaleza, pero casi todo pene henchido tiene el mismo tamaño (seis a ocho pulgadas), no importa de qué porte sea el hombre. Sin embargo, un pene fláccido puede tener cualquiera medida entre las dos a ocho pulgadas de largo. Las investigaciones tienen que explicar la razón de esto, por qué motivo algunos se reducen más que otros, pero podemos estar seguros de que cuando un hombre lo tiene corto y suave temerá ser inadecuado. No obstante, el órgano masculino no requiere tener más longitud que unas dos o tres pulgadas para efectuar una labor perfecta en el acto de amor, porque la única parte de la vagina interior que es sensible al tacto o la presión se extiende desde los labios externos hasta unas dos o tres pulgadas hacia adentro.

Jamás hubo hombre alguno que haya resultado demasiado pequeño para el acto conyugal; no obstante, millones *temen* esa posibilidad. Por esta razón, podría ser desastroso si una esposa se permite bromear en cuanto al órgano de su esposo, porque con ello bien podría impedirle su funcionamiento normal. Un marido estaba tan humillado que no podía expresarlo a su esposa, por haberle dicho ella: «¡A ver si serás lo bastante hombre para tomarme esta noche!» Esto le desmoronó. El caso es que su intención no era ridiculizarlo, sino que sentía vergüenza de decírselo formalmente y apeló a esta broma, sin soñar jamás que él lo encontraría ofensivo. El lector podrá, sin duda, adivinar el efecto sobre otro esposo cuando su esposa, sin percatarse de que él estaba pasando por su primera malfunción sexual, dijo: «¿Qué te pasa, muchacho? ¿Ya no eres el hombre de antes?» Ridiculizar es el arma de niños, y ser empleado por una esposa es similar a un asesinato psíquico.

5. *Culpabilidad.* Uno de los temas que la psicología moderna quiere ignorar hoy, en su intento humanístico para resolver el problema del hombre independientemente de Dios, es la realidad de la conciencia. Por esta razón los psicólogos rara vez o nunca aclaran que el amor libre y la promiscuidad antes o durante el matrimonio es capaz de producir un complejo grave de culpabilidad que desemboca en impotencia. Es bien conocido que frecuentemente las mujeres lleguen a sentirse tan culpables después de casarse, a causa de debilidades morales antes del matrimonio, que su capacidad de disfrutar el sexo se ve gravemente disminuida. Lo mismo puede pasarle a un hombre. Un joven, al recordar su primera experiencia de impotencia en el primer año de su matrimonio, lo resumió diciendo: «Tenía más instinto sexual cuando vivíamos juntos que después que fue mi esposa.» Otro declaró: «Todo el tiempo, desde que tuve una aventura amorosa con la mejor amiga de mi esposa, me pongo fláccido en el momento de entrar al dormitorio.» Un vendedor que trabajaba casa por casa me contó que había caído en impotencia poco después de haber sido inducido a acostarse (así lo afirmó) en la cama de una ama de casa y ser sorprendidos por el marido. Una cosa que todos tenían en común era complejo de culpabilidad.

Los méritos de la virtud y castidad son muchos, siendo el mayor una clara conciencia. Uno de los casos más tristes que hemos atendido fue el de un joven pastor que había abandonado a su esposa, sus hijos y su ministerio por una mujer a la que «amaba tanto que no podía renunciar a ella». Después de diez años de vida culpable se quejó de impotencia a la edad de sólo treinta y siete años. Finalmente reconoció: «Cada vez que llego a casa y veo a mi mujer, pienso en la primera esposa a la que abandoné. Cada vez que paso por delante de la iglesia, pienso en el ministerio del cual había gozado una vez. Ahora, colmando mi culpabilidad, soy impotente. Mi falta de atención a mi segunda mujer es una pesadilla; ella me presiona por relaciones conyugales, y las cosas andan de mal en peor.»

La Biblia advierte: «El camino de los prevaricadores es duro» (Prov. 13:15). Además: «Todo lo que un hombre sembrare, la misma cosa cosechará» (Gál. 6:7). Afortunadamente existe un remedio para el complejo de culpa: aceptar a Jesucristo como Salvador personal y confesar las culpas en Su nombre. «Si confesamos nuestros pecados, El es fiel y justo para perdonar nuestros pecados, y para limpiarnos de toda culpa» (1.ª Jn. 1:9). Aunque nuestro Señor perdona instantáneamente, yo creo que se requiere más tiempo para perdonarnos a nosotros mismos. Por esta razón, la impotencia producida por culpabilidad no desaparecerá de la noche a la mañana.

6. *Expectaciones irrazonables.* Es importante que el hombre comprenda que es Dios quien lo ha hecho de manera que su instinto sexual tenga su cúspide entre los dieciocho y veintidós años. Durante ese período sus órganos reproductivos producirán una cantidad increíble de semen y espermatozoides. La razón es obvia: La intención de Dios era que el hombre se casase y comenzase a engendrar hijos en su juventud. Durante esos años algunos hombres pueden experimentar de una a cinco eyaculaciones por día. Como hemos mencionado anteriormente, ese deseo y eficiencia tienden a disminuir un poco después de los veintidós años. Cuando se percata de la disminución del deseo y su intensidad, aumenta el problema al compararse con sus capacidades juveniles. La mayoría de los

hombres no consideran que no fue la intención de Dios que comparasen su potencia de cincuenta años con la de veintidós. Igualmente debemos recordar que un hombre de cincuenta años tiene una mayor capacidad de amar, de expresión emocional y de compartir que un hombre inmaduro. Es de tanto más valor hacer el amor de un modo reposado y sentimental que la mera explosión de las glándulas, y la mayoría de los hombres posiblemente llegan a percatarse de este hecho; pero lamentablemente algunos permiten que una malfunción ocasional les robe años de gozo. Un esposo maduro está dispuesto a sacrificar algo de cantidad por una bien valorada calidad.

Francamente, el hombre que acepta el hecho de que en ciertas ocasiones durante su proceso de maduración (que difiere en cada individuo) pueda experimentar en una semana hasta cuatro o más experiencias llenas de significado con su esposa —dependiendo de las circunstancias, acumulación de trabajo, éxtasis con su esposa, y de varios factores—, se preparará mentalmente para cientos de experiencias amorosas en los años maduros de su vida. El hombre que de forma irrealista exige de sí mismo mantener la capacidad maratónica de su juventud, se está engañando y se predispone irremediablemente a la impotencia.

Según indican las investigaciones, muchos hombres se han dedicado a hacer el amor durante su vida entera, no tan frecuentemente en sus años ochenta como en sus treinta, naturalmente; pero ha habido hombres centenarios que han engendrado hijos. Después de un Seminario de Vida Familiar me preguntó una mujer de setenta y cuatro años de edad: «¿Cuántos años tiene que tener un hombre para dejar de desear el sexo? Mi esposo está detrás de mí todos los días.» Su esposo tenía ochenta y un años.

Las investigaciones en este campo han revelado que amantes de toda la vida tienen una cosa en común, no de apariencia atrayente o virilidad, sino de actitud mental positiva. El hombre que comienza a hacer el amor a su esposa con la expectación de llevarlo a cabo hasta completar el acto, lo realizará; uno que anticipa el fracaso, llegará a él forzosamente. Alguien comentaba: «Hay dos tipos de gente, los que piensan que pueden, y los que piensan que no pueden; y los dos tienen razón.» Este es, en especial, el caso de la impotencia masculina.

7. *Obesidad.* No hay nada de halagador en la obesidad, ni para otros ni para el obeso mismo. Rollos de grasa no pueden contribuir a estimular la confianza en sí mismo, la cual es esencial para la potencia. Cuando un hombre se permite tener sobrepeso en extremo, pierde el respeto a sí mismo, le es embarazoso verse desvestido, y aún más importante, se siente avergonzado de dejarse ver desnudo ante su esposa. Cuanto más rechaza su propia apariencia, tanto más supone que su esposa lo encuentra repugnante. En lugar de llamarla «cariño» o «querida», comienza a usar expresiones como «mamá» o «mamacita», y la vida amorosa desciende a cero.

Un hombre de cincuenta y cinco años, con treinta libras de sobrepeso, se quejaba de «falta de instinto sexual». Además de señalarle la necesidad de más disciplina en su vida espiritual (asistencia más fiel a la iglesia, estudios bíblicos regulares, andar en el Espíritu y aprender a compartir su fe en Cristo), le recomendé que visitase a su médico de cabecera y que iniciase un programa para la reducción de peso. Cuando Spencer volvió al cabo de dos semanas, vino acompañado de su esposa. Ya entonces denotaba mejoría. Había perdido siete libras y declaró con orgullo «poder correr su cinturón con una perforación más»; pero aún no había intentado hacer el amor. Durante esa sesión detecté rápidamente que llamaba a su mujer «mamá»; habían criado tres hijos y Spencer me explicó que acaba de «habituarse a llamarla así».

La mayoría de la gente subestima la importancia de las palabras. Los científicos nos dicen que el lenguaje establece imágenes mentales que afectan al subconsciente. La palabra «madre» o «mamá» en nuestra cultura implica dignidad, respeto, honor, pureza y muchos otros buenos pensamientos. No obstante, casi nunca resulta estimulante sexualmente. En mi opinión, uno de los peores hábitos que un hombre de mediana edad pueda iniciar es llamar a su esposa «mamá». En el matrimonio esta palabra nada hace para encender a ninguno de los cónyuges. Aunque puede ser el resultado de un hábito subconsciente por muchos años, sin embargo coloca al esposo en el papel de hijo en lugar de cabeza, jefe, proveedor. Estoy convencido de que si un hombre llama a su esposa «mamá por largo tiempo, en su subconsciente llegará a comenzar a pensar de ella en ese papel, y ella se verá a sí misma como tal. Siempre recomiendo que un esposo vuelva al uso de aquellos encantadores términos que había usado en sus días de conquista. Frecuentemente devuelven el encanto a lo que llegó a ser una «relación cómoda».

Durante la tercera entrevista Spencer me comunicó: «¡Un milagro en nuestro matrimonio! ¡Hicimos el amor dos veces!» Obviamente no se trataba de un récord mundial, pero tras casi cinco años de «nada», fue un buen comienzo. No haga nada de prisa cuando trata de subsanar la impotencia. Como los demás órganos o músculos del cuerpo, los órganos sexuales desarrollan una capacidad de trabajo en proporción con el ejercicio repetido y efectivo. Es mejor gozar de una experiencia plena por semana, al principio, ya que un éxito conduce a otro. Dos intentos puede ser considerado como una mejoría, pero para el subconsciente no significa tanto como una hilera de éxitos semanales. Además, la anticipación de una semana tras una eyaculación lograda contribuye a que su logro resulte más fácil la próxima vez.

La última vez que hablé con Spencer sobre su vida amorosa, él (ahora en sus sesenta) no sólo había perdido la mayor parte de su exceso de peso, sino que reconoció: «Me siento fantástico, y nuestra vida amorosa es mejor ahora de como ha sido en los últimos quince o veinte años.» Cuando le pregunté si acaso había sufrido retornos de impotencia, contestó: «Muy a lo lejos; pero ahora comprendo que es tan sólo una de esas cosas que suelen suceder, de modo que no me desanimo. Sólo trato de concentrarme más la próxima vez.» Ni un psicólogo podría haberse expresado mejor.

Todo hombre con más de quince libras de exceso de peso debería ver a su médico e inaugurar un programa reductor de peso. Al comprender que su exceso de peso puede (aunque no siempre sea así) interferir su potencia masculina, se sentirá más motivado para mantener una dieta. La obesidad rebaja todas las energías vitales y es un peligro para la salud, de modo que normalmente reducirá el natural instinto sexual del hombre.

8. Pobre estado físico. Dios mandó al hombre que comiese su pan con «el sudor de su frente» (Gén. 3:19). En los países occidentales la vida de hoy es a menudo demasiado sedentaria. A medida que el hombre llega a tener más experiencia y habilidad en su trabajo, éste es cada vez menos físico y más mental. Consecuentemente el sudor no es tan común como solía ser antes y los hombres no reciben el ejercicio físico que necesitan. Cuando un hombre pierde su tono muscular, arriesga sus energías vitales y la confianza en sí mismo. Ya hemos visto cómo esto afecta a la pérdida de su instinto sexual. Todo hombre sano debe mantenerse en buen estado físico, mas esto requiere disciplina, y la disciplina exige motivación. Muchos hombres me informaron sobre el hecho de que ejercicios regulares —en fin, cualquier método de condicionamiento físico— aumentan el instinto sexual. Esa mera posibilidad debería ser motivación suficiente para todo hombre.

9. Fumar demasiado. Una edición reciente de *Reader's Digest* traía un artículo titulado «¿Está usted convirtiendo en humo su vida sexual?». De acuerdo con las observaciones del Dr. Alton Ochsner, consejero jefe del Hospital de la Fundación Ochsner en Nueva Orleáns, y a quien se cita en el artículo, «se estima que el uso del tabaco mata cerca de 360.000 personas anualmente en este país». Unos médicos alemanes han descubierto que al fumar se reduce el nivel de la producción de testoesterona, dificultando la fecundación. Se comprobó que hombres sin hijos podían engendrar después de abandonar el hábito de fumar. Además el artículo cita al Dr. Ochsner:

«Literalmente docenas de pacientes me han dicho, casi como de paso, que después de haber dejado de fumar experimentaban una mejoría en su vida sexual.» Le gusta contar el caso de un hombre de 73 años, un fumador en exceso durante 45 años, que fue intervenido para extraerle un absceso del pulmón. «Le dije que intentase dejar de fumar, y así lo hizo. Al cabo de dos meses su pulmón había sanado por completo. Antes de que dejase de fumar me contaba que había tenido relaciones sexuales una vez cada cuatro a seis meses. Ahora las tenía tres a cuatro veces por semana.»

Joel Fort, doctor en Medicina, director del Centro para problemas especiales, sociales y de salud de San Francisco, que ayuda a la gente tanto para vencer el hábito del cigarrillo como para tratar maladaptación sexual, automáticamente aconseja a los fumadores que se quejan de impotencia a internarse en la «clínica para dejar de fumar» perteneciente al Centro. La inmensa mayoría de hombres que así lo hacen —dice el Dr. Fort— informan sobre el mejoramiento notable de su vida sexual. Da el mismo consejo a las mujeres que se quejan de falta de interés en el sexo.

La teoría del Dr. Fort es que el fumar produce un desajuste en el logro sexual de dos maneras primarias: la inhalación de monóxido de carbono reduce el nivel del oxígeno en la sangre y desequilibra la producción hormonal; la ingerencia de la nicotina causa la constricción de los vasos sanguíneos, cuyo henchimiento es el mecanismo central de la excitación sexual y de la erección. El Dr. Fort también cita efectos secundarios causados por fumar excesivamente: se reduce la capacidad pulmonar; disminuyendo la estamina y la capacidad de «durar» durante el coito; la nicotina decolora la dentadura y altera el aliento, reduciedo así la atracción sexual del fumador.[1]

Como conclusión el artículo describe otra declaración del Dr. Ochsner:

«La ironía del caso es que muchos hombres no reconocen que tienen un problema de libido hasta después de dejar de fumar, y entonces se percatan de lo que habían perdido. Y parece realmente triste esperar hasta que uno tenga 73 años para hacer este descubrimiento.»[2]

10. *Presión mental.* Muchos hombres son incapaces de pensar en más de una cosa a la vez. Al parecer, su cerebro no puede concentrarse sino en una sola tarea o interés. Por esta razón, al pensar en algún problema de su trabajo puede interrumpir su concentración en un momento crucial, causando la flaccidez instantánea del pene. Si se conociesen todas las verdades, probablemente nos encontraríamos conque tal interrupción de la concentración en un momento de fatiga es la causa primaria de la primera seria experiencia de impotencia. Desde ahí en adelante, todo lo que se necesita para liquidar a un hombre es su propio temor de que pueda ocurrir de nuevo.

Un cristiano controlado por el Espíritu no debería tener ese problema. Este aprende a «entregar todos sus cuidados» al Señor, y no llevarlos a su cama marital. La intención de Dios para sus hijos es «acostarse en paz». Una mente relajada es mucho más apta para hacer el amor que una mente llena de ansiedades y cuidados de este mundo. Esto confirma el hecho de que más de un hombre impotente ha procedido noblemente, y triunfado de su aparente fallo, tan sólo con llevar a su esposa a un motel para una vacación de fin de semana.

11. *Depresión.* Los consejeros concuerdan en que la depresión es la epidemia emocional de nuestros tiempos. Un escritor catalogó los años setenta como «la Década de la Depresión». En mi libro *Cómo vencer la depresión*[3] he mencionado que uno de los síntomas de la depresión es la pérdida del instinto sexual. Un hombre que pasa con frecuencia por períodos de depresión debería leer cuidadosamente todo ese libro, porque estoy convencido de que nadie debería sucumbir a la depresión. Una vez que se haya librado de la depresión, recobrará su instinto sexual normal.

12. *Drogas y alcohol.* Desde los años 1950 el uso de las drogas ha aumentado en una proporción alarmante. De algún modo la gente tiene el concepto erróneo de que todas las cosas tienen solución químicamente. Lo que pocos comprenden es que mientras tratan un síntoma, a menudo aparece otro problema. No es por casualidad que la impotencia y el uso de drogas se hayan incrementado durante el mismo período. Sólo recientemente los investigadores estaban dispuestos a enfrentarse con el hecho de que estos dos factores están relacionados uno con otro. Estimulantes y tranquilizantes, píldoras para el control del apetito, la marihuana y la heroína, pueden producir un bienestar transitorio a una persona, y aun ayudarle en un momento de su vida, pero pueden tener también efectos adversos sobre el instinto sexual. El problema puede quedar soslayado en la juventud, pero varios hombres de mediana edad han informado que su primera malfunción ocurrió mientras tomaban drogas. Un problema frecuente deriva del uso

excesivo de píldoras para adelgazar, o tranquilizantes prescritos por un médico.

Una droga más potente produce resultados aún más graves. La impotencia de los drogadictos ha sido ampliamente comprobada. Algunos de los veteranos de Vietnam que habían sido adictos a la heroína quedaron completamente impotentes mucho tiempo después de haber renunciado a la droga. Los psiquíatras indican que después de un tiempo razonable el problema es más psicológico que físico, pero aun así miles de hombres en sus años veinte son innecesariamente impotentes. La esposa de un drogadicto convertido, en sus cuarenta, liberado de las drogas hace varios años, indicó que su esposo le había hecho el amor «sólo unas pocas veces durante los últimos ocho años, y no me ha tocado durante los últimos cinco». Es difícil de comprender, para aquellos que disfrutamos de la vida amorosa, por qué una persona llega a sacrificar el éxtasis del acto marital por un «viaje» de drogas. Ese mero hecho convierte el inicio en «una píldora amarga de tragar».

Existe una enorme confusión concerniente a los efectos del alcohol sobre el instinto sexual de una persona. Algunos consideran que es un estimulante porque elimina las inhibiciones y las restricciones morales. Mis observaciones de consultorio me sugieren que esto corresponde más a casos de mujeres que de nombres. No obstante, químicamente el alcohol es siempre un sedante, nunca un estimulante. Puede aumentar el deseo del hombre por el sexo, a la vez que disminuye o destruye su capacidad de mantener la erección. Hay dos factores más involucrados: la cantidad del alcohol y la variedad de sus efectos sobre el individuo. Algunas personas pueden reaccionar de una manera determinada, y otras de otra manera muy diferente. A mí me parece que una firme adicción al alcohol lleva frecuentemente a la impotencia. ¡Aún no he podido encontrar a un alcohólico del sexo masculino con un instinto sexual normal!

Varios años atrás estuve tratando de convencer a un joven y activo banquero para que aceptase a Jesucristo, mas él rehusó. Su bella esposa era una cristiana entregada e hizo lo que pudo por él, pero perdió la batalla contra la botella. A medida que ascendía en posición dentro del banco estuvo más y más expuesto a beber en las reuniones sociales; hoy, a sus cincuenta años de edad, es vicepresidente regional de su firma bancaria, y un alcohólico empedernido. Su esposa me confió: «A su pedido dormimos en habitaciones separadas. No hemos tenido relaciones por más de diez años.» Su amor al alcohol hizo de él un perdedor en esta vida y, evidentemente, de la otra venidera.

Algunas veces sucede que algunos medicamentos prescritos por un médico llegan a producir impotencia como efecto lateral, en particular algunas píldoras para la tensión alta. Cuando el primer problema de impotencia haya surgido en algún hombre, precedido por un medicamento recién prescrito, deberá consultar de inmediato a su médico.

13. *Masturbación.* Una de las primeras preguntas que hago al ser consultado sobre el problema de la impotencia masculina es si el hombre se masturba o no. Y no resulta ni siquiera sorprendente que muchos que hacen el amor raramente a sus esposas emplean este método infantil de gratificación sexual. ¡Y gran parte de la literatura de los años recientes celebra este hábito psicológicamente tan dañino! Puedo comprender la razón por la cual los psicólogos y psiquiatras humanísticamente orientados lo lleguen a recomendar, pero resulta difícil entender por qué algunos consejeros cristianos lo consideran como una bendición en lugar de un hábito potencialmente dañino desde el punto de vista psicológico, activado mediante procesos mentales pecaminosos.

Hasta hace cerca de cuarenta años la masturbación fue considerada dañina a la salud. Muchachos jóvenes tuvieron pesadillas sobre los males que se suponía les irían a aquejar si se entregaban a estas prácticas. Ahora que la ciencia médica ha confirmado que no implica daño alguno físicamente, la opinión popular tiende a aceptarlo como una función sexual legítima. Mas no se tiene en cuenta ni la culpabilidad que casi siempre lo sigue, ni el hecho de que el esposo está defraudando a su esposa contrariamente a las Escrituras (1.ª Cor. 7:5). Más aún, la Biblia dice: «Es mejor casarse que arder» (1.ª Cor. 7:9); no dice: «Es mejor masturbarse que arder.» La masturbación es un ladrón del amor. Un hombre casado no debería jamás engañar a su mujer y a sí mismo privando a ambos, debido a la masturbación, de la mutua bendición de la unión sexual. Esto vale en el caso especial de hombres con problemas de malfunción sexual; necesitan toda la ayuda que puedan obtener para recuperar su confianza sexual. Lo último que necesita el tal hombre es evadir su instinto sexual mediante este método infantil de autogratificación.

Todo hombre que es capaz de masturbarse con éxito no es impotente. El hecho de que puede masturbarse prueba, al menos, su capacidad. Es verdad que no temerá un rechazo, y puede resultarle más fácil llevarse a orgasmo por conocer sus áreas eróticas más sensibles, mas aun así sigue siendo incorrecto. De hecho es una evasión, una acción de egoísmo. Una mujer necesita ser asegurada del amor de su esposo. Si él se autogratifica a sí mismo, será siempre a expensas de su esposa. En lugar de demostrar su amor a su mujer en el acto marital ordenado por Dios, prueba su amor a sí mismo mediante la masturbación.

14. *Vagina caída.* En el capítulo anterior hemos tratado ampliamente el problema de una vagina excesivamente relajada. Toda mujer que haya dado a luz podría tener este problema. Los músculos adyacentes a la vagina que la mantienen firme y sensible comienzan a hundirse y a relajarse alrededor del punto medio de la vida, del mismo modo como lo hacen los demás músculos del cuerpo. En lugar de ser firme y sensitiva contra el glande del pene durante el acto de amor, la vagina caída o debilitada no mantiene suficiente contacto para proporcionar estímulo a fin de producir eyaculación; y esto ocurre a menudo a la altura de la vida cuando el esposo precisa de más fricción en lugar de menos. Este problema explica por qué algunos hombres que no pueden eyacular durante el acto pueden hacerlo masturbándose.

Existen dos remedios básicos para este problema: los ejercicios recomendados en el capítulo previo, y un método relativamente nuevo de cirugía menor, cuya popularidad se incrementa cada vez más. En cualquiera de los dos casos, cuando una pareja sospecha que el problema en su vida amorosa haya sido creado a causa de una vagina caída o debilitada, la esposa deberá acudir a un ginecólogo para ser examinada. Sin embargo, es muy aconsejable hacer la prueba con los ejercicios de Kegel y seguirlos diligentemente por lo menos durante tres meses antes de decidirse por la cirugía.

15. *Esposa pasiva*. Prácticamente todo hombre ha soñado con tener una esposa sexualmente agresiva. No importa cuán altos sean sus ideales sobre la femineidad, un futuro esposo a menudo imagina a su mujer como un bólido de fuego sexual en la cama. Lamentablemente la mayoría de las mujeres mantienen la imagen mental de su papel como pasivo. Una esposa me decía: «Siempre he pensado que él me perdería el respeto si yo hacía cualquier cosa sexualmente agresiva.» Pero la verdad es que todo hombre encuentra estimulante hasta el punto de éxtasis cuando su esposa se le acerca. Le hace pensar que ella desea y necesita que él le haga el amor. Esto ayuda a inflar su *ego* masculino, mientras que la pasividad lleva al aburrimiento, y el aburrimiento a la impotencia.

Pocas esposas sexualmente vigorosas tienen esposos impotentes. Las únicas excepciones que he encontrado son las que llegaron a ser agresivas sólo después de que sus esposos hubieron descubierto problemas de impotencia. El hecho de no poder tener coitos normales puede incrementar su agresividad, mas esto tiende a crear resentimiento en el esposo, quien recuerda vívidamente las innumerables ocasiones cuando se había acercado a su esposa a comienzos de su matrimonio sólo para experimentar que ella o le rechazaba o era tan pasiva que sintió como si ella «tan sólo iba ejecutando el ritual conyugal». La mayoría de las veces al hombre le gusta tener el papel agresivo en el amor, pero no hay hombre que desee hacer el amor a un «cadáver», y periódicamente le gusta saber que su esposa disfruta de ello tanto como él.

16. *Criticar*. ¡No existe nada más eficaz para enfriar a un hombre que criticarlo! Ese arte maléfico no contribuye en nada a mejorar las relaciones, excepto destruir la masculinidad y el instinto sexual. ¡Debe ser evitado de manera absoluta! Algunas mujeres tienen que evitar este hábito más que otras. Aquellas que reflejan un temperamento melancólico, sin duda han de cuidar su lengua, por-

que las personas melancólicas son perfeccionistas y en forma natural les es fácil criticar las acciones de los demás. La emoción apasionada de un hombre puede ser convertida en hielo en un instante al molestarlo y criticarlo. Un amigo médico tuvo una vez un caso de una criticona en extremo. El esposo, que era el consultante, era impotente a los treinta y seis años de edad. La única clave que pudo encontrar fue el hábito de la esposa de conversar durante el acto. Ella tenía poca dificultad para alcanzar el orgasmo, después del cual solía comenzar a charlar; por lo general se trataba de alguna observación de crítica menor, algo que le distraía, para luego perder su erección. El temor a otro fracaso facilitó a su imaginación el tener más malfunciones. Lo único que había de hacer para resolver el problema era hacerle callar la boca.

17. *Dominio femenino.* Además del fastidio, no hay nada menos agradable para un esposo que una mujer dominante. (Enfría también a los hijos.) De hecho no hay nada femenino en una mujer dominante. Las mujeres coléricas (que suelen casarse con hombres flemáticos) necesitan en especial resguardarse de este problema. Frecuentemente interpretan mal la actitud tranquila de sus esposos, tomándola por consentimiento; si es lento en hablar, normalmente preferirá ceder antes que luchar o discutir y argumentar. Esto crea resentimiento, y ya hemos examinado anteriormente los resultados de esa reacción. Toda mujer con un problema de esta índole precisa hacer un estudio bíblico sobre Efesios 5:17-24 y 1.ª Pedro 3:1-7 y luego pedir a Dios que le dé la gracia de la sumisión.

Los dos siguientes problemas no son, estrictamente hablando, formas de impotencia. Mas a menudo son tratados en relación con problemas de impotencia, y nos parece mejor incluirlos en una discusión sobre el tema.

18. *Eyaculación prematura.* Es la incapacidad de retener la eyaculación durante el tiempo suficiente para llevar a la esposa al clímax. Esta dificultad aqueja más a hombres jóvenes que a los de mediana edad. Los hombres aquejados de este problema son amantes débiles y por norma general tienen esposas insatisfechas. Tienden a eyacular a la menor fricción del glande del pene, antes o justo después de la entrada en la vagina. Esta forma de

impotencia puede tener su origen frecuentemente en exceso de caricias íntimas en la adolescencia, cuando hay que terminar la eyaculación con las ropas puestas, en un acto apresurado en un motel «a mano», o en un coche aparcado, donde existe el temor a una interrupción.

CURACION DE LA EYACULACION PREMATURA

El remedio más común contra la eyaculación precoz es que el esposo evite toda fricción innecesaria inmediatamente después de la entrada. Esto, naturalmente, exige gran autodisciplina, porque a ese punto de excitación sus instintos le impulsan a una acción de pujos profundos. Este movimiento instintivo es el método de la naturaleza para depositar el esperma masculino en las profundidades de la vagina, donde la posibilidad de fertilizar el óvulo femenino es mayor. De hecho, ese instinto, al parecer universal, no es el mejor método para producir satisfacción femenina, porque estudios recientes parecen indicar que de hecho actúa en su contra. Es decir, una mujer tiende a corresponder más a movimientos muy suaves que a pujos profundos. Algunas mujeres, por ejemplo, encuentran que su tensión ascendente baja de golpe después de iniciar el esposo los pujos profundos, pero que comienza a ascender nuevamente cuando él disminuye la velocidad y comienza a moverse de lado a lado. En efecto, si ella desarrolla sus músculos de P.C., puede provocar su orgasmo al contraer estos músculos varias veces sobre el pene inmóvil del marido.

Por lo tanto, si el esposo mantiene una posición inmóvil durante cerca de dos minutos *inmediatamente* después de su entrada, ganará un grado de control que retardará su eyaculación. Y si la esposa aprieta su pene con sus músculos de P.C. durante este período inmóvil, su tensión emocional la llevará hacia el clímax mientras él permanece en reposo. En seguida, cuando su esposo logra controlar su eyaculación, ambos pueden iniciar los movimientos de puje que los llevará a ambos al clímax.

Resulta también de mucha ayuda para el esposo si evita una penetración brusca y forzada, recordando que las primeras dos o tres pulgadas en el interior de la vagina constituyen la área sensitiva primordial de su esposa. Una vez que el pene vaya más allá de ese punto puede resultar para la esposa más bien desagradable que estimulante. Los hombres tienen tendencia a pensar que los pujos profundos deben ser fascinantes para sus esposas porque lo son para ellos, pero por regla general no es el caso, excepto si al mismo tiempo ambos emplean otras mociones más suaves que estimulan la área clitorial de la esposa. El concentrar sus mociones más cerca de la entrada vaginal tiene dos ventajas sobre la penetración profunda: es más excitante para la mujer y menos excitante para el hombre, ayudándole a controlar su eyaculación mientras ella desarrolla su ascenso hacia el orgasmo.

La reacción de un esposo a esta sugerencia es bastante típica. «Yo creí que era esencial mantener mi pene en estrecha contacto con el clítoris.» Aunque el clítoris es el órgano más sensitivo sexualmente, las tres primeras pulgadas de la vagina contienen tejidos sensitivos, y además esa posición continúa la fricción y tiraje de las estructuras contra el clítoris. Este método hace uso de ambas áreas sensitivas en forma conjunta. Otra ventaja de este método es que cuando el esposo se percata de que se aproxima a su punto sin retorno puede retirar su pene fácilmente en forma momentánea, continuar acariciando el clítoris y hacerle caricias a su esposa de otras maneras, luego reintroducir su pene en su vagina tras haber recuperado su control. Si él puja en profundidad, cuando llega al «punto sin retorno» la mera fricción causada al retirar su pene puede disparar su eyaculación.

La concentración que se requiere para aprender esta técnica —proporcionándole al esposo el grado de control que precisa, al mismo tiempo que la tensión de la mujer se va intensificando a través del apretamiento de sus músculos vaginales ejercido sobre el pene inmóvil— paga grandes dividendos de mutuo placer. La mayoría de los hombres fallan en mantenerse inmóviles por dos minutos enteros a esa altura de su excitación. Una vez el pene dentro de la vagina, el instinto del hombre clama por moción, mas este su instinto ha de ser negado hasta que logra el autocontrol. Tras el primer período de inmovilidad, el esposo puede experimentar en cuanto a la duración necesaria de pausas subsiguientes para controlar su eyaculación; pero esta técnica puede ayudarle a aprender cómo resistir a su eyaculación casi indefinidamente. Durante algunos tests los hombres afirmaron haber logrado el autocontrol por más de dos horas, aunque esta duración no será casi nunca necesaria para agradar a la esposa.

19. *Eyaculación retardada.* Es lo opuesto a la eyaculación prematura, afectando este problema al hombre que no tiene dificultades para mantener el pene erecto, pero no puede proceder hasta la eyaculación. Esto significa un gran fracaso para ambos cónyuges. Pese a que la esposa de un hombre así tiene poco problema en alcanzar orgasmo (algunas tienen hasta cuatro o cinco en una sesión), acaba el ejercicio muy fatigada, y él sintiéndose fracasado. Esta forma de fracaso sexual puede ser el resultado de una serie de factores, dos de los cuales son: el miedo al embarazo, debido a falta de confianza en las medidas tomadas para el control de natalidad, o bien una culpabilidad inducida a causa de coitos premaritales. Este problema es raro. Cuando un hombre llega a la edad de sus sesenta o setenta es muy probable que no llegue a eyacular cada vez durante el coito, mas los médicos afirman que esto es normal. Ambos cónyuges deben comprenderlo y gozar simplemente del amor que se profesan desde tantos años, y del contacto de sus cuerpos, sin sentir ninguna presión para forzar un orgasmo cada vez.

LA CURA PARA EYACULACION RETARDADA

No existe aparato mecánico o técnica alguna para curar al hombre que se enfrenta con el problema de eyaculación retardada. Aunque los casos son raros, no obstante es una fuente de desilusión para ambos, quedando el esposo extenuado por su esfuerzo y la esposa no menos fatigada cuando, tras una o dos horas de coito, el esposo es incapaz de aliviar su tensión mediante una eyaculación. Ya que este mal es causado por la mente, debe ser curado ahí. Los psicólogos sugieren que el problema surge de una resistencia en el subconsciente del hombre de entregar el esperma a su mujer. Esto puede ser un tipo de egoísmo y probablemente indica que el hombre no es generoso en otras áreas de su matrimonio. Si éste es el caso, debe arrepentirse de su egoísmo y concentrarse en el gozo de dar placer a su mujer en lugar de tratar de obtenerlo para él solo. Otra causa de este problema podría ser el resentimiento hacia las mujeres en general debido a un espíritu amargado hacia su madre. La cura de este pecado mental la hemos mencionado al tratar la eliminación de la culpabilidad.

Los diecinueve factores arriba expuestos constituyen las principales razones de impotencia masculina. El problema es causado ocasionalmente por uno de estos factores aislados, mas no se requiere mucha imaginación para comprender cómo varios de estos factores pueden crearlo al ocurrir en conjunto. Antes de que un hombre llegue a desistir de la bendición de la unión sexual de la que Dios quiso que gozase en la mayor parte de su vida, debería examinar objetivamente sus relaciones en cuanto tenga la menor sospecha de la existencia siquiera de una de estas condiciones y poner todo su empeño para eliminarlas.

¿Han notado nuestros lectores algo que falta en la lista presentada? No hemos dicho casi nada acerca de causas físicas o biológicas. Estas son tan raras que casi no merecen ser consideradas, aunque constituyen las excusas dadas con frecuencia. Médicos, pastores, consejeros, psiquiatras, y en especial hombres previamente impotentes, creen que la impotencia existe mayormente en la cabeza, ¡no en las glándulas! En cuanto el problema persiste es necesario ver a un médico. Algunos hombres han llegado a tener una deficiencia hormonal en relación con la impotencia, que responde muy bien a inyecciones de hormonas masculinas; de modo que merece muy bien la pena investigar el asunto.

¿EXISTE UNA CURA PARA LA IMPOTENCIA?

La impotencia masculina no es nueva, porque indudablemente viene aquejando a algunos hombres y a sus esposas ya desde la caída del hombre. No obstante, la cura de este mal es nueva, primeramente por haber hoy en día más comprensión y mejor disposición para enfrentarse con el problema. Ninguna dificultad puede ser resuelta sin honradez y franqueza. Al enfocar ésta con candor podemos considerar innumerables curas potenciales y esperar que una de ellas efectúe la renovación completa. Naturalmente, unas son más efectivas que otras, y la cura debe ser prescrita según la causa.

EL REMEDIO PARA LA CULPABILIDAD

Hemos visto más arriba que culpabilidad, temor, ira, depresión y un espíritu amargado y no dispuesto a perdonar pueden contribuir a la impotencia. Si fuese ese el caso, no se debería buscar alivio mediante nuevos métodos o técnicas psicológicas. En su lugar es menester acudir a Dios, a través de Su Hijo Jesucristo, para obtener el perdón que El ofrece para los pecadores. El primer paso es confesar los pecados en el nombre de Jesucristo. La Primera Carta de Juan 1:9 nos dice: «Si confesamos nuestros pecados, El es fiel y justo para perdonar nuestros pecados, y limpiarnos de toda culpa.» El paso siguiente es andar bajo el control del Espíritu Santo como medio para vencer estas emociones negativas. Esto quitará las barreras que impiden la expresión emocional y contribuirá grandemente a satisfacer las experiencias de amor con el cónyuge. Una vez que se hayan resuelto los problemas espirituales, se podrá encontrar la cura de los problemas restantes.

Hemos citado los remedios para cada una de las causas de impotencia. Estudie cuidadosamente aquellas que le correspondan en particular y siga los pasos correctivos que sugerimos.

ANTICIPE EL EXITO

En casi todos los casos un hombre puede garantizar la cura de su impotencia si tan sólo cambia su actitud mental hacia su problema. En lugar de pensar que es «lo mismo que si fuese muerto», necesita reconocer que sus experiencias son básicamente normales y *serán superadas*. Primeramente debe consultar a un médico, quien probablemente efectuará un examen físico a fondo. Una vez asegurado de que orgánicamente todo funciona bien, le será más fácil anticipar el éxito con buena disposición. ¡La expectación del logro es absolutamente esencial! Un hombre que se considera impotente, permanecerá impotente. El hombre que se cree potente y con posibilidad de mostrarse tal, será capaz de lograrlo perfectamente bien.

El paso siguiente para el hombre es tener una conversación sincera con su esposa, compartiendo el problema con ella. La mayoría de las esposas serán muy comprensivas y cooperarán. Un hombre que «no había hecho el amor durante cinco años» se mostró perplejo frente a la reacción de su esposa. Habiendo malinterpretado el desinterés por parte de él como falta de amor hacia ella, después de su conversación ella cambió rotundamente, y en lugar de ser una esposa fastidiada e insegura, llegó a ser una cónyuge sexualmente estimulante. Los hombres normalmente subestiman la capacidad de sus esposas de aceptar un problema de esta índole. Ignorar el problema, en cambio, no hace más que complicar el asunto, dando lugar a incomprensiones y juicios temerarios.

¿QUE PUEDE HACER UNA ESPOSA PARA AYUDAR A SU MARIDO?

Además de cambiar su propia actitud mental hacia la impotencia, un hombre puede encontrar en su esposa la medicina más poderosa que existe. Entre otras cosas, una esposa puede:

— Aceptar el problema como un reto que requiere dos para ser superado. Jamás debe hacer o decir nada que pueda agravar los temores sexuales de su esposo, tal como señalamos previamente, recalcándole que es impotente, inapto o indeseable. Ha de ser muy cuidadosa en cuanto a bromas y chistes que puedan acentuar sus temores. Alguien ha dicho una vez con acierto a ese respecto: «El sentido de humor de un hombre termina a la altura de la hebilla de su correa.»

— Ser sexualmente más agresiva. Durante la mayor parte de su matrimonio una mujer puede haber esperado que su esposo fuese el que «lleve la pelota», ahora es tiempo para que ella se apresure hacia la cancha e inicie el juego. Si se ve dificultada en esto por inhibiciones sexuales o le parece degradante, significa que está más interesada en ella misma que en su esposo. Hay algo que suele ocurrir cuando una esposa se torna más atrevida en su expresión sexual: se transforma en una criatura más excitante, más estimulante y deseable para su esposo.

Tras pocos meses de matrimonio el acto suele adquirir matices de rutina. Los cónyuges comienzan a hacer el amor de la misma manera, asumen las mismas posiciones, emiten los mismos sonidos y comparten las mismas experiencias. Es tiempo de salir de aquellas costumbres y ponerse agresivos. ¿Qué hombre podrá permanecer impotente si al entrar en el dormitorio encuentra media luz, música suave, una cama abierta y a una esposa deambulando con vestimenta ligera, y que con cada uno de sus movimientos indica su disposición de ser acogida en sus brazos? Si usted realmente quiere excitarlo, ayúdele a desabrochar su camisa y quitarle la demás ropa. Deje que él sienta su excitación. Ya sé que más de uno, al leer esto, preguntará: «Pero ¿acaso esto no es hipocresía?» ¡Si lo hace tan sólo por amor a él! ¡En absoluto! Usted puede estar acostumbrada a dejar sofocados antes sus verdaderos deseos por pudor u orgullo femenino, y por ello saber apenas cómo reaccionar con naturalidad. Esto es mucho más hipocresía, y usted probablemente ha vivido así por años. Si usted de verdad ama a su esposo, será capaz de disfrutar plenamente de la reacción que recibe de él. Si usted es agresiva hacia él, él interpretará que esto significa que usted lo encuentra sexualmente atractivo. Y al considerarse atractivo para usted, le será más fácil confiar en su propia capacidad sexual.

Una esposa amante, de mediana edad, cuyo esposo comenzó su batalla con el problema de la impotencia, notó que cuando ella se encontraba sexualmente agresiva su esposo no tenía dificultades en eyacular. «No obstante», reconocía algo inhibida, «aunque me gusta, me siento culpable». Hemos explicado antes que su culpabilidad estaba mal situada: que Dios aprobaba ese comportamiento amoroso. Ella respondió: «Pero yo no pensé que una dama podía actuar en esa forma.» A esto le repliqué: «No lo haría en la iglesia o en un coche aparcado, pero en la santidad de su propio dormitorio es bastante diferente.» Una de las ventajas de ser pastor y a la vez consejero es que puedo disipar fácilmente casos tan poco fundamentados como éste de una culpabilidad innecesaria. A un ministro se le considera ser un portavoz de Dios, lo que es si sus palabras se basan en principios bíblicos. En el capítulo 1 hemos tratado ampliamente el asunto de la sexualidad de la mujer; recordemos que en 1.ª Corintios 7:1-5 se dice claramente que el cuerpo del esposo pertenece a su esposa. Consecuentemente, ella puede hacer con él lo que desee. Esto debe incluir ciertamente el excitarlo sexualmente.

Una esposa atenta deberá tener presente que un hombre tiende a encontrar a una esposa sexualmente pasiva algo desalentador, mientras que a una esposa agresiva la encuentra tremendamente estimulante. Más de una mujer ha descubierto que puede incitar a su esposo acariciando hábilmente su piel y ejerciendo un suave masaje sobre su cuerpo, así como al tocar muy suavemente sus órganos genitales. Aun el pene fláccido responderá a menudo a las tiernas y amorosas caricias de una esposa, especialmente sobre el saco de escroto y el interior de los muslos. Recuerde emplear caricias ligeras, insinuantes y suaves, que estimulan la imaginación.

Probablemente el mejor servicio que una esposa puede dar a un esposo impotente es concentrarse en los ejercicios vaginales detallados en el capítulo previo. Una vez que el esposo llegue a encontrar dificultades en mantener su erección o en eyacular, no resolverá su problema con una mujer que carece de fuerte musculatura vaginal. El precisa un incremento en la fricción, no una disminución. Cuando ella haya desarrollado estos músculos, de otro modo perezosos, hasta el punto de poder apretar con ellos su pene una vez penetrado, contribuirá grandemente a que él pueda mantener su órgano duro. Además, la fricción aumentada puede muy bien significar aquel «poquito extra» en su vida amorosa que es capaz de convertir el fracaso en éxito. Como hemos visto, unos pocos éxitos le inducirán a anticipar más, y cuando esto ocurra, estará prácticamente curado de su mal.

Naturalmente, estos esfuerzos por parte de la esposa para ayudar a que su marido pueda superar su impotencia necesitarán concentración, trabajo duro y algunas veces la adopción de un nuevo papel; mas si le ama, ella pagará el precio y ambos compartirán los dividendos.

EL ESPOSO ES LA CLAVE

No hay ninguna mujer que pueda curar la impotencia de su marido. Puede aportar ayuda, tal como arriba indicamos, mas ésta es una singular crisis masculina que sólo puede ser resuelta mediante serio esfuerzo. A continuación indicaremos algunas cosas más que usted puede hacer en adición a las previamente mencionadas.

1. Ore sobre ello, preferentemente junto con su esposa. La Biblia dice: «Reconócele en todos tus caminos, y El *enderezará* tus veredas.» Dios ha guiado al hombre por caminos sorprendentes para encontrar ayuda para este problema. Deje que El le ayude.

2. Visite a su médico y siga sus consejos.

3. Hable sinceramente con su esposa.

4. Lea todo lo bueno que pueda encontrar sobre el tema. No hay nada que pueda aumentar más el temor que la ignorancia, mas no hay nada que pueda reducir más el temor que el conocimiento. Como cristianos, frecuentemente tenemos discrepancias en cuanto a teorías y conclusiones orientadas humanísticamente, pero podemos revelar muchas recomendaciones útiles en nuestros escritos. Recuerde que toda verdad es verdad de Dios. Independientemente de su fuente, la verdad es la verdad. La teoría de la relatividad de Einstein no debe ser negada, porque el autor era un humanista. De la misma manera, un libro liberal sobre medicina debe ser leído con discernimiento espiritual y puede proporcionar soluciones efectivas. Lamentablemente la mayoría de autores cristianos sobre la sexualidad humana no han tratado el problema de la impotencia con claridad.

5. Inicie un programa para mejorar su estado físico de acuerdo con su médico. Varios de entre mis amigos afirman que el ejercicio aumenta su virilidad. Los tests indican que incrementa las energías vitales, de modo que sus observaciones pueden ser muy exactas.

6. Siga un programa de reducción de peso si es necesario.

7. Evite hacer el amor cuando está cansado. La mayoría de la gente cae en dos categorías: o son «nocturnos» (gentes que prefieren trabajar de noche, pero reviven alrededor de las 10 horas de la mañana) o «madrugadores»

(aquellos que despiertan con los pájaros, pero cabecean cerca de las 8 ó 9 de la noche). Cualquiera que sea la categoría a la que usted pertenece, trate de hacer el amor cuando está plenamente despierto, porque es cuando más puede obtener de sus glándulas.

8. No haga el amor con prisa. Por cuanto más tiempo lo anticipe antes de realizarlo, tanto más fácil le será eyacular.

9. ¡No desista! ¡Espere el éxito! Un médico, David Reuben, ha trabajado por más de veinte años en el campo de las relaciones sexuales y escribió varios libros *best sellers* sobre ello y temas afines. Haciendo un resumen de todo, dice así:

> Casi todo hombre puede superar su impotencia. Hay una minoría cuyos problemas son básicamente físicos, y existe un pequeño grupo que lleva su impotencia como una insignia, y no renunciarían a ella por nada. Mas para la mayoría la restauración del logro sexual vigoroso y satisfactorio sólo depende de su decisión personal. Con determinación, trabajo duro y el amor de una mujer entregada, todo hombre puede llegar prácticamente a ser y permanecer dramáticamente potente hasta los setenta años de edad, y aun por más tiempo. La mayoría de los hombres, si tuviesen la posibilidad, quisieran ser de esta manera. La buena noticia es ésta: La mayoría de los hombres tienen esa posibilidad, todo lo que han de hacer es practicarla.

Notas

[1] Genell J. Subak-Sharpe, «Is Your Sex Life Going Up in Smoke?», *Reader's Digest*, 106 (january 1975), págs. 106-107.

[2] Idem, pág. 107.

[3] Tim LaHaye (Grand Rapids: Zondervan Publishing House, 1974).

[4] David Reuben, *How to Get More Out of Sex* (Nueva York: David McKay Co., 1974), pág. 176.

11 | Sana planificación familiar

Una joven y encantadora pareja vino a hablarme después de un Seminario de Vida Familiar en una ciudad sureña. Después que se presentaron como directores plenamente dedicados a un ministerio para la juventud de esa ciudad, me preguntaron: «¿Está mal que nosotros evitemos tener hijos? Estamos tan involucrados en la obra del Señor que no tenemos tiempo para cuidar niños.» Les contesté: «¿Planifican esto como una condición temporal, o permanente?» Me indicaron que era permanente. No es raro encontrar jóvenes como éstos, y su número va en aumento hoy en día por una razón muy simple. La Ciencia moderna ha puesto en las manos del hombre, por primera vez en la historia, un método casi seguro de exclusión familiar. En cada ciudad, después de mis conferencias, soy acosado por la generación más joven porque abogo por tener una familia de cuatro o cinco hijos.

Fue en Chicago donde una pareja de alumnos del Colegio superior de la Universidad me insinuó con bastante claridad que yo era un «Neanderthal»* en mi enfoque de la planificación familiar, por reafirmar el primer mandamiento de Dios al hombre: «Fructificad y multiplicaos, y llenad la tierra» (Gén. 1:28). Ellos han tenido tal lavado cerebral por parte de expertos humanísticos de nuestro sistema educacional que consideran que evitar la familia es un servicio patriótico. Sin embargo, yo sospechaba (y así se lo manifesté personalmente) que la verdadera razón reflejaba amplio egoísmo. Al decirles esto estalló en ira la esposa, y reveló hasta qué punto ha tenido su lavado cerebral humanístico al exclamar, repitiendo el lema del movimiento para la liberación de la mujer: «¿Qué cree que soy, una fábrica de bebés? ¡Quiero seguir una carrera!»

Un joven ministro, educado mayormente en escuelas seculares, declaró que «Génesis 1:26 ya no está vigente; el mundo ya está superpoblado. Usted debería alentar a la gente a limitar el número de la familia.» A lo cual yo repliqué: «¿Quién dice que Génesis 1:26 está anulado? Dios es el único que puede anular Sus mandamientos, y yo no conozco ningún versículo en el Nuevo Testamento que niegue Génesis 1:26.»

Hay otros que ofrecen la excusa de que «los tiempos en que vivimos son tan inmorales y la situación mundial es tan oscura que no tenemos derecho de traer hijos al caos mundial que hemos creado.» Este es el grito de la incredulidad. La gente que usa ese argumento no se da cuenta de que las condiciones morales del siglo primero, bajo la tiranía de Roma y la cultura de los griegos de Corinto, eran situaciones peores que las nuestras. Los niños cristianos de los primeros siglos pudieron sobrevivir y ser educados cristianamente en medio de la mayor perversión, y así hemos de hacerlo nosotros, dándoles ejemplo de obediencia a los principios de la Palabra de Dios y a ser llenos del Espíritu Santo.

No aceptamos personalmente la responsabilidad por el caos en que el mundo se encuentra. El problema no ha

* Hombre atrasado de la Edad de las cavernas.

sido creado por los principios de Dios a los cuales hemos entregado nuestras vidas; la falla reside en su rechazo por parte de los gobernantes de las naciones. Lo que ha puesto a la humanidad en desespero no ha sido la aceptación de nuestro Señor y Salvador, sino nuestro rechazo a Él. El hombre humanístico repudió el plan de Dios para su vida y para el destino de las naciones; por ello debe asumir la plena responsabilidad de la degradación que de ello deriva.

LAS RAZONES PARA CRIAR HIJOS

Antes de considerar las razones y los métodos para limitar la familia, quisiéramos presentar cuatro razones por las cuales las parejas cristianas deberían, en cuanto pudiesen, tener hijos.

1. *Los niños son un don singular de la creatividad eterna.* Dios ha conferido a un esposo y a una esposa la extraordinaria capacidad de crear otro ser humano con libre voluntad, alma eterna, y la posibilidad de transmitir el singular don de la salvación a sus propios hijos. Reducido a términos más simples: un esposo y una esposa tienen la capacidad de crear a una persona eterna. Donde esta persona pasará la eternidad depende totalmente de su decisión. De una manera práctica, cuando una pareja cristiana decide no tener hijos, excluye a uno o varios seres inmortales de la bendición potencial de vida eterna tal como Dios la ideó para ellos. Este problema se resuelve cumpliendo el mandamiento de Dios según Génesis 1:26.

2. *Los hijos proporcionan una bendición para toda la vida.* Dice el salmista: «He aquí, los hijos son herencia del Señor; y cosa de estima el fruto del vientre... Bienaventurado el hombre que llenó su aljaba con ellos...» (Salmo 127:3, 5). El hombre muchas veces considera a los hijos como una «responsabilidad», y su gestación como un «accidente»; mas la Biblia los llama «bendición de Dios». Seríamos los últimos en desentendernos de los problemas y las penas involucradas en tener familia: hemos criado a cuatro hijos y perdido a uno. En el proceso nos hemos enfrentado con enfermedades, fracasos, apuros financieros y casi todos los dilemas que niños y adolescentes pueden crear. Pero tras veintiocho años de matrimonio podemos

decir con toda sinceridad que los gozos y bendiciones de nuestros hijos sobrepasan en *gran* proporción todos estos sacrificios. Efectivamente, mi esposa y yo estamos de acuerdo en que no podríamos hallar mayor gozo que el de ver caminar a nuestros hijos en la verdad del Señor. Ellos y nuestros nietos son, sin duda alguna, nuestras mayores bendiciones humanas.

Alguien ha indicado que, según la tradición judía, una «aljaba» de flechas (vers. 5) contenía cinco de ellas. Si esto es así, ¿podría sugerir que la bendición mencionada aquí por Dios comprendería por lo menos cinco hijos? Cuando recientemente presidí una boda, la novia me decía que quería tener seis hijos: «Vengo de una familia de seis, y ha sido tan divertido crecer todos juntos que quisiera seis hijos míos propios.»

3. *Los niños son una expresión tangible de vuestro amor.* Hay mucho más involucrado en engendrar hijos que la mera biología. Cuando los esposos casados llegan a ser «una sola carne», combinan sus genes de una manera dispuesta por Dios y producen a una persona de «una misma carne» en la cual convergen los dos. Ha sido, por tanto, el plan de Dios que los hijos fuesen una expresión del amor de sus padres. Afortunados son aquellos niños cuyos padres los contemplan de esta manera; son «herencia» que proporciona «bendición». Solamente al llegar a ser padres pueden las personas ver ciertos rasgos de Aquel que aman, el Padre celestial, mezclados con sus propios rasgos humanos, con sus defectos, pero también con sus cualidades y dones que pueden perpetuar sobre la tierra tan sólo mediante la procreación de hijos.

4. *Los hijos cumplen el diseño psíquico puesto por El en la mente de sus padres.* Dios ha colocado en la mente del hombre su esquema psíquico para que pueda funcionar de la mejor manera al obedecer sus mandamientos. A eso lo llamamos dones «naturales». Es «natural» casarse, engendrar hijos y llegar a ser abuelos. La mente del hombre ha de estar seriamente velada para que considere «antinatural» la paternidad o la maternidad. Dios ha dado ciertos instintos a la mente del hombre que funcionan de acuerdo con Sus mandamientos, y es eso lo que produce aquel concepto «natural» que es esencial para una

vida feliz. La paternidad es uno de estos instintos. «La gracia de Dios es suficiente» para aquellas parejas a las cuales resulte imposible procrear; mas el deseo natural de la humanidad por tener una vida familiar desembocará en un vacío por toda la vida y falta de realización para aquellos que por su egoísmo rehúsan tener hijos.

El enemigo principal de la felicidad personal es el interés propio. No hay nada que induzca tanto a una persona a madurar y a ir más allá de sus limitaciones de egoísmo como tener la responsabilidad de un hijo propio. El hecho de que algunos adultos no maduran nunca y hasta embrutecen a sus hijos no altera el hecho de que para la mayoría de la gente los niños son una bendición necesaria para cumplir en gran parte el destino de sus propias vidas.

PATERNIDAD PLANIFICADA

En vista de lo que hemos dicho, el lector podría llegar a la conclusión de que nosotros rechazamos toda planificación familiar, mas éste no es el caso. La Biblia no dice nada sobre el número de hijos que uno debería tener en un período dado de la vida. Dios deja esta decisión a los propios padres. Personalmente no creemos que El pueda estar en contra de la limitación del número de hijos, mas sí creemos que Dios se opone a no tener familia en absoluto.

Casi todos los cristianos de hoy parecen creer en su facultad de limitar el número de sus hijos. ¿Por qué declaramos tal cosa? De acuerdo a la ciencia médica, una mujer normal que no esté limitada mediante ninguna forma de control de natalidad es capaz de tener hasta veinte hijos durante los años de su fertilidad. Por consiguiente, y hablando en forma realista, cada pareja debería traer al mundo, orando y meditando, tantos hijos como sean capaces de educar debidamente para servir a Dios, aceptando a cada niño como un don de El.

METODOS DE CONTROL DE NATALIDAD

Los métodos de control de la natalidad caen en dos categorías: reversible e irreversible. Consideraremos primeramente los métodos reversibles, por ser éstos los únicos métodos que las parejas jóvenes deberían emplear hasta tener la absoluta seguridad de no desear más hijos.

La Administración Federal de Alimentación y Medicamentos ha emitido un boletín enumerando, según orden de efectividad, los métodos más comúnmente usados para controlar la concepción. Presentaremos cada uno en este orden, citando también el número de embarazos imprevistos por cada mil mujeres, que se supone hayan hecho uso adecuado de estos métodos. De acuerdo a las cifras de fallas, daremos aproximadamente el costo mensual y una sinopsis de la descripción del método según el Dr. Ed Wheat.

1. *La píldora.* El método más efectivo es la píldora. El número de embarazos involuntarios es mínimo entre las mujeres que usan este método de control: de uno a cinco por cada mil usuarias. El costo es de 1.50 a 3.00 dólares por mes.

Se estima que de ocho a diez millones de mujeres en los Estados Unidos recurren a la píldora. Cuando ésta había recién salido al mercado, el número de efectos secundarios registrados había hecho desistir de su uso a muchas mujeres. Pero las investigaciones modernas han reducido muchos de estos efectos secundarios al descubrir que en dosis más pequeñas su uso es de la misma efectividad y resulta más seguro por períodos largos. Según las estadísticas la píldora es menos peligrosa para la salud y la vida que fumar, conducir o nadar.

La píldora debe ser prescrita por un médico, ya que las dosis necesarias pueden variar. Ciertos tipos de mujeres requieren una tableta diaria durante veinte, veintiuno o veintiocho días consecutivos cada mes. Cuando las píldoras son tomadas según dirección médica, controlan la ovulación, de modo que no llega a madurar ningún óvulo. De este modo el esperma puede entrar libremente en los oviductos sin la posibilidad de una concepción. La tableta oral proporciona una protección continua.

Debido a su seguridad y simplicidad, consideramos la píldora el método preferido para recién casadas, en las primeras etapas del matrimonio. Luego, después de que ella y su esposo hayan aprendido ambos el arte del amor marital, pueden decidirse a usar otro método. Sugerimos que acudan a su médico, al menos con dos meses de antelación a su boda, y sigan su consejo.

2. *Preservativo con crema o espuma.* Al ser usado junto con una gelatina, crema o espuma anticonceptiva, el preservativo produce menos de diez embarazos por cada mil mujeres y cuesta cerca de 40 centavos de dólar cada vez, excepto cuando la goma sea usada repetidamente.

El preservativo, a menudo denominado como «profiláctico», «vaina», «goma» o «condón», suscita poca atención en los Estados Unidos porque es ilegal anunciarlo. Sin embargo, es, por su economía, el método más ampliamente usado en el mundo entero para el control de concepciones, y ocupa el segundo lugar entre los métodos usados en USA.

El preservativo tiene muchas ventajas. Se obtiene en farmacias sin prescripción médica; es libre de efectos secundarios; una prueba visible de su efectividad puede ser comprobada inmediatamente después del coito; su uso es simple y fácil; y coloca la responsabilidad del control de la natalidad sobre el esposo, lo que muchas mujeres consideran una ventaja.

Existen ciertas desventajas que se atribuyen al preservativo. Primera, puede reducir la sensación del pene, pero para muchas parejas esto resulta una ventaja porque retarda la eyaculación del esposo; segunda, significa una interrupción del juego amoroso previo, mas esta objeción puede ser fácilmente superada con la actitud apropiada cuando la esposa amorosamente coloca el preservativo sobre el pene de su esposo como parte erótica del juego sexual; tercera, existe cierta molestia para la esposa si es usado sin ninguna lubricación, pero esto se resuelve fácilmente al adquirir preservativos lubricados y herméticamente sellados, o bien usando gelatina anticonceptiva como lubricante, la que sirve a un doble propósito al proporcionar seguridad adicional. Recomendamos no usar crema anticonceptiva, porque ésta suele dañar la goma. Normalmente resulta muy bien colocar una pequeña cantidad del lubricante dentro del preservativo para proporcionar lubricación directamente sobre la cabeza del pene. Existe la posibilidad de tener un aparato defectuoso, tal vez un diminuto agujero no detectable en el preservativo. No obstante, aunque haya tal agujero, habría menos de una probabilidad en tres millones de un posible embarazo debido a esta pequeña imperfección.

Muchas parejas no saben que pueden comprar un preservativo hecho de goma de alta calidad y volver a usarlo muchas veces simplemente lavándolo a fondo con agua y jabón, secándolo con una toalla y luego empolvándolo con talco o almidón de maíz. Es aconsejable revisarlo minuciosamente, hinchándolo como un globo y mirarlo a contraluz. Si no aparece ninguna falla, envaine el preservativo sobre dos dedos y, manteniendo estos dedos separados, es fácil enrollarlo tal como venía originalmente.

En resumen, el preservativo usado propiamente es bastante efectivo. Casi todos los preservativos en el mercado de USA son elaborados en cuatro industrias americanas y han de satisfacer un estricto control gubernamental. La mayoría del mercado mundial fuera de los Estados Unidos es abastecido por los británicos o los japoneses, que hacen preservativos de un material mucho más delgado, lo que es preferido por la mayoría de los hombres.

3. *El IUD*. La tasa de embarazos para los usuarios del IUD o *intrauterine device* (aparato intrauterino) es cerca de quince a treinta por cada mil mujeres al año, durante el primer año, y más baja después. Esto lo presenta más efectivo que cualquier otro método mecánico anticonceptivo. El costo de cada inserción del IUD es normalmente cerca de 15.00 dólares, probablemente menos costoso que cualquier otro método anticonceptivo, ya que una inserción sirve para muchos meses o años. Para aquel 90 por ciento que no tienen problema con ello, viene a ser la manera más conveniente para el control de la natalidad, y puede ser fácilmente descontinuado cuando la pareja desee que la esposa quede embarazada.

El aparato intrauterino es un lazo de plástico suave y flexible, o un disco de forma irregular, que el médico ha de insertar a través del canal cervical dentro de la cavidad uterina, usando un pequeño tubo de un tamaño parecido al de una paja de sober. Este procedimiento puede ser llevado a cabo en la consulta del médico con un mínimo de molestia, y rara vez resulta doloroso. El IUD se puede insertar con mayor facilidad en la ocasión del control normal seis semanas después del parto. De otra manera debe ser introducido en seguida del término de un período normal de menstruación.

Cada semana la mujer deberá insertar su dedo índice profundamente en la vagina para palpar el cordón corto que está conectado con el IUD y el cual pende desde el *os* (boca) o apertura del cérvix (cuello). Este cordoncillo la permite estar segura de que el IUD permanece en su sitio apropiado. Más adelante este cordoncillo servirá para facilitar la extracción del IUD.

El IUD puede causar calambres y dolores de espalda, especialmente durante los primeros días después de su inserción. Ocasionalmente puede ocurrir un flujo sanguíneo menstrual más abundante, o hasta escaso flujo sanguíneo entre dos períodos durante los primeros meses. No obstante, una gran mayoría de mujeres no tienen problema alguno con el IUD.

4. *Diafragma*. El diafragma vaginal suele producir veintiséis embarazos por cada mil mujeres y cuesta aproximadamente 10 dólares al tiempo de su colocación inicial, más·cerca de 15 centavos por cada uso.

El diafragma es una cápsula de goma resistente y muy liviana, algo más pequeña que la palma de la mano. Fue el primer anticonceptivo aceptado por los médicos, desarrollado hace más de cuarenta años. El borde delgado del diafragma está hecho de un resorte metálico cubierto de goma y de forma de anillo. Por ser el resorte flexible, todo el diafragma puede ser comprimido e introducido con facilidad en la vagina. Una vez dentro de la parte superior del canal vaginal es soltado, y entonces llega a cubrir el cérvix (cuello) como un párpado en forma de cúpula.

La distancia desde la pared posterior de la vagina hasta los huesos púbicos varía según cada mujer. Por esta razón los diafragmas se fabrican en diferentes tamaños. Durante el examen pélvico, el cual no causa molestia alguna para la mujer, el médico ha de medir esta distancia a fin de seleccionar el tamaño apropiado del diafragma. Según las instrucciones propiamente dadas del médico, el diafragma debe ser introducido anteriormente al coito, preferiblemente con varias horas de antelación a ello. Si el diafragma calza perfectamente, ninguno de los cónyuges debe percatarse de su presencia.

217

El diafragma actúa como barrera o deflector, evitando la penetración de los espermatozoides al útero, mas para que sea efectivo debe ser recubierto por el lado hacia el cuello con gelatina o crema espermicida elaboradas para este propósito. Si durante el coito fuese necesario una lubricación adicional, aconsejamos seleccionar una crema anticonceptiva. Los preparados de espermicidas deben ser aplicados sobre el diafragma para exterminar todo espermatozoide por el mero contacto, y debemos poner énfasis en nuestra advertencia de que el diafragma resulta casi sin valor alguno sin un preparado espermicida. El mismo diafragma puede ser usado durante muchos años caso de que no se hallen en él defectos.

El diafragma es un método probado y bien introducido, el cual proporciona a muchas mujeres la seguridad de una barrera física adicional al espermicida. El diafragma no afecta la fertilidad futura.

5. *Espuma vaginal.* La espuma vaginal, con contenido de espermicidas, está en uso desde hace más de treinta años. Permite cerca de setenta y seis embarazos por cada mil mujeres y su costo es de 15 centavos por uso.

Los productos espermicidas usados para el control de la concepción contienen elementos químicos que, al ser introducidos en la vagina, matarán a los espermatozoides sin causar daño a los delicados tejidos vaginales. Estos productos, al alcance en todas las farmacias —espumas, cremas y gel sintético— son aplicados mediante un angosto aplicador vaginal de plástico que automáticamente controla la medida de cada aplicación. Son tan efectivos que se requiere tan sólo una aplicación antes de cada acto de coito. y la mujer no precisa recurrir a un lavado interno después de su uso. Debería esperar al menos seis horas si acaso desea lavarse sin peligro de provocar un embarazo. Las espumas son más efectivas que el método de ritmo. de retiramiento, supositorios o duchas. Muchas mujeres encuentran este método seguro, efectivo y de confianza.

6. *El método de ritmo* o de Ogino, basado en los períodos conceptivos de la mujer. El método más antiguo y ahora el menos efectivo para control de la natalidad es el método de ritmo. Produce cerca de 140 embarazos por

cada mil mujeres. En nuestras clases familiares bromeamos muchas veces diciendo que «la gente que usa el método de ritmo se llaman padres». El costo del método de ritmo es a partir de 750 dólares por cada embarazo, mas se compensa por la maravillosa bendición de hijos. Suponemos que es tan inefectivo debido a que las parejas hallan casi imposible mantener el autodominio requerido.

El método de ritmo para el control de la concepción requiere abstinencia de coito durante los días inmediatamente después de la ovulación. Trata de evitar la concepción al permitir la presencia de espermas en la mujer solamente cuando se calcula que no hay en su vagina ningún óvulo maduro. En este método no se usa ningún tipo de producto.

La ovulación puede ser pronosticada de dos maneras. La primera es llamada la técnica de temperatura, en la cual la mujer toma su temperatura antes de levantarse cada mañana. Un leve descenso en la temperatura, seguido por un ascenso considerable, indica normalmente que la ovulación ocurrió más o menos al tiempo del descenso. El procedimiento ha de ser seguido cuidadosamente por muchos meses, porque sólo después de una serie de meses consecutivos de temperaturas registradas es posible hacer una predicción ligeramente válida en cuanto al tiempo de la ovulación.

El segundo método para predecir la ovulación requiere un registro de los ciclos menstruales de la mujer por lo menos durante ocho meses, en lo posible durante un año. Esto significa que ella debe registrar su flujo menstrual en un calendario; de ahí la denominación «técnica del calendario». A esta información se aplica entonces una fórmula para determinar los días cuando la ovulación pueda ocurrir con mayor probabilidad.

La ovulación ocurre mayormente cerca de dos semanas antes del comienzo del período menstrual. Una mujer con un ciclo regular de veintiocho días ovulará, consecuentemente, alrededor del día catorce. Los días fértiles o críticos durarían desde cerca del día once hasta el día dieciocho. Desde el día dieciocho no habrá presente ningún óvulo para ser fertilizado, y de este modo normalmente no tendría lugar una concepción. Los días antes del día once se estiman también como seguros, mas esto es mucho menos cierto debido a que varía la duración del tiempo que los espermatozoides puedan sobrevivir dentro de la mujer.

De la información registrada de ciclos menstruales se deduce que son dieciocho en total el número de días en el ciclo más corto y once el número de días en el ciclo más largo en que la mujer está libre de óvulos maduros. Los días entremedio se consideran días fértiles o inseguros.

La disciplina de practicar la abstinencia en ciertos días constituye el menor de los problemas presentados por este método. El problema crucial reside en saber cuándo la abstinencia es indicada. Lamentablemente esto no puede ser determinado con exactitud para una mujer específica, porque el ciclo menstrual es frecuentemente irregular y no es de confianza lo que puede aparecer en el calendario. Si los períodos de una mujer son iiregulares, los días seguros e inseguros también serán irregulares. Además, enfermedades u otros cambios físicos y emocionales pueden perturbar el ciclo menstrual y anular los cálculos del tiempo de ovulación.

Como una sugerencia práctica de una sola frase referente a cómo usar el método de ritmo sin recurrir al autodominio imposible, podemos decir que resulta práctico considerar como seguro el no uso de anticonceptivos una semana antes del período menstrual, durante el período y unos cinco días después. Fuera de estos días, usarlo concienzudamente.

7. *Coito interrumpido.* La abstinencia y el coito interrumpido constituyen los dos métodos populares menos recomendables. Sabemos que la abstinencia del coito no es una práctica meritoria en la prevención del embarazo, porque en 1.ª Corintios 7:3 dice así: «El marido cumpla con la mujer el deber conyugal, y asimismo la mujer con el marido.» En este pasaje de las Escrituras (vers. 3-5) se le ordena a cada esposo y a cada esposa en forma absoluta que satisfagan los deseos naturales del otro cónyuge. No se ofrece ninguna otra opción a este mandato bíblico.

El otro método de control de la natalidad frecuentemente usado, mas sin mérito alguno, es el «coito interrumpido» o el método de retiramiento. Por lo general es considerado como una práctica débil, porque impone gran restricción sobre ambos cónyuges en el momento preciso cuando cada uno debería sentirse más libre en el acto de amor. Falla, además, tomando en cuenta que normalmente hay espermatozoides presentes en el fluido lubricante secretado por el pene durante la excitación sexual antes de la eyaculación o el clímax. Se necesita tan sólo *un* espermatozoide para fertilizar el óvulo, y este único esperma bien podría estar en camino antes de ocurrir la eyaculación. Otra razón por la cual no reconocemos este método como un procedimiento bueno es porque resulta casi imposible para la esposa alcanzar orgasmo regularmente de esta manera. La mayoría de los consejeros matrimoniales no recomiendan este método.

CONTROL DE NATALIDAD IRREVERSIBLE

Consideraremos ahora el método irreversible para el control de la natalidad: la vasectomía. Es una pequeña operación quirúrgica en el esposo que cuesta en USA de 100 a 200 dólares.

En el capítulo 4 hemos descrito el pequeño tubo llamado «vaso deferente», que procede de los testículos, ascendiendo hacia las vesículas seminales, cerca de la glándula de la próstata. Este tubo es más o menos del tamaño de un depósito de tinta de un bolígrafo corriente. Si un esposo coge la piel suelta de su escroto entre su testículo y su cuerpo, podrá palpar este pequeño tubo rotándolo entre sus dedos y el pulgar.

En la operación el médico coge entre sus dedos este pequeño tubo de apariencia de un cordón, y luego, cogiendo un lazo del tubo con un instrumento de cierre firme, hace una pequeña incisión (de una media pulgada) en la piel del escroto, llevando el lazo del tubo al exterior. La incisión de la piel es normalmente lo suficientemente pequeña para que no requiera puntos después de la intervención, debido mayormente a la soltura de la piel del escroto.

Una sección de este lazo es luego removida, desde media pulgada a dos pulgadas de longitud. Para un hombre de edad avanzada que esté absolutamente seguro de que nunca más querrá tener hijos (reparando su escroto), puede pedir al médico extirpar una sección extralarga del mismo. Es el largo de la sección lo que determina, más que ningún otro factor, el éxito de la operación, que puede fallar solamente si se desarrolla un nuevo canal a través del tejido de cicatrización entre las dos terminaciones cortadas. El médico también puede cauterizar o quemar cada una de las terminaciones cortadas del vaso deferente para eliminar toda posibilidad de recanalización.

Ciertos artículos médicos sugieren que es posible llevar a cabo un método reparable de vasectomía, y en algunos casos ha dado buenos resultados. Mas nosotros quisiéramos aconsejar a todo esposo que estuviese pensando en una vasectomía considerarla como una operación irreparable, y no llevarla a cabo hasta que él y su esposa haya considerado en oración si realmente no desean tener hijos *nunca más*. Hubo un hombre que se hizo una operación de este tipo antes de fallecer su esposa .Cuando se casó por segunda vez no podían compartir el gozo de tener hijos con su nueva esposa, que lo deseaba vivamente, lo mismo que él en su nueva situación. Ninguna pareja cristiana debería recurrir a esta operación a la ligera, sin considerarla cuidadosamente.

RESUMEN

Toda pareja ha de decidir en oración su actitud hacia el número de hijos. Lo mejor es tener un plan; Dios os guiará en lo que realmente os conviene, si buscáis Su voluntad. Aseguraos que no estéis indebidamente influenciados por la filosofía humanística de nuestros días, más bien buscad la voluntad básica de Dios según está revelada en Su Palabra. Estimamos que toda familia cristiana debería tener un plan acerca de sus hijos, si los pueden engendrar. Cuántos han de tener debería estar basado en el número que creen poder criar y cuidar adecuadamente para una vida entregada al servicio de Dios.

Hasta hace poco se ha creído, por lo general, que las parejas cristianas eran tan rígidas y estaban tan confusas sobre el sexo que lo consideraban más como un medio de propagación que de placer. Como consejeros cristianos nosotros tenemos una visión diferente. Durante varios años ha sido nuestra convicción que los cristianos casados gozaban de una vida sexual buena, y en muchos casos mejor que la generalidad de las parejas indiferentes en religión. Todavía, aunque muchos de los que nos consultan reflejan problemas en este asunto, conocemos una gran mayoría que no necesita ser aconsejada, pues mediante comentarios ocasionales y por el visible trato entre ellos entendemos que viven una vida amorosa plena. La razón es que la mayoría de los cristianos no están obsesionados con el sexo, no precisan de literatura, pornografía o estímulos artificiales para amarse el uno al otro. Simplemente continúan disfrutando de su amor, tal como Dios lo ha planeado para ellos.

Hay una multitud de factores que nos hacen pensar que los creyentes disfrutan de relaciones sexuales más felices. La relación de un cristiano con Dios produce una mayor capacidad de expresar y recibir amor que lo que es posible para un no cristiano. El fruto del Espíritu (amor, gozo, paz, amabilidad, etc. —Gálatas 5:22, 23—) aleja el fantasma del resentimiento y amargura, que impide y destruye las mejores relaciones de intimidad sexual. Además, los cónyuges que se aman con sinceridad se esforzarán más para agradar el uno al otro, y se tratan de forma más altruista. Esto, naturalmente, enriquecerá su vida amorosa.

Aquellos que creen que la noción distorsionada de «ideas victorianas» sobre el sexo es la que domina en círculos cristianos están totalmente mal informados. En realidad, la «moralidad victoriana» no fue creada por estudiosos de la Biblia, sino que llegó a formarse como reacción cultural en tiempos de ignorancia bíblica. El verdadero cristianismo no puede ser culpado por el vacío sexual de muchas parejas debido a prejuicios bíblicos, ya que la Biblia ha considerado siempre el amor marital como parte sagrada y vital de un matrimonio feliz.

Un propósito primario para escribir la presente obra fue llevar a cabo una encuesta sexual para probar nuestra tesis de que los cristianos mantienen un nivel más alto de disfrute en la intimidad de su vida amorosa que la población en general. Ya que hemos tenido acceso a los nombres de miles de parejas de todo el país que habían asistido a nuestros Seminarios de Vida Familiar, les escribimos informándoles sobre nuestra encuesta y pidiéndoles enviar una tarjeta si estaban dispuestos a contestar un test tan franco e íntimo. Les confirmamos que los resultados serían computados para ser usados en este libro. Dos mil trescientas parejas aceptaron colaborar en nuestra encuesta, pero el número exacto final de los que llegaron a contestar fue de 3.377, 1.705 mujeres y 1.672 hombres.

Representó una tarea gigantesca preparar las respuestas. Cuando los datos fueron codificados y entregados a la computadora, las respuestas pesaban dieciséis libras. Ahora, por primera vez poseíamos información factible sobre la vida íntima de un número suficiente de cristianos para establecer una norma general. Quedamos encantados de los resultados, no sólo porque nos confirmaban nuestra opinión, sino porque nos proporcionaban información valiosa que seguirá siendo usada por investigadores en este campo por muchos años.

Al recopilar los datos para este último capítulo, la revista secular *Redbook* publicó su propia encuesta de 100.000 mujeres que contestaron un test similar. Sin duda, su estudio es el más importante jamás llevado a cabo sobre este tema, y confirma también que «la mujer firmemente religiosa parece ser aún más responsiva que otras mujeres de su edad».[1] Sus conclusiones fueron extremadamente interesantes. «Una actitud positivamente religiosa hacia el placer sexual, que une el sexo con la plenitud marital, es probable que tenga un efecto considerable en mujeres para quienes la autoridad religiosa aún sirve como fuerza santificante en la vida.»[2] La razón es clara: si una mujer comprende realmente las enseñanzas bíblicas sobre la vida amorosa, sufrirá de menos inhibiciones y disfrutará libremente las expresiones amorosas de su esposo.

Al comparar nuestra encuesta con la de la revista *Redbook*, podemos llegar a muchas conclusiones interesantes. La encuesta de *Redbook* procedía tanto de gente «religiosa como no religiosa», pero el 98 por ciento de aquellos que contestaron nuestra encuesta profesan ser cristianos nacidos de nuevo; los señalados como fuertemente religiosos por *Redbook* incluyen un 20 por ciento de católicos y un 80 por ciento de protestantes, pero no hay manera de determinar cuántos entre ellos tenían una relación personal con Jesucristo. Las mujeres de nuestra encuesta demostraban en un 10 por ciento un grado más alto de goce sexual, también mayor frecuencia de actos amorosos por mes, y una parte más activa femenina que sus contrapartidas designadas como «fuertemente religiosas» en la encuesta de *Redbook*. Aun entre las designadas como «no religiosas» la puntuación que indicaba mayor placer estaba altamente en favor de las mujeres de nuestra encuesta.

Tras haber estudiado cuidadosamente las preguntas de *Redbook*, hemos descubierto que coincidían básicamente con las nuestras, así como sus hallazgos. La única variación consistía en los porcentajes; lo que puede ser atribuido únicamente a la diferencia religiosa de su clientela mixta y nuestro grupo predominantemente cristiano.

A base de estas dos encuestas tenemos ahora aún mayor confianza en que nuestras presuposiciones originales eran verídicas: que los cristianos disfrutan las facetas sublimes del acto marital más y mejor que otras parejas de nuestra actual sociedad, de idéntica cultura. Os invitamos a estudiar los resultados de las siguientes preguntas tomadas de nuestra encuesta para que las veáis por vosotros mismos. Al final ofreceremos unas cuantas comparaciones y análisis con respecto a los varios grupos y el informe de *Redbook*. (A propósito hemos excluido aquellas preguntas que no se relacionaban específicamente con el tema.)

La encuesta total consistía en noventa y cinco preguntas referentes a las relaciones sexuales de ambos cónyuges. A continuación enumeramos las respuestas a algunas de las preguntas más importantes. Este porcentaje no siempre llega a un total de 100 por cien porque algunos participantes no han contestado a todas las preguntas.

ENCUESTA DE INVOLUCRAMIENTO SEXUAL DE SEMINARIOS DE VIDA FAMILIAR

		Esposas	Esposos
1. Participantes		1.705	1.672
2. Edades	Promedio de respuestas	menos de 30 años	más de 30 años
	20 - 29	25 %	14 %
	30	42	44
	40	22	30
	50 o mayor	10	12
3. Años de casados	Menos de 1 año	1 %	1 %
	1 a 6 años	20	18
	7 - 15 años	37	41
	16 - 25 años	31	25
	26 o más	11	12
4. Número promedio de hijos		2 a 3	2 a 3
5. Veces que oran juntos (por semana)	Nunca	33 %	30 %
	1 - 2 veces	31	43
	5 o más veces	36	27

6. **Años de educación:** un 67 % de mujeres y 80 % de esposos han asistido por lo menos dos años a un colegio de segunda enseñanza. Un 38 % de las mujeres y el 61 % de los hombres habían completado cuatro años de estudios. El 10 % de mujeres y el 37 % de hombres han estudiado en universidades.

7. **Esposa empleada fuera del hogar:** 40 % trabaja regularmente con horario completo o parcial, mientras un 60 % no tenía actividades fuera del hogar.

8. **Vocaciones del esposo:** 64 % eran profesionales o ejecutivos, 29 % técnicos u oficinistas y 7 % con preparación semitécnica.

9. **Duración de su noviazgo**

	Esposas	Esposos
6 meses	10 %	9 %
6 - 12 meses	27 %	27 %
12 - 18 meses	15	12
18 - 24 meses	14	14
2 - 3 años	19	17
3 - 5 años	14	18
5 o más años	1	3

10. **Fuente principal de educación sexual antes del matrimonio**

Ninguna	13 %	18 %
Recibida de los padres	13	9
De un pastor	1	1
En la escuela	14	11
Por lectura	53	47
De otras procedencias	6	14

11. **¿Qué libros sobre el matrimonio ha encontrado más significativos?** (enumerados en el orden de la frecuencia mencionada)

   1. Cómo ser felices a pesar de ser casados
   2. La familia cristiana

3. La Biblia
4. La felicidad sexual en el matrimonio
5. Mujer total
6. Femineidad fascinante
7. Cartas a Karen/Philip
8. El cielo ayuda al hogar
9. Sexo sin temor
10. Sexo en el matrimonio

12. Sentimiento acerca del sexo antes del matrimonio

	Esposas	Esposos
Aprehensión	20 %	13 %
Anticipación	68	82

13. Líder en el hogar (de su infancia)

Padre	51 %	61 %
Madre	32	27
Ninguno	8	8
Lucha por liderazgo	9	4

14. Impresión sobre la vida sexual de los padres

Satisfacción	36 %	36 %
Casual	28	34
Fría	28	20
Ignorancia*	8	10

15. ¿Ha tenido alguna experiencia sexual desagradable en su infancia?

Ninguna	81 %	90 %
Exposición indecente	7	3
Molestado	7	1
Violado	5	
Homosexual		5

16. ¿Se ha divorciado alguna vez?

No	92 %	91 %
Sí, antes de aceptar a Cristo	5	6
Sí, después de aceptar a Cristo	3	3

* No lo supieron, o sólo de uno de los padres la mayoría de las veces.

17. ¿Ha conversado sobre el sexo con su cónyuge antes del matrimonio?

	Esposas	Esposos
Nunca	15 %	15 %
Inmediatamente ntes de la boda	29	28
Periódicamente después del noviazgo	56	57

18. ¿Ha tenido coito premarital?

	Esposas	Esposos
No	59 %	46 %
Una vez	10*	9*
Ocasionalmente	20*	32*
Frecuentemente	11*	13*

* Entre aquellos que habían tenido relaciones premaritales, un 29 % indicaban que aún no habían recibido a Cristo como su Salvador y Señor al tiempo de esas relaciones. El 38 % anotaron que habían aceptado previamente a Cristo. Los restantes 33 % no han indicado cuándo habían comenzado sus relaciones premaritales.

19. ¿Qué métodos de control de natalidad prefiere?

	Esposas	Esposos
La píldora	37 %	38 %
Diafragma	13	12
Preservativo	12	12
IUD (aparato intrauterino)	10	5
Espuma anticonceptiva	9	1
Ritmo de menstruación	5	4
Gelatina anticonceptiva	3	2
Lavado tras el coito	2	
Retiramiento	2	3
Ninguno*	7	7

* Aunque esto puede ser enumerado como una referencia personal de unos pocos, algunos anotaron que no precisaban ningún método para control de natalidad debido a una vasectomía o histerectomía.

20. ¿Han ido a luna de miel?

	Esposas	Esposos
No	16 %	14 %
Sí, 1 - 2 días	14	11
Sí, 3 - 4 días	19	25
Una semana	31	31
Dos semanas	20	19

21. ¿Se han visto totalmente desnudos en la primera noche?

Sí	76 %	71 %
No	24	29

22. ¿Han tratado de tener coito la primera noche?

Sí	79 %	69 %
Sí, pero no logramos entrada	12	22
No	9	9

23. ¿Llegó a orgasmo la primera noche?

Sí	26 % *	
No	74 %	
De éstos:		
No, pero sí dentro de una semana	22	
No, pero sí dentro de 2-4 semanas	17	
No, pero sí dentro de 3 meses	9	
Nunca	5	

* Esta cifra incluye un 14 % que indicaron que habían practicado sexo premarital.

24. Frecuencia de orgasmo ahora

Regularmente o siempre	77 %
Periódicamente	11
Nunca o rara vez	10

NOTA: El 2 % de las mujeres indicaron que no sabían lo que es un orgasmo.

25. ¿Sabe el esposo cuándo la esposa alcanza orgasmo?

	Espos s	Esposos
No lo sabe	8	
Regularmente o siempre	82 %	85 %
Periódicamente	7	8
Nunca o rara vez	3	7
No lo sabe	8	

26. ¿Logra la esposa orgasmo durante el coito?

Regularmente o siempre	64 %	60 %
Periódicamente	10	14
Nunca o rara vez	24	23

27. ¿Con qué frecuencia alcanza orgasmo mediante manipulación clitorial antes de la entrada del pene?

Regularmente o siempre	31 %
Periódicamente	17
Nunca o rara vez	51

28. ¿Con qué frecuencia requiere la esposa manipulación clitorial como manera única para alcanzar orgasmo?

Regularmente o siempre	45 %	33 %
Periódicamente	10	16
Nunca o rara vez	41	49

29. ¿Manipula el esposo el clítoris oralmente?

Sí	68 %	67 %
Nunca	31	33

30. Si lo hace, ¿con qué frecuencia?

Regularmente o siempre	19 %	13 %
Periódicamente	20	21
Rara vez	29	33

31. ¿Qué piensa la esposa sobre ser manipulada oralmente y qué cree el esposo que ella piensa sobre ello?

	Esposas	Esposos
Lo disfruta	54 %	43 %
Neutral	13	15
Le disgusta	33	42

32. ¿Qué piensa el esposo sobre manipular a la esposa oralmente y qué cree él que piensa ella sobre ello?

Lo disfruta	78 %	69 %
Neutral	9	18
Le disgusta	13	13

33. ¿Con qué frecuencia alcanza la esposa un orgasmo antes que el esposo?

Regularmente o siempre	38 %	31 %
Periódicamente	16	22
Nunca o rara vez	45	46

34. ¿Con qué frecuencia llega usted y su cónyuge a orgasmo simultáneo?

Regularmente o siempre	13 %	19 %
Periódicamente	44	40
Nunca o rara vez	41	41

35. ¿Con qué frecuencia experimenta la esposa orgasmo múltiple?

Regularmente o siempre	11 %
Periódicamente	14
Nunca o rara vez	71

36. Minutos desde el comienzo de juego previo hasta el orgasmo

Menos de 10	6 %	7 %
10 - 20	51	55
20 - 30	31	26
30 o más	12	12

37. ¿Ha tenido el esposo alguna vez dificultad en eyacular?

	Esposas	Esposos
Nunca o rara vez		93 %
Periódicamente		6
Regularmente		1

38. ¿Con qué frecuencia ha dicho verbalmente el esposo a la esposa qué caricias de ella le estimulan más?

	Esposas	Esposos
Nunca o rara vez	31 %	29 %
Periódicamente	21	30
Regularmente o siempre	45	39

39. ¿Con qué frecuencia ha comunicado la esposa al esposo lo que la estimula?

	Esposas	Esposos
Nunca o rara vez	34 %	41 %
Periódicamente	28	24
Regularmente o siempre	36	33

40. Como promedio, ¿cuántas veces tiene coito por semana?

	Esposas	Esposos
0 - 2 veces	61 %	61 %
3 - 6 veces	36	37
7 - 9 veces	3	1

41. ¿Cuántas veces desea usted coito por semana?

	Esposas	Esposos
0 - 2 veces	48 %	27 %
3 - 6 veces	49	62
7 - 9 veces	3	11

42. ¿Hasta qué grado ha quedado satisfecha con el coito?

	Esposas	Esposos
Regularmente o siempre	73 %	90 %
Periódicamente	19	6
Nunca o rara vez	8	3

43. ¿Con qué frecuencia tiene dificultad el esposo en mantener erección, y cuántas veces cree la esposa que la tiene?

	Esposas	Esposos
Nunca o rara vez	96 %	92 %
Periódicamente	4	6
Regularmente o siempre	—	2

44. ¿Con qué frecuencia ayuda la esposa mediante estímulo oral para que el esposo alcance el orgasmo?

Regularmente o siempre	11 %	8 %
Periódicamente	15	15
Nunca o rara vez	73	76

45. Autoaceptación de apariencia personal

Totalmente	20 %	33 %
Mayormente	62	54
Provisionalmente	13	11
En forma mínima	3	12
Rechazo	2	0'8

46. Cómo acepta mi cónyuge mi apariencia

Totalmente	37 %	34 %
Mayormente	55	57'6
Provisionalmente	6'4	6
En forma mínima	1'2	2
Rechazo	0'4	—

47. Cómo cataloga su vida amorosa

Muy feliz	81 %	85 %
Medianamente feliz	10	3
Desgraciada	9	12

DIAGRAMA I

DIAGRAMA DE SATISFACCION SEXUAL

	Muy satisfecho	Medianamente satisfecho	Insatisfecho
Esposas . . .	81 %	10 %	9 %
Esposos . . .	85 %	3 %	12 %

Basado en las respuestas a la siguiente pregunta:
Usando una escala de 0 a 100, ¿cómo estimaría su
vida de amor marital en general?

DIAGRAMA II

DIAGRAMA DE SATISFACCION SEXUAL

**Mostrando promedios de la Encuesta de «Redbook»
independientemente de la duración del matrimonio**

	Muy feliz	Medianamente feliz	Desgraciada
Esposas	71 %	19 %	10 %

235

DIAGRAMA III

COMO EL ESTADO ESPIRITUAL SE RELACIONA CON LA SATISFACCION SEXUAL DE LA ESPOSA		

	Muy feliz	Medianamente feliz	Desgraciados
1. Llena del Espíritu	86 %	7 %	7 %
2. No llena del Espíritu	78 %	11 %	11 %

1. Esposas que afirmaban «estar llenas del Espíritu».
2. Esposas que se juzgaron «no llenas del Espíritu» o «inseguras de ello».

Basado sobre la comparación de estos tres diagramas, es razonable concluir que los cristianos están considerablemente más satisfechos en su vida amorosa que los no cristianos, y los cristianos llenos del Espíritu tienden a manifestar un mayor grado de disfrute que el creyente promedio. Esto no debe sorprendernos, ya que el primer fruto del Espíritu es «amor». Cuanto más amor de Dios tiene un individuo para dar a su cónyuge, tanta más plenitud dará y recibirá en el matrimonio. Felizmente estos hechos satisfactorios inducirán tanto a la comunidad cristiana como a los consejeros seculares a reconocer que las relaciones de una persona con Dios incrementarán sus relaciones con otras personas, comenzando por su cónyuge.

COMPARACIONES ADICIONALES INTERESANTES

A medida que analizábamos los resultados de nuestra encuesta hemos hecho un número de descubrimientos maravillosos, demasiados, de hecho, para incluirlos en este

	Nunca o rara vez	Periódica- mente	Regularmente o siempre
COMO PAREJAS DE GRUPOS DE EDADES DIFERENTES MARCABAN EL NIVEL DE SATISFACCION DE SU VIDA AMOROSA			
Los de 20 años	8'5 %	10'5 %	81 %
Los de 30 años	9 %	3 %	88 %
Los de 40 años	5'5 %	7'5 %	87 %
Los de 50 años	2 %	6 %	92 %

libro. No obstante, debemos llamar la atención a algunos que consideramos más importantes y hemos confeccionado un diagrama para visualizar los datos.

El diagrama de arriba ha sido recopilado como resultado de promedios de las respuestas de ambos cónyuges en sus respectivos grupos de edades e indica el nivel más alto de satisfacción sexual de toda encuesta que nos es familiar. El grupo mostrando el nivel de satisfacción para los que están en sus cincuenta puede indicar los que hemos tratado bajo impotencia masculina, pero lo que pocos hombres sobre los cincuenta admiten libremente hoy es verdad: a medida que su energía vital disminuye, algunos de hecho comienzan a tener problemas en sus logros sexuales. Merece la pena notar que el 81 por ciento no indican tal disminución, y felizmente, mediante el estudio de los capítulos 9 y 10 (los ejercicios Kegel y la impotencia masculina), muchos de los que tienen problemas podrán resolver sus dificultades.

DIAGRAMA V

INDICE DE DIVORCIOS A DIFERENTES NIVELES DE EDUCACION		
Entre los que se han divorciado:	Esposas	Esposos
Solamente educación media	5 %	5 %
Dos años de educación superior	10 %	13 %
Cuatro o más años de educación superior	20 %	14 %

La conclusión más obvia que podemos trazar de este diagrama es que cuanta más educación tiene la persona, más tendencia tiene a divorciarse. Evidentemente, la filosofía humanística de la educación superior, que suele tratar de destruir la permanencia del matrimonio, penetra hasta la mentalidad de los cristianos. La cifra podría resultar aún más alta si no fuese por aquellos que han asistido a escuelas cristianas. Lamentablemente no se ha buscado ninguna diferencia en las encuestas. No obstante, más de la mitad de los divorciados se habían divorciado *antes* de hacerse cristianos, de modo que podemos suponer con toda seguridad que la mayoría de los divorcios han ocurrido entre aquellos que han asistido a colegios o universidades seculares.

LOS HIJOS SON UNA BENDICION

La Biblia llama a los hijos «herencia del Señor» y declara además: «Bienaventurado el hombre que llenó su aljaba de ellos.» Nos tomó por sorpresa al comprobar que los que contestaron la encuesta tenían un promedio de

2 a 3 hijos. Aunque esto es algo más por encima del promedio nacional, hemos esperado un número más elevado de hijos en las familias cristianas. Además fue interesante observar que las parejas sin educación superior marcaban un promedio de 2'8 hijos, mientras que aquellos con dos años de estudios superiores registraban 2'5; aquellos que contaban con cuatro años de estudios superiores tenían 2'4 y los que llegaron a graduarse tenían sólo 2'3.

Las parejas jóvenes de hoy suelen tener a menudo la impresión de que los hijos les son un impedimento para el placer sexual, y algunos están tan convencidos de ello que lo usan como excusa para no aumentar sus familias. Nuestra encuesta y la de *Redbook* refutan tales ideas. El investigador Levin decía: «El punto máximo que surge de las estadísticas es que las mujeres con hijos pueden tener satisfacción sexual exactamente igual como las mujeres casadas sin hijos, y que las mujeres con dos o más hijos están tan satisfechas como las mujeres con un solo hijo. En otras palabras, cuando se trata de satisfacción sexual en el matrimonio *los hijos no hacen ninguna diferencia notable.*»[3]

DIAGRAMA VI

COMO LA COSTUMBRE DE ORAR JUNTOS AFECTA A LA SATISFACCION SEXUAL DE LA PAREJA

Las esposas han contestado:

	Muy felices	Medianamente feliz	Desgraciados
Que oran regularmente	85 %	10 %	5 %
Que no oran nunca juntos	73 %	15 %	12 %

Los esposos han contestado:

Que oran regularmente	87 %	8 %	5 %
Que no oran nunca juntos	81 %	5 %	14 %

LA ORACION CAMBIA LAS COSAS

Fue alentador descubrir que entre el 67 al 70 por ciento de las parejas cristianas que hemos encuestado oran juntos una o más veces por semana. Tras haber predicado por años que la oración es capaz de cambiar las cosas, estuvimos muy gozosos al constatar que tal experiencia hasta incluye el aumento de satisfacción sexual en el matrimonio.

LA GRAN MENTIRA SOBRE EL SEXO PREMARITAL

Durante años hasta hoy, los que al margen de la moral abogaban por el sexo premarital han alentado a los jóvenes a obtener experiencia sexual como una ayuda para lograr una adaptación marital futura. Nosotros, que creemos a la Biblia y aceptamos sus principios eternos para una vida feliz, hemos aconsejado que tal práctica era dañina. Nuestra encuesta indica con suficiente claridad que el sexo premarital *no* es necesario y que según las estadísticas puede dificultar la adaptación sexual.

DIAGRAMA VII

SATISFACCION SEXUAL Y SEXO PREMARITAL		
Esposas con:	Satisfacción regularmente o siempre	Satisfacción frecuente	Satisfacción nunca o rara vez
Ninguna experiencia premarital	76 %	16 %	8 %
Experiencia premarital	68 %	23 %	9 %

La razón con respecto a la diferencia en el nivel de satisfacción arriba indicado es desconocida, ya que no hemos hecho esa pregunta específica. Sin embargo, hemos indagado: «Si pudiese vivir su vida de nuevo, ¿qué es lo que haría de manera diferente?» La respuesta más popular y predominante fue ésta: «No me entregaría al sexo premarital.» No es de extrañar que la Biblia lo llame un «pecado contra tu propia alma». Si la promiscuidad premarital tiende a incrementarse o no, puede deducirse del siguiente diagrama.

DIAGRAMA VIII

COMO EL SEXO PREMARITAL DE LAS ESPOSAS VARIABA SEGUN GRUPOS DE EDADES			
Nunca	**Una vez**	**Ocasional-mente**	**Frecuente-mente**
Las de 20 años 48 %	13 %	22 %	17 %
Las de 30 años 62 %	8 %	18 %	12 %
Las de 40 años 65 %	8 %	20 %	7 %
Las de 50 años 61 %	18 %	18 %	3 %

SEXO ORAL EN AUMENTO

En el curso de los últimos diez a quince años los modernos educadores sexuales han inundado a los estudiantes de todos los niveles educacionales con dosis masivas de educación sexual sin el beneficio de principios o líneas morales. No nos sorprende que el incremento más alarmante en aquellos que han cedido a renunciar a su virtud antes del matrimonio ocurra dentro de este grupo. Hemos de tener presente, sin embargo, que el grupo de nuestra

DIAGRAMA IX

VARIACIONES EN LA PRACTICA DEL SEXO ORAL SEGUN LOS DIFERENTES GRUPOS

	Regular-mente o siempre	Perió-dica-mente	Rara vez o nunca	Desco-nocido
Los de 20 años	23 %	25 %	52 %	
Los de 30 años	52 %	18 %	53 %	4 %
Los de 40 años	8 %	22 %	70 %	
Los de 50 años	6 %	11 %	79 %	4 %

encuesta es religiosamente orientado y había sido educado en principios morales. Indudablemente, las estadísticas indicarían un nivel más elevado si nuestra encuesta hubiese sido dirigida a la población en general. Esto indica una tendencia trágica y lo que predecimos seguirá aumentando y resultará en un incremento del divorcio y tragedias conyugales en los años venideros.

El diagrama anterior demuestra que el sexo oral está en aumento hoy en día, gracias a la educación sexual al margen de la moral, pornografía, literatura moderna sobre el sexo, y el colapso de nuestros tiempos. Estas cifras se consideran más bajas que las reveladas en la encuesta de *Redbook*, que afirma que «de entre las de 20 a 39 años de edad es el 91 por ciento».[4] De entre estas 91 mujeres de 100, «40 lo practican con frecuencia (comparado a nuestro 23), «45 lo practican ocasionalmente» (25 en la nuestra) y «5 lo han probado sólo una vez...». «Solamente 7 mujeres de entre 100 no lo han experimentado nunca...»[5] En nuestra encuesta, las mujeres de 25 y 27 años nunca lo han tratado de hacer; las estadísticas saltaron a 39 y 43 en las de 40 ó 50 años de edad. Obviamente, la comunidad cristiana no ha aceptado unánimemente el sexo oral. La mayoría de los consejeros cristianos son reticentes en condenarlo o aprobar su práctica, dejando esta decisión al individuo. No obstante, aún parece existir un gran número de cristianos que disfrutan de una vida amorosa plena y fascinante sin entregarse a esta práctica.

No estamos convencidos de que el sexo oral sea tan popular básicamente como los modernos sexólogos quisieran hacernos creer. Hasta el informe de *Redbook* reconoció que sólo un 40 por ciento lo practicaba regularmente, y el otro 60 por ciento osciló entre ocasionalmente y nunca. Lo que hace su informe especialmente interesante es que sus estadísticas eran los resultados de edades entre veinte y treinta y nueve años y que evidentemente las mujeres de más edad lo practicaban con menos frecuencia. El artículo no ofreció estadísticas en cuanto a estas mujeres, pero nuestra encuesta indicó que el 70 % de mujeres cristianas entre cuarenta y cuarenta y nueve años rara vez o nunca hacían uso del sexo oral, y las de cincuenta o más años se abstenían de ello en un 81 por ciento. Podemos concluir de todo esto que *cunnilingus* y *fellatio* han obtenido publicidad ilimitada en los años recientes, causando con ello que muchas más parejas recurran a experimentos que antes no habían practicado tal hábito. Mas la mayoría de las parejas no lo practica regularmente como sustituto de la hermosa y convencional interacción diseñada por nuestro Creador para que sea la íntima expresión del amor.

Confiamos en que no habrá nada que pueda jamás reemplazar el acto tradicional del matrimonio como método favorito de expresión de amor sexual entre personas casadas.

En el transcurso de los siglos la mayoría de las mujeres casadas no han experimentado orgasmos frecuentes, y muchas nunca llegaron a saber lo que era sentir un orgasmo. A pesar de ello no había surgido ninguna revuelta femenina contra el hombre o el matrimonio; las mujeres simplemente ignoraban lo que perdían. Aun en nuestros días, muchas mujeres «no orgásmicas» dan testimonio de gozar de la cercanía, excitación y afecto proporcionado por el acto de amor, y que el sexo es agradable sin orgasmo.

DIAGRAMA X

COMO LA FRECUENCIA DE ORGASMOS DE LAS ESPOSAS VARIABA SEGUN LOS GRUPOS DE EDADES

	Regularmente o siempre	Periódicamente	Rara vez o nunca	Desconocido*
Los de 20 años	81 %	11 %	5 %	3 %
Los de 30 años	76 %	13 %	9 %	2 %
Los de 40 años	82 %	4 %	14 %	
Los de 50 años	68 %	18 %	14 %	

* Esto representa aquellas mujeres que indicaron que no sabían si han experimentado orgasmo o no.

Pero en años recientes un número cada vez mayor de mujeres quieren sus relaciones conyugales con todas las campanas al vuelo con frecuencia y que culminen en la suprema experiencia sexual de la mujer: el orgasmo.

El diagrama de arriba indica que una vasta mayoría de mujeres cristianas experimentan orgasmos la mayoría de las veces; sólo un porcentaje muy pequeño no lo logra. Las cifras indican que el 81 por ciento lo experimenta la mayoría de las veces, otros por 11 por ciento frecuentemente. Esto significa que 92 mujeres cristianas de entre 100 en sus años veinte que contestaron la encuesta indican que han experimentado orgasmo al menos frecuentemente. Esta es la cifra más elevada registrada en toda encuesta que conocemos, la cual demuestra, además, que los cristianos disfrutan de los valores sublimes de la unión sexual más que cualquier otra persona en nuestra sociedad.

EL JUEGO DEL NUMERO SEXUAL

Ningún estudio sobre las reacciones sexuales podría ser completo sin considerar la frecuencia del coito. Como dice

DIAGRAMA XI

LA FRECUENCIA DE COITO SEGUN LAS ESPOSAS

	1 - 4 veces al mes	5 - 12 veces al mes	13 - 18 veces al mes	19 - 26 veces al mes	27 o más veces al mes
Las de 20 años	8 %	40 %	41 %	11 %	
Las de 30 años	10 %	53 %	25 %	8 %	4 %
Las de 40 años	16 %	46 %	30 %	8 %	
Las de 50 años	21 %	64 %	15 %		

Redbook: «Cuando se trata de hacer el amor, al parecer a los americanos les preocupan los números.»[6] Hemos observado con anterioridad que la frecuencia es dependiente de muchos factores: edad, salud, presiones inmediatas (comerciales, sociales, familiares, financieras), resentimiento, culpabilidad, la falta de franqueza y comunicación sobre el sexo, y una multitud de cosas más. Ambas encuestas, sin embargo, indican que la frecuencia no es tan importante como la satisfacción. Estamos convencidos de que es mucho más importante darle satisfacción sexual al cónyuge en casi todas las experiencias amorosas que hacer una carrera maratónica al dormitorio.

No existe un esquema en cuanto a «frecuencia normal». Cada pareja debería hallar el nivel de frecuencia en el cual se sienten confortables y pueden gozarse mutuamente. Ello puede variar por muchos motivos y circunstancias; no obstante, tanto la encuesta de *Redbook* como la nuestra indican que la mayoría de las esposas hacia los fines de sus años treinta y cuarenta desean hacer el amor más de lo que de hecho reciben. Sería muy conveniente acon-

DIAGRAMA XII

LA FRECUENCIA DE COITO SEGUN LOS ESPOSOS				
	1 - 4 veces al mes	5 - 12 veces al mes	13 - 18 veces al mes	19 - 26 veces al mes	27 o más veces al mes
Los de 20 años	18 %	28 %	43 %	11 %	
Los de 30 años	7 %	44 %	31 %	15 %	3 %
Los de 40 años	24 %	50 %	24 %	2 %	
Los de 50 años	30 %	53 %	10 %	7 %	

sejar a la mayoría de los esposos dejar sus problemas vocacionales en la fábrica o en la oficina a fin de que puedan pasar más tiempo amando y gozando a sus esposas.

RESUMEN

Nos sentimos muy satisfechos al ver que nuestra encuesta haya establecido el hecho de que, a través de largos años de matrimonio, los cristianos experimentan relaciones amorosas mutuamente disfrutables y que se entregan al acto amoroso más frecuentemente y con mayor satisfacción que los no cristianos de nuestra sociedad. Esto no significará una sorpresa para aquellos que conocen y obedecen a los principios bíblicos, porque la llave de la felicidad según las Escrituras requiere de nosotros que aprendamos a obedecer los principios divinos.

Es una triste paradoja que todos los que han rechazado o descuidado a Dios en su afán de libertad sexual y felicidad viven de hecho una vida miserable, mientras que los cristianos, a los que se trata de despreciar o ridiculizar por ser demasiado «rectos», gozan de la misma cosa que los no cristianos persiguen. En nuestras oraciones pedimos que muchos que previamente no han considerado a Jesucristo comiencen a darse cuenta del hecho de que El hace diferentes nuestras vidas en muchos aspectos.

Cuando Jesucristo andaba por esta tierra dijo: «Sin Mí nada podéis hacer» (Jn. 15:5). Es obvio que la gente puede comer, beber, trabajar, hacer el amor y criar hijos sin El, pero Jesús quiso decir que sin El no pueden gozar de los máximos beneficios de la vida. Su presencia en los individuos en el curso de toda su existencia terrena también garantiza enriquecimiento, plenitud y felicidad. Jesús dijo: «He venido para que tengan vida, y para que la tengan en abundancia» (Jn. 10:10). El embellece toda experiencia humana, en particular las relaciones interpersonales, y nos guía hacia la satisfacción mental, física y emocional. No hay otra fuente que nos pueda capacitar para lograr todo el potencial para el cual Dios nos creó. Esperamos que esta obra —su instrucción y los hechos revelados en la encuesta— lleguen a inspirar al lector para leer el capítulo siguiente y enriquecer su relación personal con El. Si El no está presente en la vida de nuestro lector, encarecemos evitar todo lo que se interponga a recibirle. La Biblia declara repetidamente que cuando alguien vino a Jesús «siguieron su camino regocijados». ¿Disfruta usted de la «vida abundante» que El vino a ofrecerle? ¿Le ocurre una manera mejor para vivir?

Notas

[1] Robert J. Levin y Amy Levin, «El placer sexual: Las sorprendentes preferencias de 100.000 mujeres», *Redbook*, 145 (septiembre 1975), pág. 53.
[2] Idem.
[3] Idem, pág. 55.
[4] Idem.
[5] Idem.
[6] Idem, pág. 57.

13 | La dimensión ausente

El hombre es un ser dividido en cuatro partes: cuerpo, emoción, mente y espíritu. La filosofía humanística de nuestros días, que ha reducido al hombre a cuerpo, emoción y mente, es —en nuestra opinión— una de las mayores causas de desarmonía marital en el mundo de hoy.

Creemos que la parte espiritual del hombre —a menudo la dimensión ausente— es la parte más significativa entre las cuatro partes. Para ilustrar su influencia sobre las otras tres partes hemos de examinar las cuatro partes individualmente.

1. *Parte física*. Todos nos percatamos de la parte física de nuestra naturaleza. Implica nuestra función corporal y es de vital importancia en el arte de la vida amorosa marital.

2. *Parte emocional*. El motor del hombre es el corazón, del cual procede o «mana la vida» (Prov. 4:23). El corazón es la sede de toda emoción, tanto buena como mala: amor y odio, gozo y amargura. Si las emociones de una persona funcionan normalmente, no tendrá problemas para funcionar físicamente.

3. *Parte mental.* La mente es el mecanismo más complejo del hombre. Algunos lo han llamado la computadora más complicada del mundo. El banco de memoria de la mente registra las impresiones de toda la vida que influencian nuestros prejuicios, gustos y disgustos, agrados y desagrados, produciendo de esta manera nuestros sentimientos. Por ejemplo, los que continuamente expresan desagrado para el sexo no reflejan una malfunción física, sino una distorsión mental que inhibe sus sentimientos emocionales y prohíbe la expresión física normal. La in-

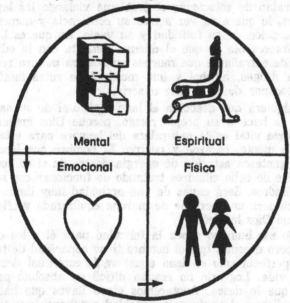

compatibilidad, por ejemplo, casi nunca comienza en el cuerpo; comienza invariablemente en la mente. Por esta razón, los conceptos erróneos, cuando se reemplazan por imágenes mentales positivas, por lo general liberan el flujo de las emociones positivas y capacitan al individuo o a la pareja para experimentar reacciones y experiencias apropiadas físicamente.

4. *Parte espiritual.* El lado menos comprendido de la naturaleza del hombre es el lado espiritual. Un filósofo de la antigüedad reconoció el significado de este aspecto del hombre cuando declaró que «el vacío formado por Dios en el corazón de todo hombre no puede ser llenado por nadie sino por el mismo Dios». Excepto que el vacío formado por Dios sea llenado mediante una relación personal con su Creador, el hombre está condenado durante toda la vida a una actividad enloquecida e incesante en su intento de tratar de llenarlo. Algunos tratan de negarlo, otros de ignorarlo, y otros de sustituirlo por una variedad de experiencias autosatisfactorias; pero todo es en vano. Al ignorar la realidad del lado espiritual de su naturaleza, ellos tratan de solucionar el problema violando las leyes de Dios, lo que a su vez activa su conciencia y aumenta la percepción de su futilidad y su vacío. Lo que es bastante interesante es que el dilema aumenta con la edad. No es de extrañarse que muchos en nuestra cultura recurran a drogas, alcohol y una multitud de rutas inútiles para escapar de su propia miseria.

Cualquiera que descuida el lado espiritual de su naturaleza lo hace a su propio riesgo, porque Dios implantó esta parte vital en la naturaleza del hombre para estabilizar su mente, corazón y cuerpo. El hombre que ignora esta gigantesca estación de energía dentro de sí es como un coche de ocho cilindros tratando de funcionar con sólo seis cilindros. Será capaz de una actividad muy limitada, y nunca será una persona de marcha equilibrada y eficaz tal como Dios lo ideó.

Todo ser humano desea la felicidad para él y los que ama, pero creemos que el hombre tiene capacidad de felicidad perfecta sólo si llena aquel vacío espiritual dentro de su vida. Lograrlo no resulta difícil en absoluto para aquel que lo desea. Anotaremos cinco llaves que hacen posible llenar el vacío y la felicidad resultante que todo hombre anhela.

Dios te ama y te ha diseñado con un lado espiritual de tu naturaleza que tiene la capacidad de disfrutar de la amistad con El.

«Porque de tal manera amó Dios al mundo, que dio a su Hijo unigénito para que todo aquel que en El cree, no se pierda, sino que tenga vida eterna» (Jn. 3:16).

Sobre todo, el hombre debe saber que Dios le ama, independientemente de las circunstancias de la vida y lo que éstas indican. El don de Su Hijo en la cruz del Calvario se alza como monumento histórico de este hecho: Dios ama a los hombres. ¡Es legítimo personificar el hecho y decir que Dios *te ama a ti*!

Dios también quiere que disfrutemos de la amistad con El. «Dios es Espíritu; y los que le adoran (tienen amistad con El), deben adorarle en espíritu y en verdad» (Jn. 4:24).

Como acabamos de ver, el hombre está vacío si no goza de la unión y la amistad con Dios. Los siguientes diagramas distinguen los dos puntos de vista sobre el hombre:

El coqueteo del ser humano con el intelectualismo basado en el humanismo ateísta muestra al hombre como consistente de tres partes, tal como lo indica el diagrama. La tragedia de esta filosofía es que limita al hombre completamente a recursos humanos, produciendo una vida de futilidad nunca planeada por Dios.

La voluntad propia del hombre y su pecado han destruido su vida espiritual, separándole de Dios y haciéndole miserable.

«Porque todos pecaron, y están destituidos de la gloria de Dios» (Rom. 3:23).

En la cuarta parte del hombre, la parte espiritual, hemos puesto un trono para aclarar que, a diferencia de los animales, al hombre se le ha dado al nacer una voluntad libre para elegir al gobernante de su vida. Puede desear gozar de la amistad de Dios o puede imponer su libre voluntad y orgullo (como la mayoría lo hace) y vivir independientemente de Dios. Con esta decisión, consecuentemente, su vida espiritual muere, destruyendo de este modo su capacidad de producir felicidad duradera.

EL HOMBRE ESTA SEPARADO DE DIOS

«Porque la paga del pecado es muerte» (Rom. 6:23). Siendo Dios santo, los pecados cometidos por el hombre día tras día, cuando su vida está controlada por su «yo», lo separa de Dios. La Biblia enseña que los que cometen pecado «no heredarán el reino de Dios» (Gál. 5:21).

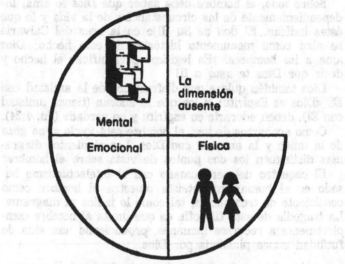

El concepto moderno del hombre.

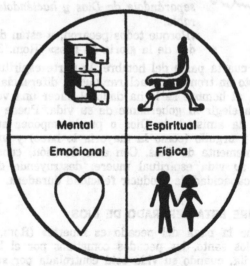

El hombre como lo diseñó Dios.

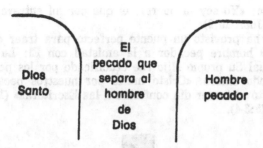

El pecado que separa al hombre de Dios

Dios Santo

Hombre pecador

Por lo general, el hombre trata de restaurar su amistad con Dios mediante buenas obras, religión, filosofía o siendo miembro de una iglesia. No obstante, es incapaz de salvarse por sí solo. Dios mismo «nos salvó, no por obras de justicia que nosotros hubiéramos hecho, sino por su misericordia (Tit. 3:5). Los mejores esfuerzos del hombre nunca podrán restaurar ni su amistad con Dios ni su felicidad.

Aunque en la Biblia hallamos muchas expresiones sobre el pecado, todas son causadas por el egoísmo en oposición a la voluntad de Dios.

Jesucristo es la única provisión de Dios para el pecado del hombre, y a través de El puedes tener amistad nuevamente con Dios y experimentar la felicidad que El tiene para ti. La Biblia enseña que Cristo murió en lugar del hombre. «Porque el Señor ha cargado sobre El la iniquidad de todos nosotros» (Is. 53:6). «Mas Dios muestra su amor para con nosotros, en que siendo aún pecadores, Cristo murió por nosotros» (Rom. 5:8). «En quien tenemos redención por su sangre, el perdón de pecados según las riquezas de su gracia» (Ef. 1:7).

CRISTO ES EL UNICO CAMINO A DIOS

Jesús dijo: «Yo soy el camino, la verdad y la vida; nadie puede venir al Padre, sino por mí» (Jn. 14:6). También dijo: «Yo soy la puerta: el que por mí entrare, será salvo» (Juan 10:9).

Dios ha provisto un puente perfecto para traer de regreso al hombre pecador a la amistad con El: La Cruz en la cual Su propio Hijo fue crucificado por los pecados del mundo entero. «Cristo murió por nuestros pecados... y resucitó al tercer día conforme a las Escrituras» (1.ª Corintios 15:3-4).

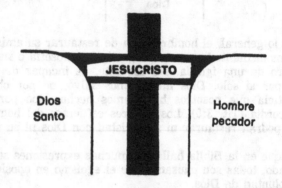

 *Debes arrepentirte de tu egoísmo y recibir a Jesucristo como Señor y Salvador, atendiendo a su invitación personal para restaurar la amistad con Dios y la felicidad.*

LOS TRES PASOS PARA RECIBIR A CRISTO

1. *Arrepentirse.* «Antes, si no os arrepentís (volverse del egoísmo o voluntad propia a la voluntad de Dios), todos pereceréis igualmente (Luc. 13:3). Arrepentirse significa estar dispuesto a dejar tus propios caminos, tu egoísmo, y desear los caminos de Dios. Algunos imaginaron erróneamente que para ser convertidos tienen que abandonar sus pecados; esto es imposible hasta que primero miren a Dios. El, entonces, cambiará el corazón del hombre y lo inducirá a abandonar sus pecados.

2. *Creer.* «Mas a todos los que le recibieron, a los que creen en su nombre, les dio potestad para ser hechos hijos

de Dios» (Jn. 1:12). La palabra *creer* significa literalmente «descansar sobre» o «tomar completamente su Palabra».

3. *Recibir.* «He aquí yo estoy a la puerta y llamo; si alguno oye mi voz y abre la puerta, entraré a él, y cenaré con él, y él conmigo» (Apoc. 3:20).

RECIBIR A CRISTO COMO SEÑOR Y SALVADOR

Recibir a Jesucristo como *Señor y Salvador* implica entregar el control de tu vida a Cristo, haciéndole Señor de tu vida. A tu invitación El entrará en tu vida para limpiarte de tus pecados pasados y guiar tu futuro.

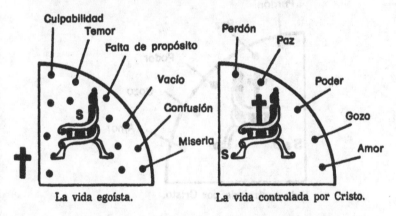

La vida egoísta. La vida controlada por Cristo.

Estos diagramas muestran claramente los dos tipos de vida espiritual. La vida del «yo» muestra el *ego* sobre el trono, tomando las decisiones de la vida, mientras Cristo aparece fuera de ella simbólicamente. Este individuo puede ser religioso, no religioso, ateo; en realidad no hace ninguna diferencia. En todos los casos donde el «yo» está en el trono, Dios es la dimensión ausente en la vida de esa persona, lo que hace que esa persona sea incapaz de la verdadera felicidad. Antes de muchos años comenzará a experimentar miseria, confusión, vacío, falta de propósito, temor y culpabilidad con intensidad en aumento, tal como lo hemos representado.

A medida que viajamos por el país y conocemos mucha gente de diferentes caminos de vida, solemos mostrar a los individuos estas cinco llaves hacia la felicidad. Cuando les demostramos los resultados del vacío de una vida controlada por el *ego*, casi siempre están de acuerdo con nosotros. Jamás he conocido a una persona de 40 años o más que haya negado el hecho de que esto haya sido su propia experiencia personal. Las únicas personas que no estaban de acuerdo (y sólo había pocas) eran jóvenes con idealismo de edad colegial, lo que les hacía pensar que ellos serían una excepción. Confío en que el paso del tiempo llegará a disipar su objeción de entonces.

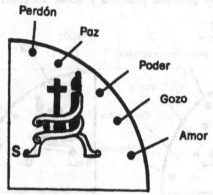

Vida controlada por Cristo.

La vida espiritual controlada por Jesucristo es el resultado de haberle recibido como Señor y Salvador, mediante una invitación personal. Nótese que no hemos dicho aceptar a Cristo «como Salvador». La Biblia se refiere repetidamente a la experiencia de la salvación como resultado de aceptar a Cristo como *Señor y Salvador*. En Romanos 10:13 dice: «Porque cualquiera que invocare el nombre del Señor será salvo.» Decimos «recibir» a Cristo como Señor, lo que implica un paso más allá que *aceptarle* como Salvador, como un deber ineludible para escapar de la perdición.

Dondequiera que un individuo esté dispuesto a reconocer su egoísmo e invocare a Jesucristo para salvarlo de sus pecados anteriores y llegar a ser el Señor de su futuro, Cristo viene a su vida para tomar el control del trono de su voluntad. La voluntad del *ego* entonces se convierte en siervo de Cristo. La letra *E* en el diagrama ya no representará al «yo», sino que, convertido en *S*, significa *siervo*.

Jesucristo trae a la vida del hombre primeramente perdón abundante de sus pecados, produciendo paz en su corazón hasta entonces desconocido para él. El creyente tiene el poder de Dios residente dentro de sí para superar sus pecados, malos hábitos y debilidades. Además posee el gozo del Señor y el amor de Dios para extenderlos abundantemente hacia otros. Esta es la vida espiritual controlada por el Espíritu que produce felicidad.

RECIBIENDO A CRISTO PERSONALMENTE A TRAVES DE LA ORACION

Recibir a Cristo es una experiencia muy personal. Nadie lo puede hacer por ti. Tal como invitarías a un huésped a tu hogar, así debes invitar a Jesús a tu corazón personalmente. La oración es simplemente hablar con Dios, Quien está más interesado en la actitud de tu corazón que en las palabras que le dices. Si necesitas ayuda para formular una oración, aquí damos una sugerencia:

> Amado Padre celestial, dándome cuenta de que soy pecador y que nada puedo hacer para salvarme a mí mismo, deseo tu perdón y misericordia. Yo creo que Jesucristo murió en la cruz, derramando su sangre en pago total por mis pecados, y que resucitó corporalmente de los muertos, demostrando que El es Dios.
>
> Ahora mismo recibo a Jesucristo en mi vida como mi Señor y Salvador personal. El es mi única esperanza para la salvación y la vida eterna.
>
> Dame entendimiento y una fe creciente al estudiar tu Palabra. Rindo mi voluntad a tu Santo Espíritu para que haga de mí el tipo de persona que Tú quieres que yo sea.
>
> Te pido esto en nombre de Cristo. Amén.

¿Expresa esta oración los pensamientos de tu corazón? Si es así, ora ahora mismo al Padre celestial; la Biblia garantiza que Cristo contestará tu oración y que vendrá a tu vida.

COMO SABER QUE ERES CRISTIANO

Cristiano es aquel que tiene a Cristo en su vida. Si has pedido con sinceridad y en oración a Cristo que entre en tu vida, puedes estar seguro que así lo ha hecho. Dios no puede mentir, y El prometió venir cuando se Le invita (Apoc. 3:20).

La Biblia garantiza para ti la vida eterna. «Y este es el testimonio: que Dios nos ha dado vida eterna; y esta vida está en su Hijo. El que tiene al Hijo, tiene la vida; el que no tiene al Hijo de Dios, no tiene la vida. Estas cosas os he escrito a vosotros que creéis en el nombre del Hijo de Dios, para que sepáis que tenéis vida eterna, y para que creáis en el nombre del Hijo de Dios» (1.ª Jn. 5: 11-13).

Agradécele regularmente haber entrado en tu vida.

COMO LLEGAR A SER UN CRISTIANO FIRME

Cuando has nacido físicamente precisabas ciertas cosas para el crecimiento: alimento, ejercicio y conocimiento. Así sucede también en el ámbito espiritual .Te ayudarán las siguientes sugerencias:

1. *Lee la Biblia diariamente*. La Biblia es el mensaje de Dios para ti, pero solamente llegará a ser provechoso si la lees. Es aconsejable concentrarte en el Nuevo Testamento, preferiblemente en el Evangelio de San Juan, la Primera Epístola de San Juan, y los libros de los Filipenses y Efesios. Luego lee en forma consecutiva todo el Nuevo Testamento. Es imposible para toda persona llegar a ser un cristiano firme si no lee con regularidad la Palabra de Dios.

2. *Ora diariamente*. Dios es tu Padre celestial, El quiere que le invoques regularmente (Mat. 26:41).

3. *Asiste a una iglesia regularmente*. No puedes nunca ser un cristiano firme si no asistes en forma consistente a una iglesia fiel a la Biblia, donde puedas escuchar más de la Palabra de Dios. Acabas de comenzar a aprender muchas cosas interesantes que Dios ideó para ti. Necesitas también hacerte amigos cristianos; y la iglesia es el lugar ideal para ello (Heb. 10:25).

4. *Identifícate con Cristo*. Haz de esta identificación un acto público siguiéndole en el bautismo como creyente (Mat. 28:18-20). Una vez que hayas sido bautizado, debes hacerte miembro de esa iglesia en forma oficial y buscar servir al Señor con esa congregación.

5. *Comparte tu nueva experiencia con otros*. El relatar todo lo que Cristo hizo por ti no sólo te fortalecerá, sino que ayudará a que tus amigos reciban a Cristo (1.ª Pedro 3:15).

6. *Estudia la Biblia*. Además, aprovecha la ventaja de tener hoy en día excelentes ayudas para el estudio de la Biblia. Sin duda en tu iglesia hallarás ayuda en este sentido. Si no, la librería evangélica en tu ciudad cuenta con amplio material.

 *Deja que Jesucristo dirija las decisiones diarias de tu vida, y gozarás de una felicidad interior, independientemente de las circunstancias.*

«Reconócelo en todos tus caminos, y El te enderezará todas tus veredas» (Proverbios 3:6).

Tienes que invitar a Jesucristo en tu vida una sola vez, pero dejar que El controle tu vida requiere una entrega diaria. El te quiere ayudar en todas tus decisiones de la vida para que puedas experimentar la máxima felicidad que El tiene reservada para ti.

LA VIDA FELIZ, CONTROLADA POR CRISTO

Los únicos cristianos verdaderamente felices son los controlados por Jesucristo. El dijo: «Si sabéis estas cosas (los principios de Dios en la Biblia), bienaventurados seréis si las hiciereis» (Jn. 13:17).

La felicidad no es automática para un cristiano. Cada uno de los diagramas de arriba representa a un cristiano, pero obviamente uno es miserable y el otro es feliz. La razón es clara. La persona con una vida espiritual controlada por su *ego* revela que se ha vuelto a apoderar del trono y que vive independientemente de Dios. Desgraciadamente éste es un estado común para muchos cristianos,

Vida controlada por el *ego*. Vida controlada por Cristo.

y siempre produce míseria. De hecho, muchos cristianos que viven de esta manera son más miserables que los no cristianos, porque además de hacer de sus vidas una confusión debido a sus decisiones egoístas, también están siendo acusados más y más por el Espíritu Santo que mora en ellos.

La vida espiritual controlada por Cristo arriba ilustrada, muestra a Cristo controlando diariamente los procesos de la vida en cuanto a decisiones. Este individuo, como todo el mundo, habrá de tomar decisiones como, por ejemplo, dónde trabajar, cómo tratar a la familia, quiénes serán sus amigos y dónde vivirá. Sin embargo, *consultará al Señor* dónde trabajar, cómo tratar a la familia, quiénes han de ser sus amigos y dónde irá a vivir. Cuando Cristo controla la vida de uno, esa persona trata de hacer las cosas y pensar los pensamientos que agradan al Señor, el cual a su vez garantizará a esta persona una abundancia de amor, gozo y paz que a su vez garantizan la felicidad que todo ser humano desea tener.

La dimensión ausente de muchos, es Cristo controlando la vida espiritual de la persona. Cuando Él dirige la naturaleza espiritual del individuo, el esquema mental nítido de esa persona producirá un bienestar que a su vez engendrará las respuestas físicas que cada uno desea. Por esta razón, creemos que una pareja unida a Cristo y guiada por Él en sus vidas gozará plenamente de los actos de amor a través de largos años de matrimonio, mucho más que otra gente. Del buen esquema y actitud mental nacen las buenas acciones que toda pareja casada necesita practicar, las cuales les ayudarán a sentirse más satisfechos y, por ende, dispuestos a amarse más el uno al otro, aun en el terreno físico.

El amor es el primer «fruto del Espíritu» enumerado en Gálatas 5:22, 23. La persona cuya vida es controlada por Cristo poseerá una mayor capacidad de amar a su cónyuge. La mejor manera de incrementar la capacidad propia de amar es derramar ese amor sobre el otro.

LA CURA DE DIOS PARA LA INCOMPATIBILIDAD

En años recientes la excusa más común para el divorcio ha sido la incompatibilidad de carácter. Debido a que muchas personas han acudido a mi despacho con esta queja, he desarrollado una técnica para tratarla. Una pareja típica nos servirá de ejemplo.

Después de que la esposa hubo contado su lúgubre cuento de enemistad exclamó: «No hay esperanza para nuestro matrimonio, porque Sam y yo ya no somos compatibles.» Esto significaba que ya no vivían juntos en unión sexual, habiendo evitado el coito por cinco meses.

Pregunté a Sara: «¿Ha sido siempre así?» Naturalmente, contestó que no. ¿Qué pareja pensaría jamás en casarse sabiendo que son incompatibles? Algunas parejas que se quejan de incompatibilidad fueron tan compatibles en los días de su noviazgo que no podían quitar las manos de encima el uno del otro. Esto indica que habían *aprendido* a ser compatibles. La discordia no tiene nada que ver con biología, fisiología o funciones físicas, pero, tal como probaremos más adelante, sí tiene que ver con pecados mentales y espirituales.

La mayoría de las parejas de hoy se sienten atraídas mutuamente en los niveles emocional y físico porque se ven obligados a estar juntos en un ambiente laboral o social.

Pronto notan que la química de sus cuerpos —o en otras palabras, la atracción magnética biológica— enciende una respuesta emocional. Esta siempre es una experiencia fascinante para dos jóvenes del sexo opuesto con sangre ca-

261

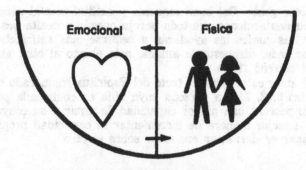

Atracción en dos niveles.

liente en sus venas. Si carecen de una dimensión espiritual en la vida, su primera relación producirá asociaciones adicionales que a su vez aumentarán sus emociones y seguirán encendiendo su atracción física. Si han tenido un lavado cerebral por los consejos del amor libre humanista que invade los campos estudiantiles, pueden comenzar a vivir juntos y gozar expresando sus instintos exactamente como los animales. Hay aún muchos que reservan sabiamente sus expresiones sexuales para el matrimonio, pero en ambos casos, una vez que pase la novedad, la pareja descubre que existe un montón de desacuerdo mental que va produciendo conflicto e incompatibilidad.

Toda pareja está destinada a descubrir después de casarse que no son tan similares en sus gustos como habían pensado antes de casarse. Pueden ser diferentes en sus antecedentbes, inteligencia y educación, y puede ser que descubran fuertes desacuerdos en terrenos tan vitales como el dinero, hijos, modales, familia, negocio y eventos sociales. Si pueden enfrentarse con tales diferencias en forma altruista no crearán incompatibilidad; pero si es el *ego* el que reina en el trono de sus voluntades, se entregarán a pensamientos de ingratitud, venganza y antagonismo. Tales pensamientos hacen que el amor, el gozo y la paz se conviertan en amargura y odio, los precisos ingredientes que producen la incompatibilidad.

Cuando Sara acudió a mi despacho, ella y Sam no compartían ninguna dimensión espiritual, de modo que su egoísmo individual los hacía incompatibles. Pero cuando Sara

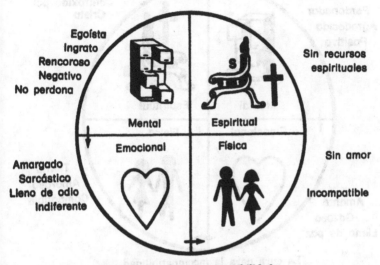

Egoísta
Ingrato
Rencoroso
Negativo
No perdona

Sin recursos
espirituales

Mental   Espiritual

Emocional   Física

Amargado
Sarcástico
Lleno de odio
Indiferente

Sin amor

Incompatible

El desarrollo de la incompatibilidad.

aceptó a Cristo como su Señor y Salvador, en mi despacho aquel día, anuló su proceso de divorcio y se marchó a casa para llegar a ser una esposa amante, sumisa y encantadora. Se convenció de que tales actitudes eran la voluntad de Dios para su vida.

A mi recomendación, no comunicó a su esposo de inmediato su nueva fe en Cristo. En cambio esperó hasta que él notase el cambio evidente en ella. No tardó mucho. A la primera demostración espontánea de afecto él sospechaba que tal vez ella perseguía algún fin especial de compras. Muy pronto, sin embargo, tuvo que reconocer su sinceridad. Dentro de diez semanas Sam también vino al conocimiento salvador de Cristo, y han venido gozando de relaciones perfectamente compatibles por muchos años.

Si ésta fuese una experiencia rara, vacilaría en citarla. Por el contrario, por ser una experiencia muy común, por no decir general, en los casos de conversión a Dios, he llegado a considerarla como la mejor cura para la incompatibilidad conyugal.

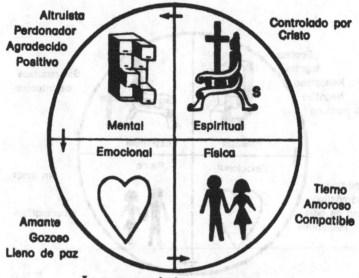

Altruista
Perdonador
Agradecido
Positivo

Controlado por Cristo

Mental

Espiritual

Emocional

Física

Tierno
Amoroso
Compatible

Amante
Gozoso
Lleno de paz

La cura para la incompatibilidad.

Un matrimonio compatible es un matrimonio feliz y capaz de producir el mejor ambiente para criar hijos. Aunque toda pareja anticipa un matrimonio armonioso, pocos llegan a experimentarlo porque jamás han considerado la dimensión ausente por el lado espiritual de su naturaleza. Cuando esa parte del matrimonio es correcta, todo lo demás parece hallar su perspectiva apropiada.

Cuando Jesús nos advirtió que nada podremos hacer sin El, sabía que el ser humano es incapaz de establecer un matrimonio verdaderamente feliz sin Su dirección. El primer recurso de los cónyuges que no gozan de las supremas bendiciones que Dios ideó para ellos debe ser esto: dejar que Jesucristo tome el control de sus espíritus, mentes y emociones. Esto puede ocasionar una mejoría milagrosa en las relaciones de ambos.

14 | Respuestas prácticas a preguntas comunes

Hacer el amor es un acto intrínseco que debe ser practicado por dos personas para que puedan disfrutarlo a mutua satisfacción. Como en cualquier actividad que requiere cooperación entre dos seres humanos, una malfunción puede ser puesta en acción por un error no advertido, del uno o del otro. Hemos intentado tratar los aspectos más importantes del acto de amor, pero si quisiéramos hacerlo exhaustivo, este libro tendría un volumen que ningún lector podría terminar de leer jamás. Como un suplemento a estas áreas mayores hemos seleccionado las preguntas más frecuentemente formuladas sobre el sexo y las hemos contestado breve y específicamente. Este capítulo contiene estas preguntas ordenadas según el tema. Es de esperar que puedan responder a las preguntas más urgentes de nuestros lectores.

En los últimos cuatro años hemos realizado más de cien Seminarios de Vida Familiar a través de todos los Estados Unidos y Canadá, alcanzando cerca de 75.000 personas. En muchos de estos seminarios hemos pedido a los asistentes entregarnos sus preguntas referentes a vida familiar. Más del 50 por ciento de estas preguntas correspondían a la adaptación sexual. Nuestro cuestionario, examinado en el capítulo 12, contenía un espacio al final para preguntas importantes sobre el sexo, y casi cada encuesta incluía una o más de estas preguntas. La necesidad obvia de ayuda expresada en estos cuestionarios influyó en nosotros para escribir este libro, y en particular este capítulo, respondiendo a preguntas acerca del sexo.

Muchas de nuestras respuestas resultarán diferentes de las que dan los escritores populares del sexo de nuestros días. No nos excusamos de ello, porque estamos comprometidos con la autoridad de la Biblia, examinando todos los problemas e ideas mediante sus principios. Estimamos que la llave de la felicidad es conocer los principios de Dios y ponerlos en práctica (Jn. 7:17). Los escritores seculares son normalmente humanistas que comienzan con el principio erróneo de que el hombre es un animal y puede satisfacer como tal sus instintos y pasiones de cualquier forma que desee, siempre que no haga daño a nadie. Por el contrario, nosotros creemos que el hombre es una creación especial de Dios y que la Biblia habla muy claro sobre el tema; por lo tanto, nos hallamos en una posición totalmente contraria al punto de vista humanístico.

Hay dos razones que nos convencen de que la obediencia a los principios bíblicos acerca de este delicado tema produce una felicidad mucho mayor que la filosofía humanista:

1. Los principios bíblicos provienen de un Dios amoroso y omnisciente, Quien sabe lo que es lo mejor para el hombre (Su creación especial).

2. Hemos visto tantos devotos al humanismo que en su miseria llegan a abrazar los principios bíblicos, alcanzando así la felicidad que nosotros creemos que son capaces de dar a quien los aprecia y practica.

Una cosa que debemos tener presente es que cuando una persona contesta a las preguntas de la vida partiendo de la Biblia, encontrará que la Biblia no cubre cada faceta especial en detalle sobre el amor marital. Por esta causa es fácil dejarse arrastrar por tradiciones u opiniones que pueden tener su origen en la Biblia o no; siendo más bien remanentes de alguna práctica o norma de pasadas culturas. Hemos intentado proceder con honestidad en tales asuntos y desprendernos de prejuicios no bíblicos al contestar estas preguntas. Donde la Biblia habla con claridad, nosotros hablamos en forma positiva; donde la Biblia guarda silencio, nosotros ofrecemos nuestra propia opinión.

ABORTO

¿Es correcto para una mujer cristiana provocar un aborto?

Un pronunciamiento crucial en la sociedad de nuestros días apunta hacia la moral del aborto. Ya desde el año 1973 los reglamentos del Tribunal Supremo de USA otorgó una garantía constitucional de privacía en tales asuntos y dejó la decisión a la mujer individual durante los primeros seis meses de su gravidez; y desde entonces los abortos legalizados han sido incrementados en un índice catastrófico. Muchos opositores al aborto han advertido que si llega a ser legalizado, daría como resultado promiscuidad, infidelidad, enfermedades venéreas y complejos de cupabilidad. ¿Quién podría negar la exactitud de tales predicciones?

Existen dos tipos de abortos: el aborto natural y el aborto inducido. Aunque la ciencia médica no siempre puede determinar por qué, algunas mujeres suelen abortar por causa natural, que puede ser la manera de la naturaleza para tratar los defectos congénitos u otras complicaciones prenatales. Los abortos inducidos son sencillos desde el punto de vista médico, si son ejecutados por médicos competentes en las etapas iniciales de la gestación. Existen dos razones para inducir un aborto: 1) Cuando tal acción es necesaria para salvar la vida de la madre, llamado «aborto terapéutico»; y 2) Por mera conveniencia de la madre: porque no está casada o por no desear ese hijo. En estos casos ,aquellos que toman tal decisión han de cargar con la responsabilidad moral por su acto.

Los cristianos, por lo general, saben que la Biblia condena el asesinato; consecuentemente, muchos usan el sexto mandamiento para justificar su condena de toda forma de aborto. El problema reside en que la Biblia no es clara en cuanto al momento cuando el óvulo se convierte en una persona: en el momento de la concepción, o cuando el embrión se desarrolla en la forma completa de un ser humano, lo cual sucede entre los tres y seis meses. Si uno considera al óvulo fecundado solamente «una célula viviente» que tiene la posibilidad de convertirse en un ser humano, resulta más fácil consentir en alguna forma de aborto que cuando se cree que el alma es dada al tiempo de la concepción.

Tuvimos que enfocar por primera vez este problema cuando una madre de cuatro hijos, quien había pensado que no iba a tener más, se encontró encinta. Debido a unas condiciones sanguíneas insuficientes, su médico le aconsejó: «Si no se le practica un aborto, el nacimiento de este hijo le costará la vida.» Si sólo nos hubiésemos atenido al sexto mandamiento, nuestra respuesta hubiera resultado en asesinato en cualquier caso, de la madre o del niño no formado. Tras mucha oración aconsejamos a la pareja que siguiesen la recomendación de su médico.

Otro caso fue el de una víctima de violación, de sólo catorce años. El crimen ocurrió mientras venía del colegio, y la investigación policíaca descubrió que nunca antes había visto a aquel hombre. Consideramos, pues, que la muchacha había pasado ya por bastante trauma. Ciertamente, un Dios amoroso no querría que una niña inocente, víctima del apetito bestial de un hombre, abandonase el colegio, pasase nueve meses de gravidez e iniciase una maternidad sin el cariño y ayuda de un padre antes de cumplir sus quince años. Pudimos ver que la aprobación de su pastor era muy importante para su rehabilitación mental y espiritual. Hasta el día de hoy solamente unas seis personas se han enterado de esta tragedia, y ahora, algunos años más tarde, ella es una esposa y madre feliz y bien adaptada.

Hubo aún otro caso de una pareja que tenía un hijo retardado mental y estaba esperando otro. Un análisis químico indicó que su hijo no nacido sería también subnormal en algún grado. Tras mucha oración y examen espiritual aconsejamos el aborto terapéutico. Seguramente algún día tendremos que dar cuenta a Dios de tales decisiones, pero según nuestro mejor entender de la Biblia y por la paz que hemos tenido todo ese tiempo en nuestros corazones no estamos arrepentidos de nada. A través de estas experiencias hemos desarrollado la siguiente opinión sobre el tema:

Nos oponemos al aborto debido a todas las razones personales egoístas, pero aceptamos el aborto terapéutico en aquellos raros casos cuando un médico, el pastor y los padres de la niña se ponen de acuerdo, a base de oración, en que es lo mejor para la madre o para el hijo nonato. Si una muchacha realiza a sabiendas un coito inmoral y queda embarazada, debe llevar la responsabilidad de su acto dando a luz a aquel hijo. Si se trata de una menor de edad, recomendamos que busque una pareja cristiana que desee un hijo y el bebé sea adoptado de inmediato al nacer; el hombre involucrado debería pagar todos los gastos del parto, además de la alimentación y el alquiler de la muchacha durante el embarazo. No creemos que un matrimonio forzado de los culpables sea siempre la mejor solución, porque depende de la edad de ambos y si uno de ellos es no creyente. Hemos observado que, excepto que la pareja tenga suficiente madurez para casarse, va al matrimonio con tantas desventajas que su unión se convierte en un trágico error tras un pecado deplorable. Es mucho mejor que confiesen su pecado a Dios y luego procedan con toda responsabilidad acerca de lo que sea mejor para el hijo que ha de nacer.

ADULTERIO

¿Puede ser una persona verdaderamente perdonada de adulterio?

Los pecados adulterio, homosexualidad y asesinato han sido considerados crímenes capitales en la Biblia, como lo evidencia la pena capital ordenada en Levítico 20:10. Evidentemente, la vida humana es de importancia primaria en la Palabra de Dios, y estos pecados afectan por toda la vida. A pesar de ello, el sacrificio de Jesucristo en la cruz es suficiente para limpiar de estos o de otros pecados (1.ª Jn. 1:7, 9). La evidencia del perdón de Dios a este pecado aparece en la decisión de Jesús para con la mujer sorprendida en adulterio (Jn. 8:1-11) y a la mujer con cinco maridos quien aún vivía con un sexto hombre (Jn. 4:1-42).

¿Puede un cristiano cometer adulterio?

Un cristiano es potencialmente capaz de cometer cualquier pecado conocido, pero si es «nacido de nuevo» no puede evitar la culpabilidad acusadora del Espíritu Santo (Jn. 16:7-11). Por esta razón Pablo reta a los cristianos a andar según el Espíritu y no según la carne (Gál. 5:16-21). Si un cristiano alberga pensamientos malos en su mente durante algún período, al final ejecutará la acción de tales pensamientos. Por esto Cristo señaló los pensamientos malos y lujuriosos como equivalentes al adulterio (Mat. 5:28). En estos días de abundante tentación sexual es imperativo cuidar la vida mental de uno.

¿Cómo puedo perdonar a mi cónyuge su infidelidad?

Probablemente no existe mayor traición de confianza que la infidelidad marital, y consecuentemente no es poco común que el cónyuge ofendido encuentre una enorme dificultad en perdonar a su cónyuge. Mas la angustia y el resentimiento no han de ser perpetuados, porque —aunque es comprensible— el resentimiento no es la base sobre la cual se pueden construir buenas relaciones. Es por ello que muchas parejas rompen las relaciones después de una escapada de adulterio, aun cuando concluya con arrepentimiento y el cónyuge culpable discontinúe tal conducta.

Nuestro Señor enseñó la necesidad del perdón en Mateo 6:14, 15, Efesios 4:32 y en muchos otros pasajes. Dios nunca nos ordena hacer algo para lo cual El no nos capacite. Por tal razón, si *deseas* perdonar, podrás hacerlo. Si quieres albergar amargura y permanecer en tu rencor, probablemente nunca superarás el asunto. Yo había retado a una esposa ofendida por un esposo evidentemente arrepentido: «¿Quiere ser feliz durante el resto de su vida o prefiere ser miserable? ¡Depende solamente de usted!»

¿Cómo puedo perdonarme a mí misma por ser infiel a mi cónyuge?

La infidelidad se cuenta entre los golpes más devastadores al matrimonio, creando una serie de resultados dañinos, de los que no es el menor el complejo de culpabilidad que devora al transgresor. Hemos visto cómo una culpabilidad de esta índole ha llevado al cónyuge ofensor hasta un colapso nervioso. La Escritura dice: «Duro es el camino de la transgresión» (Prov. 13:15); esto es verdad, en particular, referente a los pecados sexuales.

Todo perdón a uno mismo comienza con el perdón de Dios. Una vez que te percatas de que tu confesión de ese pecado en el nombre de Jesucristo te ha limpiado de *toda* iniquidad, comenzarás a perdonarte a ti mismo. Hay dos cosas que pueden ayudar en esto: 1) Obtener un libro de concordancias bíblicas y escribir cada versículo en las Escrituras que hablan del perdón de los pecados; luego releerlos varias veces; y 2) Basado en 1.ª Juan 1:9, cada vez que recuerdas tu pecado haz una pausa lo bastante larga para agradecer a Dios el don de la fe, creyendo que Él te ha perdonado. Gradualmente aprenderás a aceptar el perdón como un hecho, en lugar de condenarte a ti mismo por un pecado ya confesado.

Yo he confesado a Dios mi pecado de adulterio y no tengo intención de repetirlo. ¿Debo decírselo a mi cónyuge?

Aunque existen otros factores que hemos de considerar que no están incluidos en esta breve pregunta, normalmente no recomendamos informar al otro cónyuge cuando existen las siguientes condiciones:

1. Arrepentimiento sincero y confesión del pecado a Dios.

2. Corte de las relaciones ilícitas, evitando todo contacto con la persona implicada en ellas.

3. Establecimiento de diques espirituales como son la oración y un tiempo quieto diario de comunión con Dios; participación regular en la iglesia, y una conversación honrada con el pastor propio.

Una vez cometido el adulterio ¿se puede confiar otra vez en el cónyuge? ¿Acaso una ofensa no facilita que se cometan otras?

Todo eso depende de si se ha arrepentido bien de su pecado, si lo ha confesado a Dios y a ti, y si rompió el contacto con esa otra persona. Si todo esto ocurrió, será muy sabio de tu parte dar a tu cónyuge toda posibilidad para probarte su sinceridad, olvidando el pasado y perdonándolo todo. Si no procedes así, lo único que lograrás es enseñarle a tu cónyuge que puede hacer lo que quiera y «salirse con la suya».

Será un período de oportunidad para que puedas elevar tu propia vida buscando maneras de cambiar tú misma de actitud y comportamiento; de suerte que, con la ayuda de Dios y aplicando los principios bíblicos, llegues a ser el mejor cónyuge posible espiritualmente, emocionalmente y físicamente. Cuando un esposo o una esposa es infiel, normalmente hay una marcada carencia en el cónyuge fiel en satisfacer los deseos y necesidades del otro, y debería ser todo lo contrario.

En todo matrimonio donde uno de los cónyuges o ambos son cristianos, la pareja debe agotar todos los recursos antes de decidirse por el divorcio, aun cuando uno de ellos haya cometido adulterio. El divorcio debería ser siempre el último recurso tras muchos intentos sinceros de reconciliación.

CONTROL DE NATALIDAD

¿Es correcto que un cristiano practique el control de la natalidad?

El capítulo 11 explica que virtualmente todas las parejas practican alguna forma de control de natalidad, porque de otra manera las familias serían mucho más numerosas de lo que son. Si los cónyuges no hacen uso de uno o más métodos científicos descritos en aquel capítulo, al menos practican la abstinencia durante los días más fecundos de la esposa. No obstante, esto parece ser poco correcto para con la esposa, porque son aquellos días cuando ella podría disfrutar más del acto de amor. En lugar de quitarle el placer al cual Dios la destinó dentro del matrimonio, sería mucho mejor hacer uso de un anticonceptivo probado. Mas como hemos advertido en el capítulo 11, aunque creemos que Dios no se opone a limitar el tamaño de la familia al número de hijos que uno realmente puede criar para servirle, sí creemos que Dios nunca ha ideado que los padres hagan uso de aparatos de control para excluir los hijos por completo. Son «herencia del Señor» (Sal. 127:3) y una enorme fuente de bendición que toda pareja debería desear.

¿Acaso el castigo de Dios por derramar Onán su semen en tierra no indica que El se opone al control de natalidad?

Si tal tipo de razonamiento fuese usado en la muerte de Ananías y Safira en Hechos 5, uno podría hasta llegar a la conclusión de que Dios se opone a que una persona venda todas sus posesiones y dé un buen donativo a su obra o para los pobres. En ambos casos Dios aniquiló a estas personas porque pretendían hacer una cosa, mas hicieron otra. En Génesis 38:8-10 leemos que Onán trataba de quitar la herencia de su hermano, reservándola para sus propios hijos, al negarse a engendrar un hijo en nombre de su hermano, como era la costumbre entonces. De modo que es un error usar este texto aislado para condenar el uso del control de natalidad.

Siendo el método de retiramiento el más natural para el control de natalidad ¿le disgusta a Dios?

No es malo usar el método de retiramiento (coito interrumpido) cuando un matrimonio tiene el propósito o está cumpliendo ya el deber de la paternidad, para no cargar con un exceso de hijos, pero según los médicos no es efectivo. La mayoría de los hombres piensa que si su eyaculación ocurre fuera de la vagina sus esposas no quedarán encintas. Mas esto no es verdad. Antes de eyacular, el hombre emite una pequeña cantidad de fluido que contiene la suficiente cantidad de espermatozoides para fertilizar a cualquier mujer. Por esta razón, el método de retiramiento no es un procedimiento recomendado. Además es casi imposible para la mujer alcanzar orgasmo en el coito interrumpido, y esto es en desfavor de ella.

Rogamos nos faciliten textos de la Escritura en favor del control de natalidad. Tengo una amiga que espera su séptimo hijo (su quinto hijo tiene cinco años). Su esposo se opone al control de natalidad excepto por el método del ritmo, que les resulta poco eficaz.

No existe referencia clara en las Escrituras abogando pro control de natalidad, mas tampoco hay ninguno condenándolo.* La actitud de los cristianos varía sobre este tema, de modo que el control de natalidad está ganando más aceptación. La Biblia ha sido escrita mucho antes de desarrollarse estos métodos y cuando la Tierra no estaba superpoblada. En consecuencia, su silencio no significa nada en favor ni en contra, siempre que la pareja no rehúse tener hijos en absoluto. Nos inclinamos a creer que si el esposo tuviera que dar a luz al octavo hijo probablemente no habría un noveno.

Ciertamente no hay nada malo en que una pareja tenga siete o más hijos, aun en nuestros días, pero la decisión debe ser tomada de *mutuo acuerdo,* teniendo en cuenta los deseos y conveniencia de la esposa, que ha de llevar la carga más pesada.

El problema de esterilización, tanto para el hombre como para la mujer, ¿significa realmente confiar en el Señor?

Si usted «confía en el Señor», tendrá hijos. Esta es Su voluntad, como da testimonio de ello la manera como diseñó nuestros cuerpos, para la propagación de la raza. La pregunta realmente es ésta: ¿Cuándo debemos detenernos, a los dos, seis o más? Esta pregunta ha de contestarla cada individuo. No vacilamos en que un apéndice infectado o una vesícula biliar sean extirpados; ¿es esto «confiar en el Señor?». Frecuentemente usamos la ciencia moderna y la medicina; ¿por qué no pueden hacer lo mismo las parejas con sus órganos reproductivos una vez que lleguen a tener el tamaño de familia que creen que pueden criar en forma efectiva para servir a Dios?

* Una referencia indirecta en favor del control de nacimientos es Juan 1:13, donde se reconoce que el nacimiento es por voluntad humana.

¿Es mayor pecado hacer una vasectomía que usar gelatina anticonceptiva?

Probablemente no, ya que ambos métodos logran la misma finalidad. Mas una vasectomía es en la mayoría de los casos irreversible, de modo que uno ha de tener absoluta seguridad de no querer tener hijos adicionales antes de someterse a esa intervención. No recomendamos vasectomías para hombres menores de treinta y cinco o cuarenta años de edad.

COMUNICACION

¿Cómo puedo aprender a hablar mejor con mi esposo sobre estas cosas?

El sexo es el tema más fascinante del mundo; sin embargo, la mayoría de la gente encuentra embarazoso hablar de ello. Esto es así en particular en cuanto a personas casadas, excepto que comiencen a comunicarse durante la luna de miel o inmediatamente después. Normalmente, cuanto más tardan tanto más difícil resultará hablar sobre ello. Suponiendo que esta pregunta ha sido formulada por una persona casada por bastante tiempo, sugerimos los siguientes pasos:

1. Ora a Dios pidiéndole su guía y dirección.
2. Programa un tiempo aparte para tu cónyuge en el cual no tengas prisa y no te verás interrumpida.
3. Asegúrale tu amor básico; luego declara amablemente tus verdaderos sentimientos: que crees que algo está faltando en tu vida amorosa y que deseas hablarle de ello.
4. El paso más difícil para tratar ese tema es admitir ambos cónyuges la existencia del problema. Si te cuesta hablar sobre el sexo con tu cónyuge, probablemente te será difícil comunicarte también con él sobre otras muchas cosas, y esto nunca es bueno.
5. Trata de que tu cónyuge lea este libro, de modo que pueda conversar sobre el tema contigo.
6. Anticipa una solución; no te formes una idea demasiado grave: tú *puedes* superar este problema con la ayuda de Dios (Fil. 4:13).
7. Si persisten las dificultades, pide una entrevista a tu pastor y consultádselo juntos.

¿Cómo puedo comunicarme sobre lo que me gusta, como esposa, de modo que mi esposo pueda comprenderme?

Háblale con franqueza. Si no quedas satisfecha, díselo. La mayoría de las mujeres encuentran mucha dificultad en conversar con sus esposos sobre el sexo, lo que acentúa aún más su frustración.

Mi esposo solamente ha tenido información sexual del tipo «callejero» y mantiene esa actitud hacia el sexo. Esto me fastidia. ¿Qué puedo hacer? Cuando le hago alguna indicación acerca del largo período sin relación marital (a veces cuatro a seis semanas) me dice tan sólo que ha estado muy ocupado. ¿Es esto normal?

Esperamos que la presente obra le pueda ayudar. Una vez cada cuatro a seis semanas es ciertamente menos que el período promedio registrado en nuestra encuesta. Los órganos sexuales deben ser ejercitados regularmente para que funcionen lo mejor posible. Háblale con franqueza; si persiste en su frialdad, debe someterse a un chequeo médico.

¿Cómo se hace entender a un hombre que la pasión de la mujer sube y baja de acuerdo a los cuidados y problemas del día y que su cansancio y la falta de pasión no significan en absoluto un rechazo al esposo ni falta de amor?

Diciéndoselo —suavemente— sazonado con frases cariñosas. Asegúrate que no usas el «cansancio» como subterfugio. ¿Duermes una siesta antes de la llegada de tu esposo a casa? Si te sientes demasiado cansada para hacer el amor la mayoría de las veces cuando él te desea, entonces sí que *estás cansada*. Necesitarás un examen médico, vitaminas, ejercicio, más descanso o una reducción de alguna de tus actividades.

¿Hasta qué punto debe permitirse conversar una pareja de novios sobre relaciones previas al matrimonio, o de esposos sobre relaciones pervertidas?

No deben ser mencionadas casi nunca. La Biblia enseña que «olvidemos aquellas cosas que quedaron atrás» (Filipenses 3:13), y que «torpe cosa es hablar de lo que ellos hacen en oculto; pensemos sobre aquellas cosas que, en cambio, son puras» (Fil. 4:8). Obliga a tu mente a pensar sólo las cosas buenas de la vida, en particular aquellas cosas que están en relación con el amar a tu cónyuge.

CONSEJEROS

¿Está permitido a los cristianos el uso de las modernas clínicas sexuales?

Esta es una pregunta demasiado global y general para poder contestarla con precisión. Un cristiano debe tener siempre presente al ir en busca de consejo que los no cristianos, sea cual sea su capacidad o eficacia científica, reflejan un sistema diferente de valores que nosotros. Es esto lo que el salmo del hombre feliz significa al decir: «Bienaventurado el hombre que no anduvo en consejo de impíos»... (Sal. 1:1). Lo que puede ser un comportamiento aceptado por Masters y Johnson o David Reuben, puede resultar completamente contrario a la Biblia. Por esta razón, todo consejo debe ser sopesado a la luz de los valores espirituales del consejero. Esto no quiere decir que sus indicaciones para casos graves de frigidez o impotencia masculina no puedan ser beneficiosos. Cuanto más sabe uno sobre un problema, tanto mejor equipado será para enfrentarse con él. Personalmente estimamos que para una pareja cristiana lo mejor sería obtener un juego de *cassettes* del Dr. Wheat y pasar dos o tres fines de semana en plan de vacaciones practicando sus sugerencias en lugar de involucrarse en algún tipo de terapia costosa, en particular si ésta evidencia una carencia de valores morales.

Algunas de estas clases de malfunción sexual a base de «terapia de grupos sensitivos» suelen desembocar en orgías. Obviamente aconsejaríamos a toda persona abstenerse y evitar tales terapias.

¿Dónde puede acudir una esposa cristiana para pedir ayuda cuando hay un problema sexual en su matrimonio?

Tu ministro es la persona indicada para comenzar. Muchos pastores son hoy en día consejeros expertos, y puedes estar segura de que guardará tus confidencias. Si no pudiese ayudarte con su consejo, probablemente podrá recomendarte algún consejero médico.

DAR CITAS

Yo creo que los jóvenes precisan principios cristianos específicos para guiar su vida sexual antes del matrimonio. ¿Podría usted, por favor, enumerarme los más importantes de estos principios y decirme por qué son importantes?

La educación sexual unida a principios morales debería ser enseñada discretamente en las iglesias. Por lo general compartimos los siguientes principios con nuestros jóvenes:

1. Tú cuerpo es el templo del Espíritu Santo; debe ser mantenido santo para El. «¿Ignoráis que vuestro cuerpo es templo del Espíritu Santo, el cual está en vosotros, el cual tenéis de Dios, y que no sois vosotros? Porque habéis sido comprados por precio; glorificad, pues, a Dios en vuestro cuerpo y en vuestro espíritu, los cuales son de Dios» (1.ª Cor. 6:19-20).

2. Guarda tu cuerpo para el compañero de tu vida. «¿No sabéis que vuestros cuerpos son miembros de Cristo? ¿Quitaré, pues, los miembros de Cristo y los haré miembros de una ramera? De ningún modo. ¿O no sabéis que el que se une con una ramera es un cuerpo con ella? Porque dice: Y los dos serán una sola carne. Pero el que se une con el Señor, un espíritu es con El. Huid de la fornicación. Cualquier otro pecado que el hombre cometa, está fuera del cuerpo; mas el que fornica, contra su propio cuerpo peca» (1.ª Cor. 6:15-18).

3. Da cita solamente a cristianos, porque darse citas es preludio al matrimonio. «No os unáis en yugo desigual con los incrédulos, porque ¿qué compañerismo tiene la justicia con la injusticia? ¿Y qué comunión la luz con las tinieblas?» (2.ª Cor. 6:14).

4. Compórtate siempre como si Cristo estuviese presente. «Si, pues, coméis o bebéis, o hacéis otra cosa, hacedlo todo para la gloria de Dios» (1.ª Cor. 10:31).

¿Y acerca del sexo oral antes del matrimonio? En realidad no es culto, ¿no es así?

Tal vez no, pero es demasiado íntimo para personas no casadas. Hasta que no sean declarados marido y mujer no tienen por qué manosear los genitales mutuamente. Más de una mujer casada sufre hoy de culpabilidad y vergüenza por haberse entregado a tales prácticas antes de conocer a su actual esposo. «El amor es ciego» suele decirse; ciego al hecho de que no siempre resulta en matrimonio. Conocemos casos en que las parejas tenían que abandonar las iglesias del barrio porque la esposa no podía soportar ver al hombre con el cual previamente había practicado tales intimidades antes de romper el noviazgo.

EYACULACION

¿Cómo puede un hombre retardar el orgasmo por un tiempo suficiente para que su esposa llegue a excitarse?

Primero, retardando la entrada hasta que ella esté preparada: bien lubricada y que sus labios menores (o labios vaginales) hayan aumentado en dos o tres veces su tamaño normal. Luego, después de insertar el pene, mantenerlo inmóvil por unos dos minutos para lograr el control. Durante este lapso continúe estimulando el clítoris de su esposa tiernamente con sus dedos; esto la llevará al borde del clímax antes de que usted comience a pujar. Evite una penetración profunda y trate de mantener el glande del pene entre dos a tres pulgadas en el interior de la vagina para producir una excitación máxima para la esposa.

FANTASIA

¿Está mal imaginar cosas siempre que uno no cometa adulterio? Aunque me siento culpable de ello, siento que me estimula. Tres psiquiatras me han dicho que esto es perfectamente normal y que todo el mundo lo hace.

«Imaginar» cosas sobre una mujer sin que sea tu esposa es un nuevo título de fantasía para la antigua palabra, pasada de moda, «lujuria», lo que Jesús declaró equivalente al adulterio (Mat. 5:28). La Biblia tiene mucho que decir acerca de mantener nuestra vida mental pura (Filipenses 4:8). «Refutando argumentos... y llevando cautivo todo pensamiento a la obediencia a Cristo» (2.ª Cor. 10:5). La mente es la compuerta de las emociones o del corazón. Si piensas pensamientos malos o lujuriosos, éstos harán que te sientas lujurioso: «Porque lo que (el hombre) piensa en su corazón, así es él» (Prov. 23:7). Dejarse llevar por la fantasía hará a menudo que la persona use a su cónyuge en vez de amarlo, además de la tendencia del sobreestímulo, lo que produce eyaculación prematura, creando expectaciones irreales. La mera razón de que algo sea excitante no logra hacerlo correcto.

¿Cómo puedo aprender a controlar mi vida mental?

Existen seis pasos para llegar a controlar la mente:

1. Confiese todo pensamiento malo como pecado: 1.ª Juan 1:9.

2. Ande en el Espíritu: Gálatas 5:16-25.

3. Pida a Dios la victoria sobre ese hábito: 1.ª Juan 5:14, 15.

4. En lo posible evite contacto con material sugerente, p. e. la mayoría de las películas, programas dudosos de televisión y pornografía.

5. Si es usted persona casada, piense sólo en su esposa o esposo; si es persona soltera, esfuerce su mente a pensar pensamientos puros sobre toda la gente: Filipenses 4:8.

6. Repita los pasos arriba dados cuando su mente quiera desenterrar esquemas antiguos de lujuria.

Son necesarios unos treinta a sesenta días para crear un nuevo esquema mental, de modo que no espere éxito de la noche a la mañana y no permita a su mente ni una sola excepción. Gradualmente notará que le resulta más fácil controlar sus pensamientos, pero tanto hombres como mujeres tendrán que enfrentarse periódicamente a tentaciones en aumento a este respecto.

Si el sexo comienza en la mente, ¿debe una esposa tratar de excitarse pensando o imaginando cosas sexualmente excitantes? ¿Son estos pensamientos pecaminosos si no se refieren al propio esposo o esposa?

Sí y no. Sí: está perfectamente bien que una esposa se imagine estar abrazada y acariciada por su esposo. No: una mujer no debe imaginarse jamás en brazos de otro hombre; esto es lujuria, expresamente prohibida por nuestro Señor en las palabras: «Pero yo os digo que cualquiera que mira a una mujer para codiciarla, ya adulteró con ella en su corazón» (Mat. 5:28).

Amo a mi esposo y no estoy en absoluto enamorada de ningún otro hombre; mas durante las relaciones sexuales tengo que imaginar alguna relación ilícita con algún otro hombre imaginario (nunca con uno que conozca). Estoy aver-

gonzada de decirle esto a mi esposo. ¿Es esto pecaminoso para mí? ¿Es porque mi esposo no me excita lo suficiente, o qué?

Ha desarrollado usted un hábito mental muy malo. Transfiera sus pensamientos a su esposo. Reviva mentalmente las experiencias amorosas del pasado con él, y lo que sería aún mejor, haceos el amor en una habitación tenuemente iluminada, manteniendo los ojos abiertos y concentrándose en lo que está haciendo.

¿Cuántos pensamientos sexuales o posiblemente lujuriosos son permitidos diariamente?

Ninguno. La lujuria es como una enfermedad: aumentará si no se cura. Alinea tu mente en la obediencia a Cristo (2.ª Cor. 10:5), «llevando cautiva *toda* imaginación pecaminosa».

JUEGO PREVIO

¿Por qué los esposos hacen el amor siempre con prisa? Al parecer, él no entiende que yo necesito desarrollar lentamente mi excitación antes de alcanzar una pasión como la de él.

Hablando con esposas, descubrimos que esto es un problema común. Por razones que sólo Dios conoce, hombres y mujeres son tan diferentes en su ritmo amoroso como en sus órganos físicos. Lamentablemente, la mayoría de los hombres simplemente no se percatan de este hecho. Si se percatasen de ello, habría más esposos cuyas esposas los considerarían excelentes amantes, porque el ritmo de la excitación es probablemente la mayor diferencia entre un esposo que es mediocre en la cama y uno que es un amante fantástico.

La mayoría de los hombres no parece comprender que normalmente una mujer prefiere un ardor largo y lento y no una explosión instantánea. Por ser el hombre un encendedor instantáneo, frecuentemente comete el lamentable error de tratar de adaptar a su esposa a él, más que de satisfacer las necesidades de ella. Es sabio aquel hombre que ajusta su estilo amoroso al esquema emocional de su esposa, comenzando en tempranas horas de la noche a expresarle su amor y ternura afectuosa, llevando luego a su esposa gradualmente a un fuerte deseo de hacer el amor. Al prepararla propiamente, el cuerpo entero de la mujer se hace sensible a sus caricias, y puede desarrollar un deleite personal muy grande al observar cómo ella responde a sus tiernos mimos. El viejo refrán «la prisa causa desperdicios» puede aplicarse ciertamente al acto amoroso.

¿Es siempre el clítoris femenino el punto que la mujer desea que su esposo acaricie para suscitar su tensión sexual?

Definitivamente no. La mujer no es una máquina cuyas perillas y palancas producen siempre el mismo efecto. Ella tiene sus antojos y ciclos, de modo que el esposo ha de ser sensible a sus necesidades. Cuando se muestra especialmente apasionada, el esposo puede manipular su clítoris de inmediato, mas esto es más bien la excepción y no la regla. Normalmente ella tiene que ser besada, acariciada y tocada tiernamente en varias partes de su cuerpo antes de que esté preparada para que él le acaricie *suavemente* su clítoris. Muchas esposas se quejan de que cuando sus esposos descubren el clítoris lo tuercen bruscamente como si fuera una perilla que se supone pone en marcha el motor deseado. El esposo puede encender su motor exterior de esa manera, mas esto no funciona con la esposa. Ternura suave es el camino para encender el deseo de la mujer.

¿Y qué sobre la manipulación oral de los senos?

Esta es una parte común del juego amoroso en el caso de muchas parejas. Mientras muchas mujeres disfrutan de ello plenamente, a otras les desagrada. Si ves que tu esposa se molesta o enfría a causa de ello, busca otras maneras de estimularla.

FORNICACION

¿Hay alguna diferencia entre adulterio y fornicación?

La Biblia usa los términos «adulterio» y «fornicación» alternativamente en algunos pasajes y separadamente en otros. Algunas personas tratan de distinguir uno del otro con la sugerencia de que el adulterio es infidelidad por parte de personas casadas y la fornicación involucra coito entre personas no casadas o cuando una de ellas está casada. Nosotros no encontramos diferencia entre los dos. Ambos son prohibidos y condenados en la Biblia, declarando que «Los que hacen (continuamente) tales cosas no heredarán el reino de Dios» (Gál. 5:19-21; 1.ª Cor. 6:9).

AMOR LIBRE

¿Por qué no deben las personas jóvenes, que tienen que esperar años para pensar en casarse, practicar el amor libre siempre que actúen honradamente entre ambos? Es una manera natural para reducir sus presiones sexuales.

Este asunto está rondando cada vez más hoy día en la mente de muchos jóvenes, incluso de cristianos ante la filosofía humanística ofrecida por la mayoría de los educadores seculares. Proponemos las siguientes razones para preservar el coito sexual para el matrimonio:

1. Mantendrá tu salud espiritual y física. Todo coito extramarital es condenado en la Biblia; consecuentemente, jamás podrás ser un cristiano firme y creciente mientras practiques el amor libre. Físicamente es arriesgado, porque lleva a tener que usar la prostitución si se rompen las relaciones. El Departamento de Sanidad, Educación y Bienestar de los Estados Unidos ha declarado las enfermedades venéreas como el número uno de los riesgos de la salud en la nación para personas menores de veintidós años. El director de una escuela superior dijo recientemente que de cada cinco estudiantes del último grado uno tiene o transmite una enfermedad venérea. De modo que el amor libre es un asunto muy arriesgado.

2. El sexo nunca ha sido destinado para ser un ejercicio físico impersonal como la natación o el fútbol. Es una experiencia intensamente emocional; por lo tanto, el sexo previo al matrimonio impide a la persona que el acto sexual sea una santa y deliciosa expresión de amor después de la boda.

3. El amor libre tiene normalmente por resultado la creación de comparaciones injustas e innecesarias. Un donjuán puede ser «un excelente amante», pero una persona inferior de carácter y condición; mientras que un hombre excelente como padre de tus hijos puede ser algo deficiente en la cama. Algunas esposas escogen a sus esposos teniendo en cuenta todos los aspectos de la vida, pero debi-

do a experiencias previas están insatisfechas con su modo de hacer el amor.

4. La culpabilidad surge a menudo como un torrente después que la persona llega a los treinta años, en particular en una mujer, destruyendo toda una vida de experiencias positivas de amor.

5. Frecuentemente impide a la persona que encuentre el verdadero cónyuge más adelante. La similitud engendra similitud: no encontrarás cristianos devotos para elegir tu compañero de por vida entre los practicantes del amor libre.

6. El amor libre no es libre. Una muchacha de veintiún años me escribió urgiéndome a advertir a las mujeres jóvenes que «el amor libre no es libre». Al parecer ella vivía en promiscuidad desde los catorce años de edad y ahora tuvo que someterse a una operación para impedir que la E.V. (enfermedad venérea) destruyera su vida. «Me ha costado», dice, «la oportunidad de no poder ser madre jamás.» El día que leí su historia no pude evitar recordar a aquel veterano de Vietnam de veintidós años que reconoció haber practicado el «amor libre» durante los años de servicio. Lloró cuando dijo: «La E.V. me dejó completamente estéril.» No hay nada en el mundo, incluyendo las experiencias fascinantes de la juventud, que pueda equipararse a toda una vida de experiencias amorosas con el cónyuge, sin contar el gozo de ser padres.

7. El amor libre es un error. Las normas de Dios no son flexibles, ni tampoco se erosionan con el tiempo. Virtud, castidad y modestia aún siguen siendo los bloques primarios para la construcción del matrimnoio. Jamás ha acudido a mí una mujer con complejo de culpabilidad por haber entrado al matrimonio virtuosamente, mas muchas han solicitado consejo por la razón opuesta. El diablo ha sido siempre un «engañador» de la humanidad; efectivamente, nuestro Señor lo llamó «mentiroso». El amor libre es una mentira del diablo. Aquellos que lo persiguen ciertamente «no son sabios».

¿Cómo deben tratar los padres a un hijo o a una hija que convive con alguien sin ser casados?

Esta es una de las experiencias más desastrosas que un padre o una madre ha de soportar. Una madre exclamó: «¡Preferiría que estuviese muerta!» No estoy seguro de si *realmente* prefería esto, pero al parecer en ese momento sí. Una explosión de este tipo, sin embargo, expresa la profunda preocupación de los padres.

No importa lo que hace un hijo, sigue siendo tu hijo y necesita tu amor. Por esta razón no lo excluyas de tu vida. El sabe que no apruebas su conducta, y te podrá parecer que no puedes visitarlo sin aparentar que toleras su actitud. Pero creemos que puedes invitar a ambas partes a tu hogar, evitando predicarles o condenarlos todo el tiempo, esto lo hará el Espíritu Santo. Si sigues expresando tu amor (mas no tu aprobación), cuando sus relaciones ilícitas lleguen finalmente a un término, tú les podrás ayudar a recoger los pedazos rotos de sus vidas. Lee la historia del padre del hijo pródigo en Lucas 15.

Le ruego que trate del tema «vivir juntos» antes del matrimonio. Mis amigos creen que no es conveniente para ambos no probarlo por un tiempo antes de hacer un compromiso de toda una vida, para ver si son compatibles.

Una lógica humanística tan patente es expresamente prohibida en la Biblia. No hay garantía alguna de que un compromiso o noviazgo lleve al matrimonio. Sólo una pareja muy poco sensata se entrega a sexo premarital; de hecho es la causa principal de culpabilidad en el matrimonio.

En nuestra encuesta incluimos la pregunta: «Si tuviera que casarse otra vez, ¿qué cosa quisiera cambiar?» La respuesta número uno fue: «No me entregaría a practicar el sexo premarital.»

La encuesta también indicaba que las mujeres que habían sido vírgenes al tiempo de casarse marcaron un nivel de satisfacción más elevado que aquellas que habían vivido en promiscuidad premarital.

FRECUENCIA

¿Con qué frecuencia hacen el amor la mayoría de las parejas?

La mayoría de los investigadores y escritores en el campo de la adaptación sexual en el matrimonio son reticentes a publicar «un promedio» como norma, ya que «la gente» no son sino individuos, en los cuales han de ser considerados muchos factores complejos: ¿Cuáles son las edades de la pareja? ¿Están criando niños pequeños en habitaciones sobrecargadas? ¿Gozan de privacía de alcoba? ¿Tiene el esposo un trabajo administrativo bajo presión emocional, o se dedica a trabajos manuales duros? ¿Cocina, trabaja y hace quehaceres de casa su esposa? ¿Provienen ambos de hogares amantes? ¿Son felices? ¿Cuáles son sus puntos de vista del amor conyugal? ¿Son cristianos? ¿Cuáles son los temperamentos que representan?

El Dr. Wheat recuerda una encuesta en la que han participado cinco mil parejas, cuyos resultados han sido entregados a una computadora; el promedio fue de dos a tres veces por semana. El Dr. Herbert J. Miles hizo una encuesta de gente joven, la cual indicó una vez cada 3'3 días, o alrededor de dos veces por semana. Un artículo de la revista *Parade Magazine* sobre la vida sexual de seis mil ejecutivos modernos de todas edades, confrontados con las presiones de los negocios, indicó un promedio de una vez por semana. Nuestra encuesta, basada en cristianos que asistieron a nuestros seminarios, indicó que el promedio era cerca de tres veces por semana durante todo el período del matrimonio.

De hecho cualquier índice de frecuencia que trae gozo y plenitud a vosotros dos llega a ser «promedio» para ti. Una pareja no debe llevar un índice de su amor; ambos han de ser espontáneos, gozando en darse, compartir y disfrutar de su unión cuandoquiera que ocurra.

¿Cuánto afecta el cansancio debido a actividades excesivas a la frecuencia del coito?

El cansancio afecta la frecuencia en un grado mucho mayor de lo que se piensa. La mayoría de la gente se acuesta demasiado tarde en nuestros días (después de las noticias de las once horas); desde las 11'30 hasta la medianoche es buena hora para dormir, pero mala hora para hacer el amor.

¿Cómo puede tener una esposa los mismos deseos sexuales que su esposo?

No es poco común que una joven esposa sea consciente del instinto sexual más pronunciado en su esposo que en ella y sentirse algo inadecuada por tal motivo. El problema puede ser acentuado por su cuidado de dos o tres niños preescolares, produciéndole aburrimiento, cansancio, o ambas cosas. Si ella y su esposo crecen en amor hacia el Señor y mutuamente, mejorando gradualmente sus técnicas al hacer el amor, el deseo de la esposa por amar se incrementará lentamente a través de los años hasta que llegue a desearlo tan frecuentemente como él a ella.

¿Espera Dios de una esposa cristiana que sea sexualmente compatible con su esposo? Me siento desdichada tanto por mí misma como por mi esposo; no sé qué hacer frente a esto.

Dios quiso que el acto marital sea una experiencia mutuamente disfrutable. Siendo la esposa quien hizo esta pregunta, probablemente no ha aprendido a lograr orgasmo satisfactorio regularmente. Si ella y su esposo estudian este libro cuidadosamente y experimentan entre ellos de acuerdo con su contenido, ella aprenderá ese arte. Una vez logrado, su deseo de la experiencia irá en aumento.

De acuerdo con Efesios 5:22, las esposas deben siempre someterse (voluntaria y gozosamente) a los avances de sus esposos; ¿y qué si estamos realmente cansadas? Las veces que he dicho no, me dejaron con un sentimiento de bastante culpabilidad, y estoy resentida de esa culpabilidad.

Si realmente te sientes demasiado cansada no deberías sentirte culpable. Un esposo amante es capaz de comprender el cansancio, aunque le pueda significar un desengaño. Mas no dejes que llegue a ser un hábito, y asegúrate que no sea una excusa. Si tan sólo fuese una excusa debido a resentimiento, egoísmo, venganza u otra cosa, naturalmente te sentirás culpable. «Habla la verdad en el amor» (Ef. 4:15), luego vete a dormir con una clara conciencia.

Creo que necesito coito sexual más frecuentemente, pero mi esposa no lo desea. ¿Cómo puede ser cambiado esto? (Nuestro promedio es cerca de una vez cada dos semanas.)

Primero debes analizar si «amas» a tu esposa o la «usas». Nuestra encuesta indica que muchas esposas que jamás habían experimentado orgasmo, no obstante disfrutan del acto de amor. Ellas gozan de la cercanía, ternura y cariño que siempre acompañan el acto amoroso. Mas el hombre que es demasiado egoísta para aprender el arte de hacer el amor y usa a su esposa para aliviar su tensión sexual nunca creará en ella el deseo de tener relación. Excepto que haya problemas de salud o profundos problemas emocionales originados en el pasado de cada uno, la actitud de la mayoría de las mujeres casadas hacia el acto de amor refleja el trato del esposo. Una pareja rara vez precisa consejo sexual si el esposo ha expresado consistentemente genuino amor hacia su esposa, ha estudiado el arte del coito, se ha tomado el tiempo necesario para la ternura en el juego previo y ha continuado el cariño después de la eyaculación.

Aconsejamos tomar en consideración estos comentarios extraídos de las respuestas femeninas en nuestra encuesta:

— «Además del juego previo sexual, siento una fuerte necesidad de ser acariciada y abrazada después de la eyaculación orgásmica, con un ardor "tranquilizador" posterior. Creo que se le ha dado demasiado énfasis al orgasmo femenino en cada acto.»

— «Ruego enfatice cuán importante es el trato del esposo hacia la esposa en el curso de todo el día y cómo afectan su vida sexual al final de la jornada las maneras, el temperamento, etc.»

— «Aconsejen a los esposos que digan a sus esposas que las aman, etc., durante el acto y en otros momentos. Aunque ya sé que me ama, es simplemente maravilloso escucharlo frecuentemente.»

Estamos tan ocupados en nuestra iglesia (reuniones en las noches, etc.) que nos es difícil encontrar tiempo para dedicarnos al amor sexual. ¿Cómo debemos tratar este asunto?

Cuando personas casadas están demasiado ocupadas para el amor, ¡entonces están demasiado ocupadas! Nada debe invadir esa parte necesaria de la vida para que quede en desuso, ni siquiera la iglesia. Dios estableció ambas instituciones: la iglesia y el hogar. Nunca han de ser competidores; al contrario, El los ideó cooperantes. Cuando la iglesia ocupa tanto tiempo que invade el hogar, vuestras prioridades están fuera de equilibrio. Sugerimos que evaluéis vuestros programas, y si realmente descuidáis vuestro hogar y la familia al asistir a reuniones noche tras noche, es tiempo de suprimir algunas actividades de la iglesia y quedarse en casa.

A medida que una persona contempla más y más plenamente a Cristo, ¿acaso no disminuye el énfasis sobre el sexo y es menos importante, a medida que la pareja está unida por el verdadero amor, el amor moral?

El mirar a Cristo no cambia las necesidades y funciones físicas. Ya que los cristianos llenos del Espíritu sienten hambre, sed y cansancio, ¿por qué no han de mantener un deseo de hacer el amor? Después de todo es una experiencia perfectamente santa entre los cónyuges. Nuestra encuesta muestra que los cristianos llenos del Espíritu hacen el amor más frecuentemente que otras parejas en la sociedad de hoy. Además, «el amor verdadero» busca una oportunidad de expresarse; hacer el amor es el terreno ordenado por Dios para la expresión del amor.

¿Qué tiene que hacer una esposa cuyo esposo no necesita sexo más que una o dos veces en un mes, mientras que la esposa tiene necesidad de ello dos a tres veces por semana?

Conversa con él a fondo. Puede ser que él se masturbe por su parte, o simplemente no se percata de tu deseo. Revisa tú su omisión; si eres una esposa poco sumisa, esto puede ser la manera subconsciente de tu esposo para una revancha. Luego, trata de ser más seductora en la alcoba. No hay muchos hombres que puedan resistir al ser excitados por una mujer sexualmente estimulante.

Mi esposa disfruta del acto sexual cuando lo hacemos, pero ¿cómo puedo remediar el que no llegue a desearlo más que dos veces por mes?

Aunque puede ser que ella «disfrute del acto», ¿tiene orgasmo? Hay en esto una gran diferencia. La sensación más fascinante que una mujer es capaz de experimentar es un orgasmo. Es rara la mujer que desea solamente dos de estas fantásticas experiencias por mes. Lee el capítulo 5, sobre «El arte de amar», y asegúrate de que tu esposa goza de la «verdadera cosa»; te sorprenderá cómo incrementará su apetito para hacer el amor.

FRIGIDEZ

¿Existen algunas mujeres que han nacido frígidas?

De entre los 3'8 billones de habitantes en la Tierra, más de la mitad son mujeres, y, sin duda, «algunas» han nacido físicamente incapaces de orgasmo; pero su número es tan escaso que es poco probable que siquiera una de ellas llegue a leer este libro. El Dr. David Reuben dice: «No hay razón alguna para que cada mujer no tenga orgasmos regulares y frecuentes, si así lo desea.»[1] Para ilustrar aún más que el problema surge por causa emocional y no física, afirma: «No hay psiquíatra que haya visto a una mujer con esta condición que haya sido educada por unos padres cariñosos en un ambiente familiar cálido y seguro. La mayoría de mujeres que padecen de este desajuste orgásmico han sufrido seria privación emocional durante su infancia o posteriormente a ella.»[2]

Una de las razones por que creemos que las mujeres educadas en un hogar cristiano gozan de los placeres del acto sexual más que otras (una creencia verificada mediante nuestra encuesta) es porque tenían más probabilidad de experimentar una relación cálida de amor entre padre e hija. Una de las mejores cosas que un padre pueda hacer para sus hijas es dejar que acudan a su corazón las veces que quieran. Debe negarse toda emoción egoísta de excluirlas o rechazarlas, no importa cuán ocupado esté. La frigidez, normalmente, no es un asunto físico, sino un resentimiento emocional del sexo opuesto, que puede desarrollarse muy bien desde que la niña tenga apenas seis años de edad. Padres fríos y egoístas constituyen la causa más grande de mujeres frías o frígidas.

¿Qué puede hacer un hombre con una esposa frígida? Yo la amo, pero no estoy seguro de cuánto tiempo podré tolerar esto.

Se requiere un enorme cuidado, tierno y cariñoso por parte de un esposo, y la determinación de una esposa, para superar este problema, pero puede hacerse. Rogamos estudiar los capítulos 8 y 9 y seguir aquellas sugerencias cuidadosamente. Un hombre demuestra una madurez considerable cuando comprende que el rechazo por parte de su esposa hacia él proviene probablemente desde la infancía, y que él ha de probarle *pacientemente* que él no es el mismo tipo de hombre como su padre. Toda acción ha de ser amable y tierna. Nunca levantes la voz contra ella, sino trátala con dignidad y respeto en público y en privado; gradualmente será ella quien se volverá hacia ti. Además de este libro, pide las cintas *cassettes* del doctor Wheat, escúchalas junto con tu esposa y sigue sus sugerencias. En resumen, ámala como a tu propio cuerpo (Efesios 5:28).

En primer lugar, ¿por qué se casa una mujer frígida?

De ninguna manera se ha empeñado deliberadamente para engañarte, porque probablemente jamás soñó que era frígida. En medio de su desdicha en el hogar en el tiempo de su máximo instinto sexual (dieciséis a veintidós años) te conoció y se enamoró de ti. Ya que hacer el amor ocupa como máximo sólo cerca del 1/168 del tiempo de una persona a lo largo de todo el matrimonio, probablemente pensó más sobre la vida contigo, en el gozo de tener un hogar, ser madre y otros aspectos importantes de la vida matrimonial que en el coito, cuando aceptó ser tu esposa. Al igual que la natación, esquiar o cualquier otra actividad placentera, el orgasmo mediante el acto de amor es un arte que ha de ser aprendido. El problema es que no hay otra función en la vida que combine la parte emocional y física de dos personas del modo que lo hace el coito, y esta habilidad requiere una práctica concentrada poco común.

Yo había escuchado a usted hablar acerca del sexo y, francamente, no me ha impresionado. ¿Por qué es que no me gusta el sexo y no quiero practicarlo?

Probablemente estás llena de resentimiento, primero hacia tu padre y ahora lo has transferido a tu esposo. Tu concha de autoprotección psicológica ha sofocado el flujo natural de tus emociones, haciendo de ti una persona muy egoísta. Si no comienzas a considerar seriamente tu responsabilidad ante Dios y las necesidades emocionales de tu esposo y tus hijos, destruirás tu matrimonio. La autoprotección emocional no te protege en realidad de ser vulnerable, porque hiere a todos los que amas y, en consecuencia, a ti misma. Nuestro Señor dijo: «Dad y os será dado» (Luc. 6:38); esto es válido en especial en cuanto al amor.

Una de las experiencias más gratas de un consejero matrimonial es observar a mujeres con este problema, que buscan la ayuda de Dios dando amor sexual a sus esposos, para decsubrir que simplemente necesitaban un pequeño conocimiento de anatomía y unas cuantas técnicas de estimulación física para aprender el arte fascinante de la expresión orgásmica. Esto abre una dimensión totalmente nueva en sus vidas.

GENITALES

¿Es posible que una pareja sea físicamente tan dispareja (en el tamaño de sus órganos) que no puedan tener buenas relaciones?

Los hombres son casi paranoicos con respecto al tamaño de sus genitales, y las mujeres están casi igualmente preocupadas por el tamaño del busto. Lamentablemente, la ignorancia normalmente produce un temor sin fundamento, y un temor de esta índole ocasiona mayor desventaja sexual que el tamaño de sus órganos genitales.

De hecho no tiene importancia que un hombre sea alto o bajo; su pene erecto tiene casi siempre una longitud de seis a ocho pulgadas, y, tal como hemos señalado con anterioridad, tan sólo tres pulgadas son suficientes para la preparación y la satisfacción de la esposa. De modo similar, es sin importancia la estatura que tenga la mujer; el tamaño de su vagina no variará más de una pulgada aproximadamente. Las investigaciones demuestran que hombres muy altos casados con mujeres muy bajas tienen el mismo índice de disfrute sexual como en el caso de dos personas de la misma estatura. Diferencias extremadas en estatura pueden dificultar que la pareja pueda besarse durante el coito, pero no hay evidencia alguna que indique que un hombre pueda ser demasiado alto o demasiado bajo para una mujer. El diseño creativo de Dios se encargó de eso.

Aunque me gusta que mi esposo estimule mi clítoris con sus dedos, ¿por qué me hace sentir culpable?

Todos somos influenciados por nuestros antecedentes, buenos o malos. Alguna vez en tu pasado habrás desarrollado la idea de que el placer sea pecaminoso, tal como los que dicen: «Todo lo que me encanta, o es pecaminoso, o ilegal, o engorda»... ¡Esto es ridículo! Dios nos ha dado muchas cosas en la vida para nuestro gozo, y una de ellas es el amor marital. En la Biblia nada condena la estimulación clitorial entre personas casadas. Hebreos 13:4 lo aprueba, y el Cantar de Salomón lo describe (2:6). Efectivamente, no existe otro propósito conocido para el clítoris que proveerte de estimulación sexual. Tu Padre celestial lo ha colocado allí para tu disfrute.

Para mostrarte de qué manera tan amplia es aceptada esta técnica en el acto amoroso, el 92 por ciento de los ministros creyentes en la Biblia que hemos entrevistado aprueban su uso. (Téngase presente que sólo el 17 por ciento de estos mismos ministros han aprobado estímulo sexual autoinducido.) Te aconsejaríamos que agradecieses a Dios el haberte dado un esposo tan cariñoso y considerado y que disfrutes de la experiencia.

Desde que tuve mi histerectomía* he sido incapaz de experimentar orgasmo, y vengo sufriendo de un problema cada vez mayor de depresión.

Con decir esto reflejas dos problemas: malfunción orgásmica y depresión. Ambos parecen derivar de una misma fuente: temor a ser inadecuada. La mayoría de las mujeres temen que una histerectomía hará de ellas menos mujeres, incapaces de plenitud sexual, mas nada está más lejos de la verdad. Mientras es correcto que una histerectomía eliminará el período menstrual, no existe razón médica por qué habría de impedir tu placer marital. En efecto, muchas mujeres han indicado mayor libertad y placer al hacer el amor después de la intervención quirúrgica. Pero es menester que superes la idea de que debido a que tu equipo reproductivo haya sido eliminado no puedas funcionar normalmente.

El clítoris es la fuente primaria de la estimulación femenina, siendo la fuente secundaria el par de labios en torno a la vagina; la histerectomía no afecta a ninguno

* Supresión de los ovarios por operación quirúrgica, algunas veces indispensable para prevenir graves enfermedades, entre ellas el cáncer de matriz.

de estos órganos. Además los médicos aseguran que aun en el caso de que a una mujer haya tenido que extirpársele el clítoris puede experimentar orgasmo. Recuerda que «el órgano sexual más importante de la mujer es su cerebro». Con tal que no te hayan extirpado éste, puedes funcionar normalmente. Pero debes creerlo: Si te convences de que la histerectomía es sexualmente fatal, lo será; de modo que enfréntate con la verdad: tú y tu esposo tenéis muchos buenos años de placer por delante.

La depresión es otro asunto. La mayoría de las veces es el resultado emocional de los pensamientos de autocompasión al verse obligada a pasar por esa operación. Da gracias por fe (1.ª Tes. 5:8) y deja de quejarte a Dios de ello. ¡Te sorprenderá de cómo te sentirás mucho mejor! Si esto no llegase a mejorarte dentro de una o dos semanas, acude a tu médico, es posible que necesites de unas inyecciones de hormonas. Evidentemente, ésta es una experiencia emocionalmente desastrosa, mas la autocompasión sólo sirve para complicarlo todo y retardar el proceso de convalecencia.

¿Es correcto que una mujer cristiana haga inyectar silicona en sus senos?

Si ya lo has hecho y tu conciencia te molesta, confiésalo y luego olvídalo. Si no lo has hecho aún, no te preocupes por hacerlo. Un cuerpo extraño introducido innecesariamente en tu cuerpo puede presentar complicaciones. Además es preciso que sepas aceptarte a ti misma tal como Dios te hizo; este es tu problema. Exceptuando ejercicios (de eficacia bastante dudosa), es muy poco lo que puede hacerse por vía natural para cambiar el tamaño de los senos. Muchas mujeres que se han sometido a una mastectomía preferirían tener el problema tuyo, de tener senos pequeños, que el suyo. Además, es posible que la mujer con senos grandes no sea tan sensitiva al hacer el amor como su amiga más pequeña y envidiosa. ¿La razón? Ambos tipos de mujeres tienen el mismo número de terminaciones nerviosas, pero en unos senos grandes éstas tienden a extenderse más ampliamente y no se hallan tan cerca de la superficie de la piel.

HOMOSEXUALIDAD

¿Es un signo de perversión en un niño manosear sus órganos sexuales?

Curiosidad es la característica de cada niño, algunos más, otros menos. Estar curioso acerca de los genitales propios y ajenos es natural para un niño, y sabios son aquellos padres que lo aceptan como tal. Lo mejor es no regañar, castigar o avergonzarlo, porque él pasa por una fase de crecimiento que era de esperar. A medida que el niño observa vuestra actitud tranquila, pronto superará su aparente obsesión por el asunto. Podéis usar esas ocasiones como oportunidades para conversar sobre ello y contestar cualquier pregunta que él pueda tener sobre el sexo. Tened cuidado de usar, en tales casos, términos médicos correctos para las partes varias del cuerpo, de modo que él acepte la sexualidad como parte natural de la vida.

Es muy provechoso para los padres estudiar el tema del desarrollo sexual y planear con antelación cómo contestarán esas preguntas. Si dejáis que el niño os tome por sorpresa, estaréis más inclinados a hacer y decir cosas erróneas.*

¿Cuál debe ser la actitud de un cristiano hacia la homosexualidad?

Este problema es cada vez más agudo en el mundo de hoy. Sólo en California, una «sociedad alegre» prominente afirma tener 100.000 miembros. Algunos pastores homosexuales han comenzado a fundar iglesias para tales personas, considerando dicho vicio como enfermedad. Mi pastor ayudante y yo tuvimos un debate con dos pastores homosexuales en un programa radiofónico en el cual trataban de justificar su posición. Fue interesante notar que no encontraron ningún pasaje de las Escrituras para sostenerla, mientras nosotros teníamos muchos en su contra. El único pasaje que intentaban usar fue la declaración de Pablo: «A todos me he hecho de todo, para que de todos modos salve a algunos» (1.ª Cor. 9:22); una distorsión completa del pensamiento del apóstol.

* CLIE ha publicado varios libros sobre este tema para ayuda de los padres, como: *Padres e hijos hablan del sexo*, por S. Vila, y otros que vienen anunciados en las páginas finales de este libro.

La Biblia es muy clara sobre la homosexualidad. Es una práctica anormal y desviada de acuerdo a Romanos 1:27. Dios ordenó a los hijos de Israel apedrear a los homosexuales hasta la muerte (Lev. 20:13), un trato bastante severo para evitar que propagaran su contaminación. Cada homosexual es un propagador en potencia de la homosexualidad, capaz de pervertir a muchos jóvenes a esta manera pecaminosa de vivir.

La propaganda extensa que emana de los colegios seculares está moviendo la sociedad hacia la aceptación de los homosexuales como personas normales, eliminando toda restricción legal contra ellos. El gobernador de California firmó recientemente un decreto en este sentido, volcando grande oposición, pues el pueblo americano teme que esto permitirá que su número se multiplique en forma trágica. Aunque se ordena a los cristianos «amar al prójimo», debemos hacer uso activamente de todos los medios legales para mantener a los legisladores en contra de esa tendencia. Los cristianos son demasiado pasivos cuando se trata de usar la libertad de la cual disponen para preservar legalmente la moralidad y la decencia. La homosexualidad parece ser el pecado supremo en la Biblia, lo que hace que Dios repruebe a tales hombres, como se expone en Romanos 1:27, y a destruirlos de la faz de la Tierra, como lo hizo en Sodoma y Gomorra y por el diluvio en los días de Noé. Sin embargo, aunque el cristiano condene el pecado del homosexual, ha de tener al mismo tiempo compasión de ellos como individuos y en lo posible hacerles partícipes del Evangelio de Cristo. Esto es el único poder conocido que está hoy a nuestro alcance para hacer desistir a tales personas de este terrible vicio.

¿Qué es la causa de la homosexualidad?

No existe una respuesta fácil a esta pregunta, mas esta condición proviene de una combinación de factores. Uno de los más comunes es un odio anormal hacia el sexo opuesto suscitado por una madre dominante, quien «gobernaba el hogar», con un padre demasiado suave. Este odio subconsciente del hijo hacia su madre se acumula y dificulta que se sienta atraído por niñas de su edad. En el caso de una lesbiana, es frecuentemente el rechazo al padre lo que la prepara para esta vida de perversión.

Ocurre raramente que un niño que ha sido criado en una atmósfera benigna de amor por parte de sus padres llegue a desarrollar la predisposición hacia prácticas de desviación sexual.

Otra de las causas de la homosexualidad o lesbianismo es un amor anormal y exagerado por parte de uno de los padres. Un amor así sofoca la respuesta instintiva dada por Dios hacia el sexo opuesto. Cuando una madre no recibe amor por parte de su esposo, tratará de llenar egoístamente el vacío en su corazón a través de un amor anormal hacia su hijo. Aunque jamás llegue ni siquiera a pensar o a hacer algo inmoral, un afecto tan exagerado crea complejos de culpabilidad en el muchacho que sofocan sus reacciones normales hacia el sexo opuesto. En el subconsciente el joven contempla estos sentimientos como traición a su amor por su padre. Lo mismo ocurre cuando una muchacha está expuesta a este tipo de amor excesivo por parte de su padre, quien probablemente no recibe suficiente amor de su esposa. El Dr. Howard Hendricks puntualizó en muchos de nuestros seminarios que «los niños necesitan amor, pero deben saber siempre que son número dos en el corazón de sus padres. Si crecen pensando que son número uno, tendrán dificultades en adaptarse en forma normal al sexo opuesto».

Las respuestas normales en los niños son fácilmente fomentadas por una atmósfera cálida de amor entre sus padres. Esto es tan normal físicamente que ellos se sienten tranquilos en su actitud hacia el sexo opuesto. Aunque los padres no deben ser indiscretos a la vista de sus niños, es bueno para los hijos ver a sus padres abrazados y demostrándose auténtico amor.

Recuérdese también que los niños, desde los diez años en adelante, al pasar a la adolescencia, se sienten por lo general atraídos hacia el mismo sexo. Por ejemplo, los muchachos a menudo «odian a las niñas». Y cuando comienzan a desarrollarse sexualmente llegan a sentir una atracción inexplicable hacia otro muchacho o un hombre. Es por eso que deben ser bien preparados en casa y en la iglesia con respecto a las normas de sexualidad dadas por Dios, según las cuales los impulsos del muchacho hacia una muchacha son correctos y normales, mas los impulsos sexuales de muchacho a muchacho han de ser rechazados.

Estas enseñanzas lo preservan a través de esta fase ambivalente de la vida cuando él mismo no sabe a veces como definirse; después de esta fase el joven podrá desarrollar un sano aprecio hacia el sexo opuesto.

Cuando vinimos a vivir a California hace veinte años, yo estaba muy mal preparado para enfrentarme con los numerosos homosexuales que acudían por consejo. Pero cada caso obedecía a un esquema similar. Un muchacho con una enorme necesidad de amor conoció a un «propagador» de homosexualidad que le suplicó aquella necesidad, primero platónicamente al ir «a pescar con él», «levantar pesas» o simplemente «pasar el tiempo con él». Poco se daba cuenta esa persona joven de que estaba siendo cortejado tan cuidadosamente como un hombre corteja a una mujer. Luego, cuando estaba emocionalmente enganchado y se le sugirió el acto homosexual, los primeros pensamientos de repugnancia fueron barridos por el temor de perder «a la única persona que jamás me quiso». Poco se percató el joven de que se estaba jugando una relación normal de amor con una esposa y la probabilidad de hijos en el futuro, por una satisfacción de esa inmediata necesidad de amor.

Podéis preguntar: «Si realmente no desean hacerlo al principio, ¿por qué acaban como homosexuales definitivos?» Porque la homosexualidad es un comportamiento aprendido. Tú puedes desarrollar un apetito por cualquier cosa si lo haces suficientes veces. Una vez realizado, la persona cultiva toda clase de excusas mentales para justificarlo. Al principio su conciencia, dada por Dios, estará «clamando y quemándole como un hierro ardiente»; sin embargo, puede llegar a ser tan obstinado para defender su pecado que se convierta en otro «propagador» de la homosexualidad andando suelto por las calles.

¿Puede ser curado un homosexual o una lesbiana?

La respuesta a esta pregunta depende de si un individuo está dispuesto a aceptar a Jesucristo como Señor o Salvador personal. Si está dispuesto, la cura es posible, mas hasta la fecha existe poco éxito en todo otro tratamiento. Como un eminente psiquíatra de Los Angeles admitió: «Con toda franqueza, jamás logré curar a un homosexual y no conozco a nadie que lo haya logrado.» Lamentablemente muchos psiquíatras, educadores y consejeros ni siquiera intentan tal cura; al contrario, alientan al individuo a aceptarlo diciendo que no es una desviación, «sino otra forma de expresión sexual».

Hay un versículo bíblico que es extremadamente alentador para los homosexuales o para cualquier persona cogida en un hábito pecaminoso: «Para los hombres es imposible, mas para Dios no, porque todas las cosas son posibles para Dios» (Marc. 10:27). Nosotros hemos visto a varios volverse a Cristo y, mediante Su poder, salir de su dilema y romper totalmente con su vicio. No es nunca fácil, pero con la ayuda de Dios es posible. Hemos empleado la siguiente fórmula con varios individuos:

1. Acepta a Cristo como Señor y Salvador en tu vida.

2. Considera a la homosexualidad o el lesbianismo como pecado (Rom. 1:26, 27, 32).

3. Confiésalo como pecado (1.ª Jn. 1:9).

4. Pide a Dios romper el hábito (1.ª Jn. 5:14, 15).

5. Anda en el Espíritu, leyendo diariamente la Palabra de Dios y sométete a sus enseñanzas (Gál. 5:16-25; Ef. 5:17-21; Col. 3:15-17).

6. Evita el contacto con todos los anteriores amigos homosexuales.

7. Evita los lugares donde se reúne ese tipo de gente.

8. Cultiva un buen esquema mental; jamás permitas que tu mente piense o imagine comportamientos desviados o inmorales (Fil. 4:8).

9. Busca un amigo cristiano firme que nunca tuvo este problema, con el cual puedas compartir tu necesidad y al cual puedas acudir por ayuda cuando la tentación se hace intensa.

Un hombre al cual había aconsejado hace años quería librarse de este terrible pecado. Me prometió que nunca más acudiría al parque municipal que previamente había frecuentado para encontrarse con otros hombres. Como un medio más de prevención consintió en que —en su mejor interés— yo podía preguntarle en privado, en cualquier momento: «¿Has ido al parque últimamente?» Más adelante me confió: «Fue una verdadera ayuda cuando sentí tentación el saber que una y otra vez me miraría usted a los ojos y me haría esa pregunta.» También es posible romper con el hábito sin un amigo así, pero es mucho más fácil si tienes a uno.

Siguiendo los nueve puntos antes indicados, gradualmente el deseo y la tentación irán disminuyendo, pero cada vez que lo hicieras o pensaras de nuevo sobre ello el hábito vuelve a cultivarse y te sería más difícil vencerlo. Recuerda el principio de la «siembra-cosecha». Cosecharás lo que siembres, mas toma tiempo. Por ejemplo, tus sentimientos actuales son mayormente el resultado de tus pensamientos y actos de los últimos treinta a sesenta días. Si quieres madurar un fruto mejor de los sentimientos, impulsos y apetitos de aquí a treinta o sesenta días, entonces, con la ayuda de Dios, comienza a sembrar de inmediato mejores semillas en tu mente.

Los hijos criados por sólo uno de los padres ¿crecerán con una actitud natural hacia el propio sexo y el sexo opuesto?

Esta pregunta está muy cerca de mi corazón porque fui criado por una madre viuda. Tenía casi diez años, mi hermana tenía cinco y mi hermano sólo siete semanas de edad cuando murió mi padre. Todos nosotros hemos desarrollado relaciones normales con el sexo opuesto y podemos señalar tres matrimonios felices y trece hijos entre todos. De hecho, mi hermano, que nunca conoció a un padre, tiene cinco hijos y es primer sargento en las Fuerzas Aéreas de los Estados Unidos, con 397 hombres bajo su mando. Obviamente se relaciona bien con hombres y mujeres.

La Biblia promete que Dios «es un padre para los sin padre» (Sal. 68:5) y nosotros ciertamente sabemos que es verdad. En realidad parece que un niño sin uno de los padres puede adaptarse adecuadamente a la vida con más facilidad que un niño criado en un hogar lleno de hostilidad y conflictos entre sus padres. Si una viuda o una divorciada ha de educar a sus hijos sola, al parecer existe una aceptación natural de su papel de liderazgo y, excepto que se sobrepase y los mime con exceso, estos niños desarrollan relaciones perfectamente normales con el sexo opuesto. Ayuda también si una madre en tales circunstancias simplemente acepta que Dios proveerá el bienestar emocional que sus hijos necesitan. Todos ellos están impregnados con la expectación de ser perfectamente normales y, en consecuencia, así será.

Además de esto, resulta siempre mejor hablar a los niños positivamente sobre su futuro. Por ejemplo, nunca uses «si» cuando miras adelante. «Cuando te cases» o «Cuando irás al colegio» es siempre mejor que «Si llegas a casarte» o «Si logras ir al colegio». La actitud positiva en una mujer cristiana, anticipando el éxito en cada fase de la vida de su hijo sin padre, es el fundamento más firme para una persona joven, junto a la promesa del Padre celestial de ser «un padre para los huérfanos».

IMPOTENCIA

¿Es verdad que la impotencia masculina se está incrementando, y si es así, por qué?

Aunque ninguna encuesta que conocemos compara la impotencia masculina de hoy con lo que fuera hace treinta o cincuenta años, los consejeros más activos reconocerán que han de enfrentarse con el problema más frecuentemente que hace veinte años. Si, como creemos, va en aumento, la razón es más mental y emocional que física. La mayoría de los médicos opinan que no se trata de ningún problema glandular, sino que se debe a las presiones emocionales y mentales de nuestra sociedad actual. Los hombres hacen menos ejercicios físicos hoy que hace veinte años y tienen que encararse con una mayor presión mental. Además de esto, la vida de este mundo actual tan problemática es menos segura, y los hombres sienten menos seguridad en su virilidad que antaño. Vemos que este problema irá en aumento a medida que la filosofía de la liberación de la mujer vaya creando más conflictos en los hogares y siga adelante con su asalto al *ego* masculino.

En los primeros años de matrimonio la potencia del hombre es cerca del 75 por ciento la física y del 25 por ciento la mental, pero a medida que madura estos índices sufrirán cambios hasta que a la edad de cincuenta años llega a ser de un 75 por ciento la mental y de un 25 por ciento la física. Es por ello que afirmamos que si un hombre piensa que es potente, lo es; y viceversa. Para una exposición más amplia de este tema véase el capítulo 10.

¿Son las inyecciones de hormonas una ayuda para la potencia de un hombre de mediana edad?

Depende de si su problema es causado por una deficiencia hormonal. Ninguna cantidad de hormonas curará a un hombre que piensa que es impotente. Si el problema subsiste, el hombre debe acudir a su médico porque una deficiencia hormonal sólo puede ser comprobada tras un exhaustivo examen médico.

¿Estimula realmente la vitamina E el instinto sexual de un hombre impotente?

En esta fecha los informes publicados son incompletos. Conocemos médicos que lo consideran un desperdicio de dinero; otros lo recomiendan. Un médico amigo mío recomendó 1.600 unidades por día para curar la impotencia masculina; otro aconseja una raíz china llamada *Ginseng*. Si tienes un problema de impotencia, merece la pena intentar su cura. En cuanto ayude, sigue el tratamiento; si no descontinúalo. Su administración durante uno o dos meses debe darte una respuesta.

¿Tiene que ver la vasectomía con la impotencia masculina?

Este tema ha sido tratado en el capítulo sobre conrtol de natalidad. Los médicos nos aseguran que la operación no tiene que ver absolutamente nada con la potencia del hombre, siempre que no la use como excusa para considerarse impotente. Conocemos personalmente a cinco médicos que se sometieron a esta operación; puedes estar seguro de que nunca lo hubieran hecho si ésta hubiese afectado su virilidad.

Ruego me den algunos medios específicos para estimular a una esposa cuando el esposo es incapaz de tener erección. ¿Cómo deben tratar los esposos la desigualdad sexual? (Por ejemplo, cuando la esposa es incapaz de corresponder, ella puede darse; pero cuando el esposo es incapaz de corresponder, ¿no puede?)

Un esposo considerado que tenga este problema puede estimular cariñosamente a su esposa hasta el orgasmo en forma manual para satisfacer sus necesidades. Por lo general él hallará esto estimulante, lo que a su vez puede resultar en la erección que necesita. Estúdiese el capítulo 10 sobre la impotencia masculina, teniendo presente que la mayoría de los casos de incapacidad masculina tienen su causa en el cerebro. Si crees que puedes, podrás. La esposa puede también ayudar a su esposo a lograr erección acariciando suavemente su pene.

AMOR

¿Es posible gozar del sexo sin relación cariñosa durante el resto del tiempo?

Sí, una relación de este tipo la experimentan desgraciadamente millones de parejas en el mundo entero; pero esto no es lo mejor que se puede obtener mediante el coito. La pareja que haya aprendido el arte de amar se entregará al coito en ocasiones, pero no tan frecuentemente ni con tanto entusiasmo como los que se aman. El amor es una emoción que ha de ser cultivada; ningún cristiano debería soportar el matrimonio sin él. La primera característica de una vida llena del Espíritu Santo es amor. Si no tienes un amor de este tipo para tu cónyuge, debes examinar tu condición espiritual.

¿Es egoísmo de mi parte querer ser más que un instrumento para la felicidad sexual de mi esposo? ¿Está mal que yo quiera gozar de ello también?

¡Ciertamente que no! Cada esposa tiene el derecho de esperar ser amada hasta un orgasmo. Tu esposo, sin embargo, puede sentirse extremadamente inadecuado por no poder satisfacerte, y, por no querer admitirlo, prefieres encubrir el asunto actuando como si no le dieses importancia. Háblale, alentándole a leer este libro, a escuchar los *cassettes* del Dr. Wheat y a modificar consistentemente su técnica de hacer el amor. Estamos convencidos de que no existe el hombre que no pueda aprender a ser un amante encantador para su esposa, si es lo suficientemente considerado para preocuparse por las necesidades de ella. Frecuentemente todo lo que se requiere es un poco más de estímulo clitorial antes de la entrada y un poco de retardamiento de su eyaculación.

ADAPTACION MATRIMONIAL

Mi esposo y yo somos desajustados. Si hubiésemos sido cristianos cuando nos conocimos, podíamos haber sabido que no debíamos casarnos. ¿Qué podemos hacer en esta situación, ahora que nos hicimos cristianos?

Primeramente, y ante todo, cerrad de golpe la puerta al divorcio, el cual no es una opción de vida para cristianos. La Biblia dice: «¿Estás ligado a una mujer? No procures soltarte» (1.ª Cor. 7:27). Ahora bien, esto no quiere decir que has de soportar una pesadilla por el resto de tu vida. Dios ordena que os améis uno al otro: consecuentemente tenéis la capacidad de amaros. Ahora que os habéis convertido en cristianos, estáis en posesión de un nuevo recurso de amor para extenderlo el uno hacia el otro. Hemos visto algunos casos bastante imposibles transformarse en adaptación perfecta mediante el poder del Espíritu Santo. Aprended a amaros mutuamente. Sugerimos que procuréis obtener un ejemplar de nuestro libro *Cómo ser felices a pesar de ser casados,* y poned sus principios en práctica.*

MASTURBACION

¿Está mal que un cristiano se masturbe?

Probablemente no existe un interrogante de mayor controversia en el campo del sexo como éste. Hace unos años todo cristiano hubiese recibido un rotundo sí, pero esto fue antes de la revolución sexual y antes de que los médicos declarasen que esa práctica no era dañina para la salud. Un padre ya no podrá advertirle con sinceridad a su hijo que la masturbación le causaría «daño cerebral, debilidad, estupidez, ceguera, epilepsia o demencia». Algunos aún se refieren a ello como «autoabuso» y «comportamiento pecaminoso»; otros abogan que es un alivio necesario para el hombre soltero y una ayuda para el hombre casado cuya esposa está encinta o cuyo negocio le obliga a permanecer lejos del hogar por largos períodos de tiempo.

Para mostrar la influencia del humanismo sobre las

* No está traducido al español, pero puede ser sustituido por este mismo libro, en primer lugar, y también por otros que vienen anunciados en las últimas páginas.

decisiones de la gente nos pareció interesante que en nuestra encuesta de entre veinticinco médicos cristianos el 72 por ciento aprobó la masturbación y el 28 por ciento estimó que era un error. Por contraste, entre pastores (cuyos estudios superiores fueron hechos en seminarios y su educación media en colegios cristianos) sólo un 13 por ciento aprobó la automanipulación y el 83 por ciento la consideró errónea.

En la mayoría de los casos los maestros de escuela están bien informados sobre el tema; probablemente habrán de enfrentarse con el problema en la oficina de la escuela más que los médicos en sus despachos. Tratando este tema con solteros en programas educacionales y juveniles, entre los que contestaron nuestra encuesta el 52 por ciento de los hombres y el 84 por ciento de las mujeres declararon que nunca o rara vez practicaban la masturbación; el 17 por ciento de hombres y el 4 por ciento de mujeres indicaban que habían practicado la masturbación en forma regular o frecuente. Muchos entre éstos declararon específicamente haber dejado de practicarla cuando se convirtieron a Cristo.

Por desgracia la Biblia mantiene silencio sobre este tema; por lo tanto, es peligroso ser dogmático. Aunuque sentimos simpatía por aquellos que quisieran eliminar los tabúes por mucho tiempo válidos contra esta práctica, quisiéramos sugerir las siguientes razones por las cuales creemos que esta práctica no es aceptable para cristianos:

1. Pensamientos de imaginación lujuriosa están, por lo general, involucrados en la masturbación y la Biblia condena con claridad tales pensamientos (Mat. 5:28).

2. La expresión sexual fue ideada por Dios para que sea practicada por dos personas de sexo opuesto, resultando en una sana y necesaria dependencia mutua. La masturbación frustra esa relación y dependencia mutua.

3. La culpabilidad es una consecuencia casi universal de la masturbación, excepto que el individuo haya sufrido un lavado cerebral mediante la filosofía humanística, que no cree en una conciencia dada por Dios, o en muchos casos, en el bien y el mal. Ese sentimiento de culpabilidad dificulta el crecimiento espiritual y produce derrota, especialmente en gente joven. Para ellos, por lo general, sig-

nifica una cuesta de autodisciplina que han de escalar a fin de crecer en Cristo y andar en el Espíritu.

4. Viola, además, 1.ª Corintios 7:9, «porque es mejor casarse que arder». Cuando un joven practica la masturbación, ésta tiende a anular un motivo necesario e importante para el matrimonio. De hecho existen ya bastantes motivos contrarios de índole social, educacional y económico para los jóvenes hoy en día; ciertamente no necesitan otro factor contrario al matrimonio.

5. Crea un hábito premarital al cual se puede recurrir después como una excusa cuando el esposo o la esposa tienen conflictos sexuales o de otra índole que dificultan el coito.

6. Defrauda a la esposa (1.ª Cor. 7:3-5). Ningún hombre casado debería aliviar su deseo ascendente hacia su esposa, dado por Dios, excepto mediante coito. Si no es así, la esposa se sentirá insegura y no amada, y muchos pequeños problemas serán innecesariamente aumentados a causa de este alivio artificial del instinto sexual del esposo. Esto llegará a ser una realidad cada vez mayor a medida que la pareja se acerca a la mediana edad.

Como divorciada tengo necesidades sexuales que requieren satisfacción. ¿Es mejor usar un vibrador que recurrir a la fornicación?

Ambas alternativas son erróneas y dañinas, y hay que considerar otras alternativas. El uso de vibradores especiales no sólo es aceptado sino recomendado por humanistas que consideran al hombre como otro tipo de animal; así lo expresan muchos escritores populares hoy día. No obstante, nosotros estimamos que son peligrosos y dañinos psíquicamente. El instinto sexual es básico tanto en el hombre como en la mujer. Debe ser cultivado dentro del matrimonio, pero las personas solteras no han de poner énfasis en ello hasta el matrimonio.

Dios colocó el instinto sexual en los seres humanos para inspirarlos a juntarse mediante el matrimonio. Si una persona soltera satisface ese instinto mediante un vibrador u otros medios similares, su mayor motivación para casarse es destruida. Es también peligroso porque crea una sensación erótica que ningún ser humano en la Tierra puede equiparar; si la persona se casa o vuelve a casarse, existirá una tentación natural de recurrir a esta misma práctica porque el cónyuge humano es incapaz de darle esa sensación. Esto llega a defraudar al cónyuge.

Si está mal masturbarse, ¿qué puede hacer una persona viuda o divorciada para controlar su instinto sexual?

Hemos sido confrontados con esta pregunta por una mujer joven y encantadora cuyo esposo había perdido la vida en un accidente automovilístico. Ella nos preguntó: «¿Qué puede hacer una mujer que está acostumbrada a hasta diez orgasmos por semana, cuando de repente se encuentra sin esposo?» Evidentemente ella tenía un problema. Necesitaba saber que: 1) la gracia de Dios es suficiente para su necesidad (2.ª Cor. 12:9); 2) su deseo se iría disminuyendo con el tiempo por falta de uso; 3) había de preservar su vida mental cuidadosamente mediante la lectura de la Biblia y la oración; 4) había de evitar todas las situaciones sugerentes o comprometedoras con el sexo opuesto; 5) había de hacerse activa en una iglesia local y confiar en Dios que: a) El le supliría otro esposo con quien ella podría compartir su necesidad de amar; y b) en tanto, podía darle el autodominio necesario para resolver su problema (1.ª Cor. 10:13), si ella pedía a Dios quitarle el deseo (1.ª Jn. 5:14, 15).

Afortunadamente, esta joven viuda era una persona profundamente espiritual y Dios ha suplido su necesidad. Dos años más tarde volvió a casarse, y hoy testifica que Dios es capaz de suplir *toda* necesidad tal como lo promete en Filipenses 4:19.

Un amigo íntimo nuestro había perdido a su esposa de diecisiete años de edad y confesó que al principio había tenido serios problemas. Finalmente oró seriamente a Dios para que le ayudase, y Dios le ha quitado el fuerte instinto sexual durante seis años. Cuando conoció a otra mujer que finalmente llegó a ser su esposa, su apetito normal para hacer el amor volvió a revivir rápidamente.

Si mi esposo no logra llevarme al orgasmo, ¿debo inducirme hasta el orgasmo cuando él se haya dormido?

Cuando una pareja desarrolla unas relaciones que ayudan a la comunicación abierta, la esposa puede dar a conocer sus necesidades a su esposo. Un marido considerado que no puede controlar su eyaculación por el tiempo necesario para llevar a su esposa al orgasmo, puede, al menos, acariciar cariñosamente su clítoris hasta que ella llegue a compartir con él la hermosa experiencia sexual. La esposa puede contribuir en este sentido practicando fielmente los ejercicios de Kegel descritos en el capítulo 9. Muchas mujeres logran desarrollar un tono muscular tan poderoso en torno a la vagina que efectivamente pueden apretar el cuerpo del pene insertado las suficientes veces para producir un orgasmo incluso antes de que el esposo inicie los pujos profundos. Aquellas que han desarrollado este arte afirman que esto introduce en el acto marital una dimensión tal como jamás hubiesen soñado que fuera posible. De hecho, varias mujeres que han tenido dificultad en lograr orgasmo nos informaron que mediante estos ejercicios podían experimentar hasta una mejoría en sus sensaciones.

¿Puede llamarse «masturbación» la estimulación clitorial lograda al apretar los muslos antes del coito?

No es muy conocida esta técnica, probablemente porque no todas las mujeres la pueden practicar, dependiendo de la ubicación de su clítoris, de su estatura y de otros factores. Podríamos sugerir que si es practicada para aumentar la tensión sexual en anticipación al acto de amor, podría ser denominada como una forma de juego previo. Si es practicada sin un esposo, viene a ser masturbación.

MENOPAUSIA

¿Qué es la menopausia, y cuál es su causa?

La menopausia o «cambio de vida», como es llamada frecuentemente, es de hecho una disminución gradual de la actividad ovular. Aunque exista una gran variabilidad, los períodos menstruales irregulares comienzan en los años cuarenta para la mayoría de las mujeres, pero la cesación completa de la regla puede no ocurrir hasta que se encuentran a mediados de sus años cincuenta. A medida que una mujer avanza en edad, su reserva de estrógenos, responsable de la producción de óvulos, comienza a disminuir; la mujer experimentará algunos cambios en el revestimiento interior de su útero, produciendo irregularidades.

En casos extremos, una mujer en su período menopáusico puede notar la caída de sus senos, un ensanchamiento de sus caderas y un problema de aumento de peso. Algunas mujeres se quejan de olas de calor, mientras que otras experimentan depresiones, poniéndose llorosas e irritables. Toda mujer con estos síntomas debe acudir a su médico, ya que muchos de estos síntomas pueden ser controlados ingiriendo estrógeno. En la mayoría de los casos éste puede ser administrado en la forma práctica de píldoras.

¿Por qué algunas mujeres tienen más problemas durante la menopausia?

Todas las mujeres son diferentes en sus actitudes temperamentales y mentales, funciones glandulares y funciones químicas. Los dos problemas más grandes son:

1. Una disminución de estrógeno. Solamente un médico puede solucionar este problema, mas muchas mujeres afirman que el estrógeno prescrito por los médicos las ha transformado durante este período de vida.

2. Una actitud mental apropiada, lo que es más importante de lo que se piensa. La mujer que espera que la menopausia la «deje arruinada», normalmente lo será. La ocupada en actividades útiles y que espera poder dominarla, lo logrará fácilmente.

¿Reduce la menopausia el instinto sexual de la mujer?

Esto depende de la mujer y de su esposo. La menopausia ciertamente puede crear un problema dentro de una situación marital ya tensa; en algunos pocos casos hasta llega a alterar las relaciones de un matrimonio sano. Algunas mujeres sienten desaparecer sus inhibiciones a medida que disminuye su menstruación. Las investigaciones actuales indican que muchas llegan a tener más interés en las relaciones sexuales después de los cuarenta años. Mucho depende de si la mujer teme o no que con la cesación de sus períodos comience una pérdida de su femineidad. Una vez que se percate de que la femineidad no depende del período mensual, puede contemplar largos años de felicidad en su amor marital.

Después de la menopausia el coito puede ser doloroso para algunas mujeres porque el nivel hormonal disminuido hace que las paredes interiores de la vagina tengan menor espesor y menos elasticidad; ocasionando que sean más propensas a irritarse mediante el coito. Normalmente esto puede ser evitado ingiriendo suficiente cantidad de estrógeno o usando localmente una crema vaginal que contiene estrógeno para ser absorbida a través de la mucosa. Asimismo, puede ser necesario usar más lubricante artificial tal como la gelatina K-Y.

Finalmente, se ha demostrado que aquellas mujeres que tienen coito sexual satisfactorio una o dos veces por semana a lo largo de todos los años menopáusicos tienen menos síntomas de olas de calor, irritabilidad, nerviosidad y muchos menos cambios en la pared vaginal aun con poco o nada de suplemento hormonal.

¿Puede quedar embarazada una mujer durante la menopausia?

Sí, es posible. Ese es el origen del término «bebé de cambio de vida». Muchas mujeres llegan a la conclusión errónea de que porque pasan por alto algunos períodos pueden prescindir de las píldoras anticonceptivas. Una mujer puede tener ovulación cada mes aun sin menstruación, y es entonces cuando es vulnerable al embarazo. Sólo un pequeño porcentaje de mujeres tienen la probabilidad de quedar encintas durante esta etapa, pero no hay manera de saber cuáles son. Algunos médicos recomiendan a las mujeres que continúen usando las medidas de control de natalidad por lo menos durante un año después de su último período. Después de ese lapso de tiempo se puede suponer con seguridad que los ovarios ya no funcionarán.

¿Qué puede hacer un esposo cuando su mujer pasa por la menopausia?

En el día de bodas él le ha prometido amarla «en buena y mala suerte, en salud y enfermedad». Aunque el esposo llegue a considerar este período como la peor fase de su matrimonio, Dios espera de él que ame a su esposa de todas maneras. Las mujeres sienten inseguridad en este tiempo y necesitan ser aseguradas del amor de sus esposos y de su propia femineidad. El esposo es el único que puede darle adecuadamente lo que ella necesita: amor, paciencia, amabilidad, longanimidad y comprensión. Un marido ha de recordar que Dios nunca exige lo que no proveerá;

y ciertamente El lo proveerá con el tipo de amor que su esposa necesita, si el esposo está realmente interesado en amarla y ayudarla. La esposa corresponderá con cariño y apreciará a un esposo así cuando su etapa menopáusica haya terminado. Es tan sólo un período temporal, y los años que lo siguen pueden ser largos y llenos de ternura para una pareja comprensiva.

El esposo puede ayudar a su esposa en este tiempo también si busca su compañía involucrándola en tantas de sus actividades como le sea posible. A esta edad los hijos normalmente ya no requieren su atención constante. Sin esa responsabilidad y con un tiempo extra a su disposición la esposa necesita sentirse deseada y necesitada por alguien. Una buena iglesia puede ser de especial ayuda para ambos cónyuges; la compañía de otras personas de su edad y un sitio en el servicio cristiano les puede servir de compensación.

MENSTRUACION

Desde el punto de vista médico ¿es aprobado el coito durante la menstruación?

Las autoridades médicas más modernas indican que el coito durante la menstruación de la mujer no es dañino. Es solamente antihigiénico y normalmente no ha de ser prolongado porque los órganos femeninos se ponen muy delicados en ese tiempo y pueden ser fácilmente irritados. Además la mujer puede cambiar repentinamente de humor, de muy cálida y amorosa a muy fría. Lo que es bastante interesante, sin embargo, es que éste sea uno de los tiempos cuando su interés sexual puede ser fácilmente estimulado.

¿Condena la Biblia el coito durante la menstruación?

Las leyes ceremoniales del Antiguo Testamento requerían que una mujer pasase por un período de «impureza» de siete días como resultado de la menstruación, durante cuyo tiempo el coito era prohibido (Lev. 15:19). Generalmente las leyes ceremoniales fueron instituidas por razones tanto higiénicas como morales y espirituales. Pero esas leyes fueron dadas hace tres mil quinientos años, mucho antes de la existencia de duchas y baños, antes de haber sido inventados los tampones desinfectantes y otros medios perfeccionados de sanidad. La muerte de Cristo abolió «una vez para siempre» todas las leyes ceremoniales y rituales (Heb. 9:1 - 10:25); por lo tanto, no estamos atados ya por ellas. No creemos que el coito durante la menstruación sea pecaminoso, pero probablemente ha de ser evitado durante los tres primeros días de flujo de sangre de la mujer y debe ser iniciado sólo si la esposa así lo desea.

SEXO ORAL

¿Qué es el sexo oral?

Se usan dos palabras para describir el sexo oral: 1) *fellatio*, cuando la mujer recibe el pene masculino en su boca a fin de estimular el glande del pene con sus labios y su lengua; 2) *cunnilingus* es el acto del hombre estimulando a la mujer con su boca sobre la área de la vulva, normalmente con su lengua sobre su clítoris. Ambas formas de sexo oral pueden producir un orgasmo si son prolongadas.

¿Es correcto que un cristiano practique el sexo oral?

Casi todas las semanas recibimos esta pregunta por carta o en la sala de consejo, especialmente durante los últimos cuatro años. Los esposos tienden a desear esta experiencia más que las esposas, pero recientemente, debido a la gran cantidad de libros sexuales en el mercado, parece haber un aumento de la curiosidad por parte de las mujeres. Indudablemente esa práctica se está extendiendo. Un autor afirma que un número tan grande como el 80 por ciento de las parejas lo han probado. Aunque posiblemente muchas parejas lo encuentren agradable, muchos sienten una culpabilidad o vergüenza en cuanto a esa práctica.

La Biblia guarda completo silencio sobre el tema, y hemos encontrado una amplia variedad de opiniones. Entre los médicos cristianos que hemos encuestado, un 73 por ciento opinó que era aceptable para la pareja cristiana siempre que ambos cónyuges gozasen de ello; un 27 por ciento no lo aprobó en absoluto. Para nuestra perplejidad, el 77 por ciento de los pastores lo aceptaron y el 23 por ciento lo rechazó. Es curioso que mucha gente que solicita nuestra opinión indica haber pedido consejo con anterioridad a algún pastor que se opuso a ello. Nos preguntamos si acaso los muchos ministros que expresan su oposición a ello frente a los solicitantes (tal vez porque consideran su deber tomar esa posición) adoptan una posición diferente al opinar en una encuesta anónima.

Por lo general encontramos una fuerte oposición al tratar el tema; muy pocos parecen abogar por ello, mas ¿quién sabe lo que hace la gente en la privacía del dormitorio? Algunos objetan esa práctica probablemente debido a prejuicio personal con respecto a lo que creen ser razones higiénicas y espirituales; pero los médicos dicen que no es contraria a la salud, y la Biblia guarda silencio sobre el tema. Por lo tanto, cada pareja debe tomar su propia decisión al respecto.

Personalmente no lo recomendamos ni abogamos por ello, pero no contamos con bases bíblicas para prohibirlo entre dos personas casadas que mutuamente lo disfrutan. Sin embargo, no creemos que ha de ser usado como sustituto del coito; y en el caso de que tenga un lugar en el matrimonio, diríamos que sea limitado al juego previo. No obstante, he aquí una voz de advertencia: el amor requiere que uno de los cónyuges *nunca exija* del otro esta práctica si él o ella no lo disfruta o siente por ella culpabilidad o repugnancia.

¿Por qué del incremento en la práctica del sexo oral?

Hay muchos factores que contribuyen a la difusión del sexo oral en la actualidad: 1) La revolución sexual desembocó en más experimentación sexual. 2) Escritores seculares lo han hecho popular con el reciente torrente de libros pornográficos. 3) Se sabe de muchos jóvenes que usan hoy día el sexo oral como un sustituto del coito, para evitar el embarazo y la pérdida de la virginidad; consecuentemente, cuando se casan tienen ya un apetito formado para tal experiencia. Algunas muchachas encuentran más difícil llegar al orgasmo en el matrimonio mediante el método convencional después de haber tenido esta experiencia premarital. 4) Al parecer está más en boga desde los últimos diez años, aunque sin duda ha sido practicado por siglos.

¿Existen factores higiénicos relacionados con el sexo oral?

La locura actual por el sexo oral tendrá que demostrar que es mucho más dañino de lo que sus exponentes imaginan. Algunos investigadores médicos se inclinan a creer en la posibilidad de transmitir algunas enfermedades de la piel mediante el sexo oral, ocasionando en ciertos casos hasta cáncer en el cuello del útero. La siguiente carta dirigida a la columnista Ann Landers de parte del Dr. Louis Berman, un consejero de estudiantes en la Universidad de Illinois, es extremadamente interesante.

Estimada Srta. Landers:

En un artículo reciente usted publicó una advertencia sobre una enfermedad poco conocida, pero no tan rara, llamada Herpes Simplex II, la cual ha sido conectada con esterilidad y cáncer.

No soy médico, soy consejero de estudiantes y llegué a conocer el herpes a través de la triste experiencia de un estudiante inteligente y bien parecido, que cogió la infección durante un fin de semana al renovar su amistad con una amiga de años atrás. Durante nuestra conversación el joven me explicó que su amiga había tenido relaciones íntimas con un hombre que sufría frecuentemente de sabañones.

El herpes es un virus de heridas de frío que rápidamente se está desarrollando en una enfermedad venérea debido al aumento del sexo oral. Las películas y «el arte» pornográfico han hecho el sexo tan popular como nadie podía haberse imaginado tan sólo cinco años atrás.

Como consejero puedo decirle que muchos de mis colegas (al igual que los sexólogos) están fomentando el sexo oral en forma directa o indirecta. Creo que es mi deber poner en conocimiento del público los riesgos que acompañan este tipo de actividad.

He visto muchos artículos sobre el herpes en periódicos y revistas populares, pero nunca he visto que se haya mencionado la conexión entre el herpes y el sexo oral. Tal vez los escritores son demasiado cobardes para llamarlo por su nombre; y usted, Ann Landers, ¿qué dice?

Bien podría ser que investigaciones adicionales lleguen a confirmar algunas de estas serias posibilidades y a denunciar el sexo oral, el cual ya muchos encuentran repugnante, a la vez que extremadamente peligroso para la salud.

ORGASMO

Mi marido y yo experimentamos orgasmos simultáneos la mayoría de las veces, pero no podemos entender por qué no resulta así cada vez.

Nada es más complejo que el ser humano. Cuando el éxito de una función corporal depende de dos seres humanos muy diferentes, es imposible esperar un logro de un cien por ciento. Si consideramos que el acto de amor depende de dos diferentes cerebros, sistemas emocionales, condiciones espirituales, cambios de humor, niveles de fatiga, condiciones físicas y mecanismos reproductivos, es evidente que es una utopía pensar que pueda ocurrir exactamente igual cada vez. Además existen dos diferentes niveles de satisfacción. Obviamente el orgasmo es, sin duda, la experiencia singular más fascinante en la vida, pero aun cuando no sea logrado, existe un alto grado de satisfacción en poder compartir el juego amoroso con la persona amada.

Siempre hemos encontrado muy interesante que los jugadores profesionales de béisbol se consideran excelentes si mantienen el promedio de 333. Esto señala éxito aunque fallen dos de cada tres veces. Ciertamente se trata de competencia, mientras que en el acto de amor hay cooperación; consecuentemente puede esperarse un «promedio» más alto en los que se aman. Con toda probabilidad una vida amorosa excelente consiste en un orgasmo absolutamente fascinante en un 60 a 70 por ciento de las veces.

¿Hay mujeres que experimentan mayor satisfacción sexual mediante estímulo directo que sólo a través del coito?

Frecuentemente es éste el caso, porque es más fácil dirigir la mano o los dedos al lugar exacto que el pene. Además la vagina puede estar caída y débil en el tono muscular a causa de alumbramientos; consecuentemente no responde al pene como debería. Esto puede ser corregido mediante ejercicio, y el estímulo durante el coito puede ser mejorado mediante práctica. Es muy común que una esposa experimente su primer orgasmo mediante estímulo directo y luego llegue al orgasmo simultáneo con su esposo. Algunas mujeres necesitan más tiempo para graduarse que otras, y algunas nunca lo logran. La práctica proporciona la perfección, de modo que siga practicando.

¿Cree la mayoría de las mujeres que es necesario alcanzar orgasmo para que una experiencia de coito resulte satisfactoria?

La mayoría de las mujeres desean experimentar orgasmo, lo que es el supremo placer sexual, de modo que ¿por qué no habrían de desearlo? Dios les dio esa capacidad, y creemos que deben aprender a experimentarlo. Sin embargo, millones de mujeres jamás lo experimentan, pero indican que gozan al hacer el amor. Quedamos atónitos al comprobar cuántas mujeres que nunca han sentido el placer del orgasmo indicaron que en una escala de 0-100 ellas situarían su vida sexual en 75-85.

¿Anda algo mal en una mujer que raras veces llega al orgasmo pero pese a ello está satisfecha con el sexo?

¡No! Es de esperar que también se sienta fácilmente satisfecha con otras cosas. Pero también es posible que tal vez no sepa lo que pierde. Si tuviese tan sólo un único orgasmo fascinante y explosivo, es de sospechar que ya no se encontraría tan plenamente «satisfecha con el sexo» sin ello.

¿Disfrutan las mujeres en realidad del sexo o simplemente se someten a ello porque saben que así deben hacerlo porque las Escrituras enseñan la sumisión? ¿Por qué gozan las mujeres del sexo?

Esta pregunta probablemente no es formulada por una esposa que experimenta orgasmos satisfactorios. La mujer que goza del sexo y lo considera como la experiencia singular más fascinante, normalmente lo desea en un promedio de dos a tres veces por semana.

FALLA ORGÁSMICA
¿Cómo ha de tratarse el fallo con respecto a hallar placer u orgasmo en el sexo después de diecisiete años?

Haciendo de la satisfacción orgásmica un asunto de

oración. Estudie los capítulos 8 y 9 sobre «La mujer insatisfecha» y «La llave a la respuesta femenina» y ejercite cuidadosamente sus músculos P.C. según las descripciones del Dr. Kegel. Recuerde que el 85 por ciento de las esposas no orgásmicas así aconsejadas han aprendido de esta manera a lograr orgasmo regularmente. Creemos que ninguna mujer casada debe aceptar la falla orgásmica.

Si cuatro de cada diez mujeres son no orgásmicas, ¿cómo tratan este problema para evitar el sentimiento de frustración y culpabilidad matrimonial?

No lo acepte. Siga las sugerencias arriba dadas para lograr una dimensión totalmente nueva en el placer marital.

¿Qué importancia tiene que la mujer experimente orgasmo durante el coito?

Depende si estás acostumbrada o no a conformarte con «lo bueno» o «lo mejor». Si puedes experimentar orgasmo mediante la estimulación manual de tu esposo, puedes aprender a culminar tu acto de amor con orgasmos simultáneos, lo que es más deleitoso; pero es un arte que requiere práctica. Tal vez tu esposo inserta su pene demasiado pronto, o posiblemente discontinúa el estímulo manual después de la entrada. Ya estás casi llegando, sigue adelante.

¿Cómo puede llegar una esposa a orgasmo con el pene dentro de la vagina?

Esperando hasta que está suficientemente estimulada antes de que el esposo puje a fondo. El signo indicador para el esposo no es la secreción de lubricación suficiente, sino el aumento de tamaño de los labios interiores de la vagina de su mujer. También es importante que él continúe la estimulación manual de su clítoris durante unos momentos después de la entrada y que aprenda a retardar su eyaculación. Asimismo dilatará el procedimiento si se concentra en mantener la cabeza agrandada de su pene más cerca de la entrada a su vagina. Los pujos profundos que los hombres tienden a hacer instintivamente colocan la mayor parte del pene en partes menos sensibles de la vagina de la mujer. Téngase presente que la mayoría de las terminaciones nerviosas se hallan dentro de las dos primeras pulgadas de su vagina.

CARICIAS EROTICAS

¿Qué son las caricias eróticas?

Alguien dio la descripción de que el «besuqueo» es lo que sucede más arriba del cuello entre dos personas no casadas del sexo opuesto, y «caricias eróticas» son lo que ocurre más abajo del cuello. De hecho las caricias eróticas no son otra cosa, en términos sofisticados, que el juego previo ilícito entre solteros y solteras, y éstas son muy peligrosas. Casi todas las niñas que quedan encintas sin casarse se habían entregado a intensas caricias eróticas antes de haberse dejado arrebatar hasta el coito. Las caricias eróticas son para estimular la pasión en preparación al coito; consecuentemente han de ser practicadas solamente por parejas casadas. El precio de las caricias eróticas debe ser siempre el certificado de matrimonio. La mayoría de las jóvenes no se percatan del hecho de que aquellos días del mes cuando se sienten más amorosas coinciden con los días cuando son más fecundas y menos capaces de controlar sus pasiones; en consecuencia, el mayor peligro para ellas existe cuando más apetito tienen de esas caricias.

Siendo las caricias eróticas en realidad el «juego amoroso», han de ser reservadas para el matrimonio. Los cónyuges casados las consideran el pasatiempo más maravilloso.

¿Son las caricias eróticas intensivas antes del matrimonio dañinas a la iniciación de una buena adaptación en la primera fase del matrimonio? (Para el nuestro lo fueron debido a culpabilidad.)

La mayoría de los consejeros confirmarán que vuestra experiencia es muy común.

POSICIONES

¿Deben tener las parejas casadas sus relaciones siempre en la cama? ¿Qué otros lugares son aceptables?

La cama es el lugar más conveniente para hacer el amor, en el caso de la mayoría de la gente; mas ciertamente no es el único sitio. Las estadísticas indican que por lo menos un 90 por ciento del amor conyugal ocurre en la cama, mas casi todas las parejas experimentan con otros lugares y posiciones cuando su estado de ánimo les sugiere algo nuevo. Es muy sabio ser creativo y experimentar a veces. Cualquier lugar que resulte mutuamente agradable y no traicione vuestra privacía es aceptable.

PRIVACIA

¿Cómo puede una pareja con niños pequeños en la casa realmente tener la privacía necesaria para hacer todo lo que desean en su vida sexual?

Colocando una cerradura en la puerta del dormitorio. Debe enseñarse a los hijos a respetar la privacía de sus padres; es parte necesaria de su educación reconocer la necesidad de honrar los derechos de los demás. Asimismo, sus padres serán mejores padres si pueden expresar su amor marital libre y frecuentemente sin distracciones o inhibiciones.

¿Qué hacer sobre la falta de privacía con un adolescente en casa? ¿Cómo te relajas y haces el amor mientras temes que te oiga?

Toda pareja ha de tener una cerradura en la puerta de su dormitorio, y a los niños debe enseñárseles a mantenerse fuera del dormitorio de sus padres. Sitúen los dormitorios de los hijos de manera que no puedan oír cada ruido que proviene del dormitorio de los padres. Y, finalmente, podéis relajaros normalmente mientras los niños duermen. Estos, por lo general, tienen el sueño profundo.

¿Deben las parejas cristianas descubrir sus cuerpos a sus hijos al bañarse o vestirse? ¿Acaso una modestia excesiva no ayuda a fomentar la conciencia del sexo?

Una de las tendencias dañinas del humanismo durante los últimos treinta años ha sido la de fomentar que los padres dejasen verse desnudos ante sus hijos. Esto está expresamente prohibido en las Escrituras y es innecesario para el desarrollo del niño.

La «modestia excesiva» es casi una cosa del pasado; lo que necesitamos hoy día es más modestia. No es que haya de enseñarse a los niños a tener miedo de ver desnudos a sus padres, sino que, por respeto a ellos, debemos evitar que los vean así, sin dar importancia al asunto.

ROMANTICISMO

La mayoría de los manuales sexuales aconsejan a las parejas que salgan de casa de vez en cuando para tener como una nueva luna de miel pasando la noche fuera, pero ¿cómo puede darse ese lujo un pastor con un presupuesto muy estrecho?

Lo primero que ha de hacer es examinar en oración si su sueldo es demasiado reducido en relación con el presupuesto total de la iglesia. Si así fuese, y la iglesia está en condiciones de asignarle un aumento, ha de considerar en oración la posibilidad de tener una conversación con los miembros del Consejo cuando se prepara el presupuesto anual y exponerles que le resulta difícil vivir de su sueldo y, por ende, solicita un aumento sustancial. Tenéis el ejemplo en Mateo 6:33; si primeramente busca el servidor de Dios el reino de su Señor y su justicia, no hay nada malo en que el tercer o cuarto objetivo sea un sueldo decente para vivir. Esto le debes a tu familia.

Solicitar un aumento de tu iglesia, sin embargo, no te garantiza que lo recibirás, pero al menos sabrán lo que quieres sinceramente. Consecuentemente, sugerimos que hagas de tu deseo un asunto especial de oración, porque Dios proveerá algún trabajo extra o un obsequio atento de algún miembro, o de alguna manera lo hará posible. «Pedid, y se os dará» (Mat. 7:7). Esto promoverá que aquella «luna de miel con la noche fuera» ascienda en tu lista de prioridades. ¡Tú y tu esposa la necesitáis!

Nunca olvidaremos a aquel matrimonio de miembros de la iglesia que alquiló un motel en Palm Springs para nosotros, por una semana, en los días cuando no teníamos dos centavos juntos. Sólo puedo desear que hubiese más miembros de iglesias que quisieran proveer a su ministro y su esposa con un obsequio tan maravilloso.

También podríais ahorrar los honorarios recibidos en las bodas y usarlos para mejorar vuestro matrimonio y poder escapar a una «luna de miel por lo menos de una noche». Más aún, no son solamente los pastores que necesitan irse fuera sin los hijos y lejos de los quehaceres de la casa una que otra vez; todo matrimonio se beneficiará de una terapia de esta índole. Aun si tuvieses que recortar otros gastos y ahorrar, merece la pena invertir en ello.

SEXO DE SEPTIEMBRE

¿A qué edad dejan de hacer el amor las parejas?

Mientras escribíamos este libro tuvimos una comida con dos amigos muy íntimos y de largos años. El tiene setenta y seis años y ella tres o cuatro años menos. Habíamos atesorado esta amistad con ellos y apreciamos mucho las hermosas relaciones que les vimos compartir entre ellos manifiestamente. Al informarles sobre lo que escribíamos, dijo él bromeando: «Os podría contar muchas cosas para ponerlas en ese libro.» De alguna manera tuve el coraje de preguntarle con qué frecuencia hacían el amor él y su esposa a su edad. Contestó sonriente: «¡Por lo menos tres veces por semana!» Luego agregó: «Ahora que soy jubilado tenemos más tiempo para ese tipo de cosas.» Evidentemente no sabía que debía disminuir la marcha, ¡de modo que no lo hacía! Y así es como debe ser. Dos personas sanas deben ser capaces de hacer el amor hasta sus ochenta o más años. Conocemos a varios que afirman haber celebrado su aniversario de bodas de oro haciendo el amor.

Al tiempo que la persona va entrando en años las diversas partes de su cuerpo comienzan a gastarse. Pero el proceso es tan imprescindible como lo son las personas involucradas. Consecuentemente, algunos experimentan malfunciones de un tipo, otros de otro. Cuando las energías vitales comienzan a disminuir en nuestra madurez, muchas actividades de nuestra juventud son ejecutadas con menos fuerza y con menos frecuencia. No es poco común en personas mayores, en especial hombres, el experimentar malfunciones ocasionales al hacer el amor. Lamentablemente saltan a la conclusión de que «todo acabó», tras unas pocas experiencias no orgásmicas. Si fuesen a analizar su situación más cuidadosamente, notarían algo que da esperanza e inspiración para intentarlo de nuevo.

Contrariamente a la obsesión masculina, un hombre no tiene que eyacular para disfrutar del coito. Al excitarse, puede tener una erección sustancial, entrar en su esposa, experimentar muchos minutos de estímulo, llevarla a orgasmo y gradualmente perder su instinto de eyaculación. En lugar de la alta cumbre acostumbrada, sus sentimientos parecen pasar simplemente sin la explosión de antes. Aunque no llega a ser tan satisfactorio como el clímax eyaculante que tanto había disfrutado, sí que satisface tanto el instinto sexual propio como el de su esposa. Si aprende a conformarse con su experiencia algo disminuida, llegará a eyacular ocasionalmente y, a medida que vuelve su confianza en sí mismo, aumentará la frecuencia de su éxito. Muchos hombres, sin embargo, producen erróneamente un cortocircuito en sus capacidades al *pensar* que todo se ha acabado, mientras que nuevos intentos del presente les confirmarían lo contrario.

¿Qué sugerirían para gente de edad que ha tenido muy poca educación sexual?

Básicamente las mismas cosas son válidas para ellos que las que las parejas más modernas han de aprender, excepto que deben olvidar los conceptos y prácticas erróneos que podían haber dificultado sus vidas amorosas. Nuestra experiencia como consejeros indica que nunca se tiene demasiada edad para aprender algo nuevo sobre la técnica de hacer el amor, y ninguna pareja debe estar cerrada con respecto a la posibilidad de que tal vez algo que hacen o dejan de hacer no sea una mejora en favor de uno u otro de los cónyuges. Es de esperar que los conceptos de la presente obra puedan alentar a muchas parejas a encontrar un placer renovado en el acto de amor.

Cuando uno llega a mediana edad y se siente demasiado cansado para el acto, ¿cómo puede ser la vida fascinante y significativa?

El instinto sexual de una persona está en paralelo con sus demás instintos corporales. Todos estos instintos declinan en conjunto. Las personas de mediana edad que se cansan en exceso al hacer el amor deben consultar a un médico. examinar sus hábitos de comer y ver si éstos destruyen sus energías vitales por algún tipo de alimentación errónea, investigando posibles deficiencias de vitaminas. Conocemos a personas tan cansadas en sus años cincuenta que hallaron la solución a este problema acostándose cada noche una hora antes. Esto les ha dado más ánimo. Gran número de personas en nuestra iglesia han descubierto que comiendo un desayuno contundente, al mediodía comiendo moderadamente y una cena nutritiva, sin comer nada después, no sólo los libera de gordura no deseada, sino que produce además energía renovada. Un incremento del instinto sexual será una consecuencia natural del aumento de energías vitales.

¿Por qué se desvanece el deseo de hacer el amor a medida que envejecemos?

El envejecimiento tiende a reducir la intensidad de la mayoría de los instintos humanos, incluido el sexo, pero ninguno queda destruido por completo. Durante cuarenta años he gozado de una visión perfecta, pero en los últimos años tuve que aprender a vivir con gafas. Y esto es solamente uno de los muchos ajustes normales que todos hemos de hacer al llegar a mayor madurez. Por vivir la gente hoy en día una vida más larga que antaño, tales síntomas son más notables, y por no practicar tanto ejercicio como deberíamos, agravamos el problema. Sobre todo, es la actitud mental de una persona lo de mayor importancia. Si crees que tu instinto sexual se está desvaneciendo, ciertamente se desvanecerá. La mayoría de las parejas de mediana edad siguen gozando de toda la vida amorosa que desean, sólo que simplemente no lo desean tantas veces como antes. Nuestra investigación indica, sin embargo, que parejas de esa edad han aprendido a amar mejor y gozan de una vida amorosa enriquecida a través de los años, aunque las experiencias sexuales se hayan disminuido en número o en intensidad.

INSTINTO SEXUAL

¿Cómo debo conformarme con la indiferencia de mi esposo con respecto a nuestra vida sexual?

Conversa con él francamente, tal vez algo en tu actitud lo enfría. Luego trata de encender su interés demostrándole afecto, desplegando técnicas provocativas en el dormitorio o cuando estéis solos, acariciando su pene. Ni el pene más reticente puede ignorar las caricias de la esposa.

¿Está mal que una mujer tenga un instinto sexual más fuerte que el de un hombre?

No; tu temperamento, historial y el nivel general de energía equilibrará esa diferencia. Si ambos estáis conformes en que tú seas la parte agresiva, disfrútalo; no has de sentirte nunca culpable de ello. Muchos hombres se encuentran mentalmente tan presionados por el trabajo y las responsabilidades que su instinto sexual se ve menguado hasta que la esposa amorosa estimula su atención.

¿Qué puede hacer una mujer para aumentar su instinto sexual?

Puede cambiar su actitud mental hacia el sexo en general y empeñarse en experimentar orgasmo. Esto normalmente aumenta el apetito sexual de la mujer; la frustración repetida, a menudo lo mengua.

EL SEXO DURANTE EL EMBARAZO

Estoy encinta (primer hijo), y mi esposo se preocupa demasiado acerca de no hacerme daño a mí o al bebé. Esto ha llegado a reducir grandemente nuestra vida sexual. ¿Es esto normal?

Eres afortunada de tener un esposo tan considerado y atento. No obstante, sus temores infundados os privan a ambos de muchas oportunidades maravillosas para expresar vuestro amor mutuamente. La mayoría de los médicos indican que las relaciones sexuales son perfectamente seguras hasta cerca de seis semanas previas al alumbramiento esperado de vuestro hijo. Da ánimo a tu esposo para que tenga una conversación con tu médico; él es el que mejor le puede corregir su modo de pensar sobre el tema.

ESTIMULACION

¿Debe una esposa autoestimularse previamente al acto, para entrar en estado de ánimo? (Esto me parece mal a mí, pero algunas clínicas sexuales lo enseñan.)

Nosotros no vemos nada malo en ello, pero sería mejor que fuera tu esposo quien te estimulase mediante un adecuado juego previo. La autoestimulación nunca resulta tan interesante como cuando eres estimulada por la persona que amas.

Para una mujer gran parte de lo sexual comienza antes del acto en sí. Las mujeres leen libros y buscan ayuda, pero los hombres normalmente no lo hacen. ¿Cómo reciben los hombres esta educación? ¿Qué puede hacer una mujer para incrementar su reacción cuando existe esa carencia de conocimientos en esta esfera especial?

Una de las razones por la que escribimos este libro es para ayudar a este tipo de hombres. Si tu esposo no está muy interesado en leer, tal vez le gustaría escuchar los *cassettes* del Dr. Wheat.*

¿Es aceptable el uso de «juguetes» para la estimulación durante el acto?

Por «juguete» probablemente quieres decir vibradores para intensificar el estímulo. Aquellos pueden servir en casos de impotencia masculina o cuando una mujer no responde a la estimulación clitorial, pero de otro modo deben ser considerados innecesarios. De hecho para los que responden normalmente, pero los usan como entretenimiento, podrían resultar peligrosos al producir sobreestímulo y al establecer un apetito por una clase de sensaciones que el cónyuge no podrá proveerles por vía natural.

¿Cuántas mujeres quedan excitadas a la vista del cuerpo de un hombre tanto como los hombres al ver a una mujer?

No muchas. Las mujeres tienen que cultivar el placer visual, mientras que en los hombres es innato por el mero hecho de ser hombres. Muchas esposas indican que hay veces cuando se excitan viendo desvestirse a sus esposos, mas esto es más bien una respuesta al placer que anticipan que a lo que contemplan.

¿Cómo puede una esposa flemática ser estimulada hasta un orgasmo más frecuentemente? Mi esposa disfruta de nuestras relaciones sexuales, pero la manipulación no la lleva a orgasmo.

Tal vez no lo hace correctamente. Si no tiene suficiente lubricación —sea artificialmente con vaselina o mediante

* Desafortunadamente sólo existen en inglés.

la lubricación natural de su vagina—, puede ser que la esté irritando en lugar de excitarla. Comience despacio y con cariño, luego aumente gradualmente el movimiento a medida que note en ella una intensificación de su excitación. Hable del tema frecuentemente con ella para saber lo que más le agrada.

TELEVISION

He oído de un médico que advierte a las parejas jóvenes no compren televisor hasta después de un año de matrimonio. ¿Está usted de acuerdo?

Probablemente te refieres a mi amigo el Dr. Wheat, quien nos ha ayudado tanto en la preparación de este manuscrito. Hace esa observación con bastante claridad en sus *cassettes* de educación sexual mencionados anteriormente. En efecto, estamos de acuerdo con él, y no solamente en caso de recién casados, sino también en otros. Debido al paso acelerado y el horario complejo que la mayoría de la gente se ve obligada a mantener en estos días les queda muy poco tiempo para estar juntos. Las horas que pasan en la privacía de sus hogares deberían ser utilizadas en aprender a comunicarse mutuamente a todo nivel, no permitiendo que la televisión llegue a absorber su tiempo precioso de sobremesa hasta la hora de acostarse. En lugar de pasar este tiempo conversando, riendo, amando y expresándose libremente, muchas parejas pasan la noche, a menudo, entreteniéndose con la pequeña pantalla y, en consecuencia, se ven privadas del compartir mutuo tan necesario. Esta es una realidad especialmente en el primer año de matrimonio. El Dr. Wheat afirma que muchas parejas le han visitado especialmente después del primer año juntos, para agradecerle esta aparentemente insignificante advertencia. Hemos notado que nuestros dos hijos casados se han adaptado admirablemente en la primera etapa de sus matrimonios; ya que ninguno de ellos podía darse el lujo de un televisor mientras asistían al seminario y al colegio, llegamos a la conclusión de que esto había favorecido grandemente sus mutuas relaciones.

La televisión es un ladrón de amor, no solamente para recién casados, sino para la mayoría de los cónyuges. Las esposas con niños pequeños esperan con ansias la llegada de sus esposos para tener una noche de compañerismo en el hogar; luego se resienten cuando su amado sólo llega a darles unos pocos gruñidos y gestos con la cabeza durante los anuncios comerciales. La televisión llega a convertirse en hábito cada noche hasta el cierre de programa. Consecuentemente, a esa hora, al menos uno de los cónyuges está demasiado exhausto para hacer el amor con entusiasmo. Sugerimos que apagando la televisión, o al menos reduciendo su uso y desarrollando el hábito de ir a la cama regularmente a las diez de la noche o antes, podría incrementarse la frecuencia de las relaciones amorosas en casi todos los matrimonios. Y probablemente también aumentará la calidad de la experiencia.

TEMPERAMENTO

¿Puede ser que el temperamento predominante en la persona afecte su actitud y sentimientos sobre las relaciones sexuales?

Los temperamentos más agresivos serán normalmente más agresivos en el amor, así como los más pasivos lo desearán menos. Nuestra encuesta indica que los sanguíneos responden muy bien al acto amoroso. Los hombres coléricos son amantes «rápidos» y pueden no satisfacer a sus esposas; las mujeres coléricas caen en dos categorías: 1) Las que aprenden a llegar al orgasmo pronto, iniciarán el acto de amor. 2) Aquellas que no aprenden el orgasmo desarrollarán un desagrado por él. Los melancólicos tienen una naturaleza sensitiva y pueden llegar a ser buenos amantes siempre que no desarrollen el hábito deplorable de dejar que sus tendencias perfeccionistas los hagan elaborar una lista mental de deberes que han de ser cumplidos antes de que al fin parcelen sus favores amorosos.

Fue interesante en particular para nosotros descubrir que las mujeres flemáticas registraron una mayor frecuencia de satisfacción que los hombres flemáticos; mas esto se debe probablemente a que la esposa flemática es más inclinada a ajustarse a los deseos de su esposo.

No obstante, el temperamento no es el único factor que ejerce influencia sobre las reacciones. Hay otros, tales como educación, infancia y educación sexual adecuada. Sin embargo, en nuestra opinión el factor más importante que produce felicidad en la vida amorosa de una pareja no son sus temperamentos, sino su capacidad de ser mutuamente altruistas. El egoísmo es el enemigo del amor; el altruismo produce amor.

MISCELANEA

¿Es necesario ducharse o asearse después del sexo?

Este es un tema que no llegamos a incluir en nuestra encuesta. El Dr. Miles, sin embargo, ha formulado esta pregunta, con los siguientes resultados: 58'8 por ciento se levantan inmediatamente y se asean; 41'2 por ciento gozan de una conversación íntima durante algunos minutos. Otras veces las parejas quedan dormidas abrazándose. Normalmente el hombre puede dormir toda la noche sin lavarse, mas a causa del drenaje del fluido seminal la mujer no puede hacer lo mismo.

Las preguntas 27 y 28 de la encuesta referentes a la manipulación clitorial ¿se refieren a otros medios que no sea el pene?

Sí, con el dedo. Esto es parte necesaria del arte de amar. Casi todas las esposas pueden experimentar orgasmo con adecuada estimulación clitorial.

¿Por qué usa la mujer el sexo como un arma?

Porque por lo general es el último «cartucho» de que dispone; pero ¿por qué necesitan los amantes «armas»? Cuando una mujer usa el sexo como arma, se está aferrando a la paja, y lamentablemente esto lleva al suicidio sexual. Evidentemente se siente insegura en cuanto al amor de su esposo. Un hombre cuya esposa hace esto, debe responder de dos maneras: 1) Hablar con ella amorosamente y mostrarle sus sentimientos. 2) Examinar su trato con ella; tal vez esta práctica peligrosa de negarse al sexo como castigo por tu trato familiar no sea sino un grito frenético en busca de ayuda, y lo que ella realmente necesita es más amor, más ternura y consideración. La práctica de estas virtudes morales desembocará automáticamente en mejores relaciones y una vida amorosa más plena y fascinante.

¿Puede herir la sensibilidad del esposo el que la mujer se oponga a sus «avances amorosos»? ¿Incluso si una lo hace suavemente con una explicación?

Todos los cónyuges han de resistirse a los avances del otro alguna vez, debido a cansancio, preocupación, estado de ánimo o por alguna otra razón. No debe suceder con frecuencia (1.ª Cor. 7:15) y ha de ser siempre acompañado de una razón y asegurando el amor a la vez, para hacer saber al cónyuge que no se trata de un rechazo personal, sino de una limitación humana. Esto en realidad no debería significar un problema entre dos personas que se aman tanto que son sensibles a los deseos y necesidades mutuas.

Mi esposo quiere siempre que sea yo la parte iniciadora y él la parte que corresponde. ¿Cómo puedo alentarlo para que asuma el papel iniciador en el acto sexual?

Habla con él, exponle el asunto con franqueza y explícale tus necesidades de la expresión de su amor. La causa puede ser el temperamento de cada cual: él es probablemente un flemático y tú probablemente eres agresiva en la mayoría de las cosas. Si es así, acéptalo y haz lo mejor que puedas; considera el excitarle como un reto. ¡Ambos saldréis ganando!

¿Cómo puede ser la relación sexual una experiencia espiritual a la vez?

Todo lo que un cristiano controlado por Cristo hace es espiritual. Esto incluye comer, defecar, disciplinar niños o vaciar un basurero. ¿Por qué el sexo en el matrimonio ha de ser una excepción, como si tuviese una categoría inferior? Muchos cristianos espirituales oran antes de acostarse; luego, en cosa de minutos, se entregan mutuamente al juego previo, a estimulaciones, al coito y, finalmente, al orgasmo. ¿Por qué no ha de ser esta actividad tan espiritual como todo lo demás que hacen? De hecho creemos que cuanto más verdaderamente espirituales son, tanto más amorosos y cariñosos podrán ser el uno para con el otro y, en consecuencia, tanto más frecuentemente harán el amor. En realidad, el coito debería ser la expresión suprema de una experiencia rica y espiritual que contribuya a enriquecer las relaciones de la pareja.

Notas

[1] David Reuben, *Todo lo que siempre querías saber sobre el sexo* (Nueva York: David McKay Co., 1969), pág. 141.

[2] Idem, pág. 127.

Printed in the USA
CPSIA information can be obtained
at www.ICGtesting.com
LVHW030710050824
787165LV00011B/89